# 喵懂文化常识

文学卷


文字撰写　王宸 叶金辔

编　　制　星球地图出版社

星球地图出版社 STAR MAP PRESS | 国家一级出版社 全国百佳图书出版单位

**图书在版编目（CIP）数据**

喵懂文化常识．文学卷 / 王宸，叶金譛撰．-- 北京：星球地图出版社，2025. -- ISBN 978-7-5471-3010-0

Ⅰ．G634.303

中国国家版本馆 CIP 数据核字第 2024H51Q77 号

**策　　划** 王俊友　樊羽菲
**责任编辑** 马丽娜　高　帅
**图书编辑** 高　帅
**地图制作** 高　芳　李佳期
**文字撰写** 王　宸　叶金譛
**封面设计** 王　静
**插画绘制** 谢步平　王少波　程建新　支少卿　潘艺晶　周　磊
**出版审订** 郝　刚　左　伟

**喵懂文化常识（文学卷）**

出版发行　星球地图出版社
地址邮编　北京市海淀区北三环中路 69 号　100088
网　　址　www.starmap.com.cn
印　　刷　北京印刷集团有限责任公司
经　　销　新华书店
开　　本　285 毫米 ×285 毫米　12 开
版　　次　2025 年 1 月第 1 版
印　　次　2025 年 1 月第 1 次印刷
审 图 号　GS (2024)4153 号
定　　价　199.00 元

**联系电话：010—82028269（发行）、010—62272347（编辑）**

# 目录

## 最早的文学作品是什么样子

这些文学作品的“岁数”其实比文字还要大！有原始歌谣，也有女娲造人之类的神话故事。

鲁迅是这么猜测的：

“我们的祖先的原始人，原是连话也不会说的，为了共同劳作，必须发表意见，才渐渐地练出复杂的声音来。假如那时大家抬木头，都觉得吃力了，却想不到发表，其中有一个叫道‘杭育杭育’，那么，这就是创作。……倘若用什么记号留存了下来，这就是文学。”

文学可能源自生产劳动，按照《淮南子》的说法，就是“举重劝力之歌”，后世的船工号子之类跟它一脉相承。

集体干活时来上这么几嗓子，既能协调动作节奏、让大家整齐划一，又不会觉得那么辛苦。

渐渐地，在这些呼喊声的间歇中添上有意义的词，正式的诗歌就出现了。

《诗经》里的某些句子，可能接近原始歌谣的模样——像“于嗟（jiē）麟兮”，就一个字有实际意义，剩下三个都是虚字，却传达了对麒麟的感叹语气。

《吴越春秋》里记载了一首古老的《弹歌》，是描写怎么打猎的，只有二言：

“断竹，续竹，飞土，逐宍（“肉”的另一种写法）。”

也就是说，砍下竹子，做成弹弓，追着猎物用泥丸打。

原始歌谣的另一个类型，是对大自然的“咒语”。像《礼记·郊特牲》里的《蜡辞》，它是年底祭祀百神时唱的：

“土，反其宅；水，归其壑（hè）！昆虫，毋作；草木，归其泽（泥土返回它的原处；河水回到它的沟壑；昆虫不要繁殖成灾；野草丛木回到沼泽中去）！”

那时候大家的日子非常难过，被各种灾害包围着——洪水泛滥，淹没土地，害虫猖獗（chāng jué，凶猛而放肆），杂草丛生，庄稼长不好。

既然没法像现在一样改造环境，就只能靠许愿了，希望通过语言的神秘力量，让大自然别捣乱了，老老实实听命。

原始歌谣经常同音乐、舞蹈结合在一起。根据《尚书》记载，舜在位时的朝会热闹得很：敲着玉磬（qìng），弹琴鼓瑟，摇晃鼗（táo）鼓（俗称拨浪鼓），吹笙撞钟。有人化装成飞禽走兽跳舞，韶乐演奏了九章，打扮成凤凰的演员出场……

《诗经》是谁写的

它不光是中国第一部诗歌总集，也是全世界第一部诗歌总集；里面收录了305篇诗歌，都是配乐的歌词（除此之外还有6首“笙诗”，只有篇名），所以又叫“诗三百”。

这些诗当中，最早的大概在西周初期（公元前11世纪），最晚的在春秋中期（公元前6世纪），相隔五百来年。

它由风、雅、颂三部分组成——

风，是乐曲的通名。它包括周南、召南、邶（bèi）、鄘（yōng）、卫、王、郑、齐、魏、唐、秦、陈、桧（kuài）、曹、豳（bīn）“十五国风”，共160首，主要是黄河流域的民间歌谣。

雅，包括小雅和大雅，前者74首，后者31首，区别可能在于配乐风格。它是周王畿（jī）那里的曲调，属于“朝廷之音”，比风更“正式”。

颂，包括周颂、鲁颂、商颂，在宗庙祭祀时演奏，还要加上舞蹈，共40首。

这些诗是哪里来的？

主要有两条渠道——

周王朝设立了负责采诗的官职“行人”。他们四处搜集歌谣，让朝廷参考。

可别小看这些歌谣！没有选票也没有网络的年代，民情风俗、政治得失都藏在里头。

周王朝也规定，公卿到士在特定场合要给天子献诗，反映自己乃至百姓的心声。

颂可能属于“命题作文”，作者是乐官、巫师之类；风主要来自采诗，作者大多是民间歌手；雅主要来自献诗，作者大多是贵族。

这些诗的作者，只有寥寥几位留下了名字。

有些直接写在诗里，像《大雅·烝（zhēng，众多的意思）民》说：“吉甫作诵”。他姓尹，是西周宣王时期的大臣。

有些是其他古籍提到了作者，这就不能全信了。比较靠谱的是，根据《左传》记载，《鄘（yōng）风·载驰》是许穆夫人写的，她是中国历史上第一位有记载的女诗人。

她出身卫国，嫁给许穆公为妻。后来，卫国被狄人占领，她非常焦急，星夜兼程往回赶，吊唁祖国的危亡。许穆公却派出大夫追来，劝她不要去。《鄘风·载驰》算是她的“回信”，把生气、忧愁和继续前行的决心都表达得淋漓尽致。w

在齐国的协助下，卫国收复了失地，而这离不开许穆夫人的外交努力。

## 《诗经》能派上什么用场

它的表现手法有三种——

“赋”有铺陈的意思，是说直接将事情叙述出来。

《豳风·七月》就非常平白地讲了农民一年到头要干的活儿：春天采桑，八月打枣，十月收获稻谷，入冬以后赶紧修筑宫室和房舍；十二月狩猎，还要把冰凿下来窖藏好，准备来年夏天用……

“比”就是比喻，把一种东西比作另一种更加具体形象、容易理解的东西。

《卫风·硕人》就靠比喻，画了一幅“美人图”：“手如柔荑（tí，草木初生的嫩芽），肤如凝脂，领（脖颈）如蝤蛴（qiú qí，天牛的幼虫，白净丰润），齿如瓠（hù）犀（瓠瓜的子，形容整齐洁白），螓（qín，一种蝉，方头广额）首蛾眉，巧笑倩兮，美目盼兮”。

“兴”有起兴的意思，是说先描述其他事物，再引出要歌咏的内容。它是触景生情，而“比”是先有了情感或想法，再找一个东西来表达。

《周南·桃夭》说：“桃之夭夭，灼灼其华。之子于归，宜其室家”。盛开的桃花光彩照人，新娘也一样美丽，会把洋洋喜气带到夫家。

孔子说，学习《诗经》“可以兴，可以观，可以群，可以怨。迩（ěr，近）之事父，远之事君。多识于鸟兽草木之名”。

意思是，可以培养联想能力、提高观察能力、锻炼合群性（了解各种人的心情）、知道怎么讽刺。能运用其中的道理来侍奉父母和主君，还能记住很多动植物的名字。

《诗经》在政治上也很管用！所以孔子说，“不学诗，无以言”。

春秋时期，各国君臣打交道时很少有话直说，往往通过歌唱或演奏《诗经》，来传达心意。要是不熟悉里面的篇章，就难免“接不住梗”。

举个例子，伍子胥为了报仇，带着吴国大军攻入楚国。他的朋友申包胥不能眼睁睁看着楚国灭亡，便去秦国求援。一开始秦国不答应，他就在城墙外哭了七天七夜。秦哀公被感动了，接见申包胥，念了一首《秦风·无衣》，表示同意出兵。

## 楚辞“画风”为什么和《诗经》不一样

楚辞是战国时期江汉流域的歌谣，按照宋朝学者的说法，“书楚语，作楚声，纪楚地，名楚物”。

楚国历史悠久，自西周起就跟中原不大对付，文化也个性十足。

它的地盘主要在今天的湖南、湖北一带，国力强盛时还占据过重庆、河南、安徽、江苏、江西、山东、上海、浙江等省市的某些地区。

楚国的语言和音乐都跟中原不一样，我们熟悉的“阳春白雪”和“下里巴人”都是那里的曲调，前者高雅深奥，后者通俗流行。

而楚辞里常见的“兮”和“些”（念suò）都是当地的语气词，前者类似“啊”，后者表示疑问、感叹、劝阻，像《招魂》里的“魂兮归来！君无下此幽都些”（魂啊回来吧！你不要下到幽冥王国）。

而且，楚国人"信巫鬼"，经常举行盛大的祭祀活动，载歌载舞，愉悦东皇太一（天之尊神）、云中君（云神）、东君（太阳神）、湘君和湘夫人（湘水配偶神）、大司命（主管寿命）、少司命（主管子嗣）、河伯（河神）、山鬼（山神）等神灵。屈原的《九歌》就是祭祀时所唱的，这些神灵同凡人一样，感情热烈丰富，有欲望和追求、快乐和痛苦。

所以，《诗经》偏重写实，淳朴直白，更加"规矩"；楚辞偏重写意，瑰丽自由，更加"嚣张"。它们开启了中国文艺的两大传统——现实主义和浪漫主义。

楚辞的句子比《诗经》长，也更加灵活多变，字数由三到十都有。

那时候社会剧烈变革，新事物不断出现，语言也跟着发展，需要用能盛下更多双音词的句子，来表达更复杂细致的感情。

## 楚辞讲了些什么

除了《九歌》，楚辞可能都不需要配合音乐，篇幅比《诗经》长得多，也更加灵活。

中国第一个真正意义上的“诗人”就是前面提到的屈原，他是楚辞的创立者，代表作《离骚》《九章》《天问》，展示了楚辞的独特风格。

他的生平，《史记》写得慷慨悲壮、扣人心弦。到了晚清民国，有些学者提出，屈原可能是汉朝人虚构的。不过现在普遍认为，端午节的起源或许更早，司马迁的记述也未必全对，然而屈原确实是真实存在过的。

《离骚》是他最著名的作品，创作于流放途中，算得上“自传”。“离骚”这两个字的意思是“遭遇忧患”，屈原虽然抱负没法实现、被奸佞（nìng）坑害又被君王疏远，却依然深爱着楚国。先秦时期，“合则留不合则去”是常态，人们和国家“绑定”得没后世那么紧，屈原的这份热情很少见也很珍贵。

《九章》包括《橘颂》《哀郢（yǐng，楚国都城）》《思美人》《涉江》等，也是政治抒情诗，内容和《离骚》差不多，主要写对楚国危亡的担忧和悲痛、坚持理想的决心、对政治黑暗不公的愤怒。其中的《怀沙》，可能是屈原投汨（mì）罗江自尽前的绝命词。

《天问》更加“脑洞大开”！它连着提了170多个问题，宇宙形成、天地开辟、日月运行、神话传说、王朝兴亡都涉及了，寻根究底，逮着什么怀疑什么。

楚辞的一大创新，是把《诗经》的比兴手法发展成了象征，用椒、桂、蕙、芷之类的香草和鸾凤之类的善鸟指代忠良，用薋（zī，蒺藜）、葹（shī，苍耳）之类多刺的“坏”草和乌鸦之类的恶鸟指代小人，用情爱相思指代君臣遇合。这套“密码”被后世文人继承了，不用明说，大家一看就懂。

屈原之后，宋玉、唐勒、景差等人也写了不少楚辞，然而保存下来且“著作权”争议不大的，只有宋玉的《九辩》。《九辩》的格局没《离骚》那么开阔，却有相通之处：当时朝廷“群小”（一群行为卑劣的小人）当权、楚王糊涂，有才华的“贫士”大多受到排挤，流离他乡。

西汉成帝时期，刘向整理古文献，把屈原、宋玉的诗篇和后人的模仿之作汇编成集子，就叫《楚辞》。

## 汉赋里为什么有好多奇奇怪怪的字

两汉四百年间，最出风头的文体就是赋。它是一种有韵的散文，不入乐，形式上“铺采摛（chī，舒展、铺陈）文”，内容上“体物写志”（写事物时，不能无病呻吟，要体现作者的意志）。

刚开始流行的是骚体赋，明显受到楚辞影响，通常篇幅不长，抒情为主，感叹自己的遭遇。比如说，贾谊的《吊屈原赋》和《鵩（fú，类似猫头鹰，古人觉得它不吉利）鸟赋》。

贾谊少年成名，政治眼光很厉害，却被功臣集团打压，没机会大展身手，三十出头就郁郁而终，被后世文人当成了怀才不遇的典型。

进入盛世，就轮到散体大赋出风头了。它的灵感来源包括诸子百家（像《荀子》里的《赋篇》之类）和战国策士的游说之辞，所以滔滔不绝、华丽夸张。

第一篇像样的大赋，是枚乘的《七发》。就像楚辞经常凑“九”一样，后世许多人学他，汉赋经常凑“七”，比如说王粲（càn）的《七释》、曹植的《七启》。

最出名的要数司马相如！他的《子虚赋》和《上林赋》渲染宫苑的壮美、天子游猎的宏大排场，汉武帝非常喜欢。

司马相如的赋气势很足，写歌舞就是“千人唱，万人和，山陵为之震动，川谷为之荡波”。

而且，他的拿手好戏是罗列一堆同偏旁的字，怎么生僻怎么来——写山“崇山矗矗，巃嵸（lóng sǒng）崔巍，深林巨木，崭岩嵾嵳（cēn cuó），九嵕（zōng）巀嶭（jié niè，形容山峦高耸），南山峨峨（山体高大陡峭）”；写水“潏（yù）潏淈（gǔ）淈，湁潗（chì jí）鼎沸。驰波跳沫，汩濦（gǔ yīn）漂疾（形容水流急驰的样子）”。

我们现在看，只觉得不认识几个，实在头疼。然而当时在宫廷里朗诵，一定非常动听，跟富丽气象也搭，适合粉饰太平。

写这种赋的高手有扬雄，还有我们熟悉的班固和张衡。不过，它的问题也挺严重，慢慢走进了死胡同——过于套路，炫耀辞藻，作者简直成了毫无感情的堆砌机器，看着好长好长，实在话却没几句。

所以到东汉末年，小赋抬头了，像赵壹的《刺世疾邪赋》、蔡邕的《述行赋》、祢（mí）衡的《鹦鹉赋》。它们更精炼，写自己的经历或托物言志，主要吐槽社会阴暗面，不再“以大为美”、给帝王将相歌功颂德。

## 乐府是怎么回事

它原本是西汉一个官署的名字，掌管除宗庙以外的音乐歌舞。汉武帝相当重视乐府，所以它的职责真不少——谱曲、训练乐工、负责演奏，更关键的是搜集民歌。可以说，它继承了《诗经》的传统，通过采诗来观察风俗。

到了魏晋，人们把这类民歌称作“乐府”或“乐府诗”。曹操“借古乐府写时事”以后，文人开始模仿，他们的诗不一定能入乐歌唱，却也可以叫这个名字。

汉乐府“感于哀乐，缘事而发”，广泛地反映了社会现实，而且很敢说话，没多少雕饰，却拥有直戳心底的力量。像这首反对穷兵黩武的《战城南》：

“战城南，死郭（外城）北，野死不葬乌可食。为我谓乌：且为客豪（通“号”，哭泣）！野死谅（想必）不葬，腐肉安能去子逃……”（城南城北都有战事，战死的人尸身会被乌鸦啄食。请为我对乌鸦说：“在吃我们外乡的战士之前请为我们悲鸣几声！战死野外无人埋葬，我们的尸身哪能从你们口中逃掉？”）

再往后，南北朝乐府的情调完全不一样！

南朝乐府的“舞台”是山明水秀的长江流域，所以绮丽宛转得多，不少是情歌，像这首《西洲曲》：“采莲南塘秋，莲花过人头。低头弄莲子，莲子清如水。置莲怀袖中，莲心彻底红……”

而且，南朝乐府特别喜欢玩“谐音梗”，像上面的“莲”是“怜”，丝是“思”，“藕”是“偶”等等。

北朝乐府诞生在朔风呼啸的草原和大漠，开阔雄浑多了，经常透着种悲壮。像我们熟悉的《敕勒歌》，还有这首《陇（lǒng）头歌辞》：“陇头流水，流离山下。念吾一身，飘然旷野”。

乐府诗不少是杂言，句子长短随意，后来发展成自由洒脱的歌行体。五言诗的出现，更是了不得的大事，这种“俗体”逐渐取代四言“雅体”，变成了正统。

叙事诗也是乐府的一大亮点，情节有头有尾，相当复杂曲折，还出现了性格鲜明的人物，像《陌上桑》里聪明漂亮有胆量的秦罗敷。

《孔雀东南飞》是中国古代第一部长篇叙事诗，讲的是刘兰芝和焦仲卿殉情的故事，跟《木兰辞》并称“乐府双璧”。

## “志怪小说”和“志人小说”是怎么回事

它们是魏晋南北朝流行的两大类故事！“志”是记录的意思。

“志怪小说”的内容是神奇怪异传说，主角有鬼，也有妖和仙。

东晋干宝的《搜神记》最著名，我们熟悉的“干将莫邪铸剑，眉间尺报仇”和“相思树”“李寄斩蛇”等等，都出自这里。

还有西晋张华的《博物志》、东晋王嘉的《拾遗记》、托名（指假借名义；凭借他人以显名）陶渊明的《搜神后记》、南朝宋刘义庆的《幽明录》……本本“脑洞大开”。

战国晚期到西汉，“方士神仙之说”非常盛行，东汉逐渐形成了道教。佛教也传入中国，影响力越来越大。

魏晋南北朝是不折不扣的乱世，今天不知明天能不能活着，大家想找点精神寄托，于是纷纷信教。西晋末年大批北方士族南迁，他们接触到了南方关于大自然的神话传说，对巫术和鬼故事也津津乐道。

“志人小说”的内容是真实人物言行和轶闻琐事，类似“八卦合集”，每条的字数也跟现在的微博差不多。

刘义庆组织文人编写的《世说新语》影响深远，被称作“名士的教科书”，抓住最能突出性格的细节，寥寥几笔就把人写得活灵活现。鲁迅在《中国小说史略》里表扬它“记言则玄远冷隽（一个人的言论或作品不仅思想深邃，而且表达方式独特，给人深思和回味），记行则高简瑰奇”（行为高尚简洁，同时具有珍奇的特点）。

当时贵族子弟要想出头，就必须在各类品评当中让人印象深刻——或是凭“玄之又玄”的清谈，或是凭疏狂“酷炫”的举动。通常，他们会靠这些书向前辈名士学习，哪怕不能青出于蓝，也要照葫芦画瓢。

中国古代小说是怎么冒出来的？

源头大致有两个——

一种是神话传说，像先秦典籍当中的《山海经》和《穆天子传》，后世不少志怪都从这里寻找灵感。

另一种是史传，本来就是以人物和事件为中心，和小说有共通之处。特别是正史以外的“杂史”“杂传”之类，没那么严谨，情节却更曲折甚至“狗血”，还收录了不少“虚诞怪妄之说”。

然而，那时候大家并不是有意在写小说！只是觉得，应该把好玩的“梗”记下来。主动开始编故事，要等到唐朝了。

骈文是怎么回事

它又叫骈（pián）体文、骈俪文或骈偶文，同散文相对。“骈”是两马并驾的意思，而“俪”是夫妇成双的意思、“偶”是两人并耕的意思（也写作“耦”）。

有学者说，骈文是由汉赋发展而来的，魏晋以后逐渐定型，到了南朝齐、梁更加精致，完全成熟，盛极一时。

它以双句（又称俪句、偶句）为主，常用四字句和六字句，所以也叫“四六文”或“骈四俪六”。

骈文的特点有这些——

对仗工整：上下两句字数和句法结构要相同、字义要虚实相对（词性也要一样，再严格的话要做到数字对数字、颜色对颜色之类），比如说《滕王阁序》里的“睢（suī）园绿竹，气凌彭泽之樽；邺水朱华，光照临川之笔”（像睢园竹林的聚会，这里善饮的人，酒量超过彭泽县令陶渊明；像邺水赞咏莲花，这里诗人的文采，胜过临川内史谢灵运）。

多用典故：在读书人圈子里，典故算是“通用梗”，大家一看就明白。所以这么写文章不光显得肚子里墨水多，还可以节省篇幅，短短几个字就相当于完完整整的故事。

声律铿锵、辞藻华丽：出色的骈文需要念起来悦耳、看起来漂亮，给人全方位的享受。想想流传千古的那些名篇吧，南北朝鲍照的《芜城赋》、孔稚珪的《北山移文》、江淹的《恨赋》和《别赋》、庾（yǔ）信的《哀江南赋》、唐朝骆宾王的《讨武曌（zhào）檄》、杜牧的《阿房宫赋》……

唐朝科举要考的律赋，就属于骈文。各类应用文（像朝廷诏书、布告、断案的判）也是骈体。所以无论喜不喜欢，想出人头地就得勤练骈文。

骈文的缺点，和优点一样明显！

它“成也形式、败也形式”，限制实在太多，水平不够的话，为了凑字数什么都干得出来，难免重复啰嗦、空洞死板，一点儿自己的东西也没有。

适合抒情和雄辩，不适合叙事和说理，要做到流畅自如、条理清晰太难了。

用典虽然有含蓄的韵味，有时候却太隐晦，曲里拐弯的，要是离了注解，根本看不懂具体指谁。

……

有病当然得治，所以在中唐，骈文终于遇上了需要打起全副精神“应战”的对手。欲知具体如何，请听后面分解。

## 格律是怎么回事（上）

这要先从诗的分类说起……

自唐朝起，它可以分成两大类：古体诗和近体诗。

近体诗就是格律诗，也叫今体诗，在南朝齐、梁开始冒头，到了初唐正式形成。它不像古体诗那么“散漫”，在字数、韵脚、声调、对仗上都有严格的讲究。它的起源和骈文的发展有很大关系。

古体诗主要可以分成两类：

五言古诗，简称五古，像杜甫的《赠卫八处士》。

七言古诗，简称七古，像岑参的《白雪歌送武判官归京》。

有些诗很不“整齐”，又该怎么算呢？像李白的《蜀道难》，除了五字和七字句，三字、四字、九字句都有。

这种杂言诗，通常归入七古。

七古有一种每句都押韵的，叫柏梁体，像杜甫的《饮中八仙歌》。它名字的来历，是相传汉武帝曾在柏梁台上和群臣按照这种格式联句。

诗（自唐朝起）
- 古体诗（五言，七言）
- 近体诗（五言，七言）
  - 律诗
  - 绝句

近体诗也主要可以分成两类：律诗和绝句。

律诗通常是八句，又可以分成两类：

五言律诗，简称五律，像王维的《使至塞上》。

七言律诗，简称七律，像白居易的《钱塘湖春行》。

如果超过八句，就叫长律或排律。由于要考虑对仗，句子一定是偶数。

绝句（它一般指遵守格律的绝句，即律绝；也存在只有四句的古体诗，即古绝）可以理解成半首律诗！它同样有两类：

五言绝句，简称五绝，像柳宗元的《江雪》。

七言绝句，简称七绝，像贺知章的《咏柳》。

格律诗有“三要素”，我们一一来看。

对仗比较好理解，前面讲骈文的时候也提到了。

律诗成熟以后，第二联（叫颔联；颔，hàn，下巴的意思）通常需要对仗，第三联（叫颈联）必须严格对仗，首尾两联可以随意。长律中间的那些联也都必须对仗。

绝句相当于律诗截下两联来，所以全对仗、全不对仗、只有一联对仗都可以。

对仗时，如果能做到同类名词（天文、地理、动物、植物、人名……）相对，就叫工对，像杜甫《登楼》里的“锦江春色来天地，玉垒浮云变古今”，或李商隐《锦瑟》里的“庄生晓梦迷蝴蝶，望帝春心托杜鹃”。

如果没这么精巧，就叫宽对，像李白《访戴天山道士不遇》里的“树深时见鹿，溪午不闻钟”（树林深处，野鹿时隐时现，正午时来到溪边却听不见山寺的钟声）。

古体诗不强制要求对仗，但是如果觉得这么写效果好，也完全没问题，像李白《宣州谢朓（tiǎo）楼饯别校书叔云》里的“抽刀断水水更流，举杯消愁愁更愁”。

## 格律是怎么回事（下）

平仄（zè）就有点麻烦了……

古代汉语有四个声调：平、上、去、入。现在的许多方言（像吴语、粤语）里，四个声调也保存了下来。

然而普通话里，平声分化成了阴平（对应一声）和阳平（对应二声），上声（对应三声）和去声（对应四声）照样存在。

入声消失了！入声字分散到了平声（包括阴平和阳平）、上声、去声里，叫“入派三声”。

“蝶”“黑”“夕”“竹”等等，都是入声字。它们看起来像平声字，所以要格外注意，免得用错（入声字其实有一定的规律，可以参考王力的《诗词格律》）。

作诗时，“平”指平声，“仄”指上、去、入三声。

近体诗对平仄的要求很严，有好几种格式，想学着写的话，可以进一步查资料。

律诗当中，每联上句和下句的平仄相反。比如说李商隐的《无题》里，“春蚕到死丝方尽”是“平平仄仄平平仄”，“蜡炬成灰泪始干”是“仄仄平平仄仄平”。

不合平仄的句子，叫拗（ǎo）句。补救的办法叫“拗救”：前面该用平声字的地方用了仄声字，就在后面合适的地方改用一个平声字，尽量不让句子里的平声字和仄声字数量相差太多。

押韵也没想象中那么简单，并不是按照普通话韵母相同就可以！

作诗时用的，是唐宋时期定型的“平水韵”。清朝给它改名“佩文诗韵”，共有106韵。近体诗的“押韵”，就是在同一个韵部里挑字来用。

我们一起来看看平水韵，是不是发现问题了！！

一东和二冬，六鱼和七虞，十一真和十二文，十四寒和十五删，韵母不是一样吗，为什么要拆开？

古时候它们发音可不一样！比如说，唐朝以前，“东”念“dūng”，而“冬”念“dōng”。其实平水韵和唐朝人的一些发音已经有区别了。

近体诗通常只能押平声韵，一韵到底。

古体诗就灵活多了，可以押仄声韵，也可以邻韵合用、换韵。

格律这么复杂，到底有什么用？

古时候诗是用来“吟”的，类似朗诵，所以声音之美很重要。注意押韵、平仄、对仗的话，句子不光更赏心悦目，也更铿锵好听。

## 传奇为什么出现在唐朝

它指唐朝人写的文言短篇小说，大多讲奇闻异事，所以叫这个名字。

而在南宋和金朝，“传奇”指诸宫调（一种说唱文学，以同一宫调的若干曲牌串成短套，再以不同宫调的短套串成长篇，中间穿插说白，能讲挺复杂的故事），在元朝指杂剧，在明清指用南曲演唱的中长篇戏剧（典型代表是汤显祖的《牡丹亭》、孔尚任的《桃花扇》、洪昇的《长生殿》等等）。

中国最早的成熟小说就是唐传奇！

根据鲁迅的《中国小说史略》，它“叙述宛转，文辞华艳，与六朝之粗陈梗概者较，演进之迹甚明，而尤显著乃在是时则始有意为小说”。

它之所以能开花结果，天时地利人和缺一不可。

几百年的乱世总算过去，可以安心松口气了。经济越来越繁荣，城市越来越五光十色，大家吃饱了饭想找点乐子，文化需求也越来越高。于是，“市人小说”（也叫“说话”，讲“古今惊听之事”，类似后世的评书）和“俗讲”（由僧侣创制，主要是佛经故事，向百姓传教用，连讲带唱，好理解还热闹）发展起来，给唐传奇打下了底子。

对读书人来说，写传奇是个展现才华的好机会！不管内容还是形式，它都比诗赋自由多了，信息量也大，叙事和抒情兼顾。根据赵彦卫的《云麓漫钞》，“盖此等文备众体，可以见史才、诗笔、议论”。沈既济在《任氏传》里也说，它可以“揉变化之理，察神人之际，著文章之美，传要妙之情”。

不少唐传奇从纪传体史书里“取经”，把主角的一辈子写得活灵活现、重点突出；元稹（zhěn）的《莺莺传》、沈亚之的《湘中怨解》里都有画龙点睛的诗；议论可能在开头也可能在结尾，类似司马迁的“太史公曰”，亮明主题，也能看出作者的逻辑思辨能力。

所以，“行卷”（唐代科举史上的独特社会风气，应举者在考试前把所作诗文写成卷轴，投送朝中显贵以传扬好名声）不一定要用诗赋，把传奇交上去也没问题！它更抓眼球，如果能声名远扬，或者让哪位说话管用的大人物变成“粉丝”，考进士就胜券在握了。

雅俗两边都占了，唐传奇不火，简直天理难容。

### “古文运动”是怎么回事

古代人写的文言文，都算“古文”吗？

不见得！它有时候是相对骈文而言的，以散行单句为主，没那么多条条框框，更朴素也更自由。

在六朝，骈文才算“文”，它以外只能叫“笔”，遭到轻视。

到了隋唐，已经有人对过于“纤巧浮艳”的骈文看不顺眼，说它只是“雕虫小技”，建议改革文体，然而并没能拿出让大家服气的“替代方案”。

中唐时期，韩愈和柳宗元掀起了一场“古文运动”——学习先秦两汉的文章写法，强调“务去陈言”和“词必己出”，要表达真情实感，不能一下笔就是套路，完全没有自己的东西。而且，文章是“不平则鸣”，无病呻吟要不得！

他们的招牌是“复古”，实际上却在尝试创新。韩愈说，对前辈的名作要“师其意，不师其辞”，抄袭当然不行！

他们还说，文章要“载道”“明道”。这里的“道”指的是儒家的“道统”，想写好文章，就得端正态度、完善品德，先做个好人。形式和内容、艺术性和思想性也不能拆开，如果辞藻华丽，讲的东西却荒唐，就和“用文锦覆陷穽（jǐng，通“阱”）也”没什么两样，等于坑人。

他们写了不少体现自己主张的好文章，也收了不少徒弟，“古文运动”初战告捷。然而骈文没那么容易认输！晚唐到北宋早期，它重新占了上风。

又扛起“古文运动”大旗的是欧阳修。仁宗嘉祐二年（1057 年）他当科举主考官时，推崇言之有物、以理服人的平实文风，“险怪奇涩”和矫揉造作的卷子都刷掉，录取了一长串“大神”：张载、程颢（hào）、程颐、苏轼、苏辙、曾巩、曾布……

韩愈的文章有时候还是奇奇怪怪、过于生僻，苏轼他们就更平易近人，把口语里的新鲜词汇也吸收进来，追求“文从字顺”。

那以后，骈文的“霸业”灰飞烟灭，散体的“古文”成了主流。

“唐宋八大家”有谁，你能列出来吗？

韩愈、柳宗元、欧阳修、苏洵、苏轼、苏辙、王安石、曾巩，都是“古文运动”的主将。然而这个称号不是当时的人封的，要到明朝才定型。

## 词的“长相”为什么和诗不一样

因为它要迁就音乐！

诗里能唱的也不少，像配合“雅乐”的《诗经》、配合“清乐”的乐府。然而这些都是先有词后有曲，或者把已经成型的词拆拆改改塞进已经固定的曲里。

进入隋唐，大家更喜欢“燕乐”。它是在宴饮时演奏的曲调，没那么“端着”，包括许多民间和西域元素，用的乐器也是琵琶、箜篌（kōng hóu）、筚篥（bì lì）、羯（jié）鼓之类的“进口货”。

“燕乐”节奏比“雅乐”和“清乐”快得多，也活泼丰富得多，要是词曲结合得不够紧密，就根本没法唱了。所以，直接拿五言或七言诗往里套是不成的，要重新“倚声填词”。

“丝绸之路”上的莫高窟藏经洞里发现了一批敦煌曲子词，它们是失传千年的唐五代民间流行歌，能看出词最初的样子——平白如话、直抒胸臆、感情热烈。像这首《菩萨蛮》：“枕前发尽千般愿，要休且待青山烂。水面上秤锤浮，直待黄河彻底枯。白日参辰现（太阳和参星同时出现在天空），北斗回南面。休即未能休，且待三更见日头。”（表达了对感情的坚定和执着）

词还有很多名字：诗余、长短句、乐章、近体乐府、歌曲、琴趣……都跟它本身的特点息息相关。

跟诗比起来，词很不“整齐”：字数有多有少，句子有长有短，押韵有疏有密。这是因为，要配合相应的音乐，所以叫“倚声填词”。

每个“词牌”代表着一种曲调，把字数、句数、平仄、用韵、分片都规定得明明白白。唐宋时期，词人没准哼着歌就写出来了，也可以自己谱曲或改动旧调。还可以在原调基础上增减字数，因此我们经常看到，一个词牌有好几种变体，像《浣溪沙》和《摊破浣溪沙》，《木兰花》和《减字木兰花》。然而渐渐地，这些曲调失传了，大家只能照着前人作品来——框子已经在那里了，不能任意发挥，必须“一个萝卜一个坑”。

一开始，它们大多和词的内容有关，比如说《欸乃（ǎi nǎi，摇橹的声音，或者划船时唱的歌）曲》写划船、《更漏子》写夜晚。然而到后来，词牌只意味着格式，题目可以另起。如果出了“神作”，词牌还可能多几个别名，比如说，由于苏轼那首《赤壁怀古》，《念奴娇》又可以叫《大江东去》或《酹（lèi）江月》。

词看似散漫，实际上平仄之类却比诗还要严格，没多少变通余地。这是为了杜绝“倒字”——旋律起伏和声调走向不一样，以至于听错。现在的“空耳”也大多是这种情况，作词人要是多学点格律，类似的笑话能不能少点呢？

## 宋词有哪两种“路数”

婉约派和豪放派！它们的区别，看了这个故事就明白：

苏东坡有个幕僚擅长吟唱，于是苏东坡问他，自己的词和柳永相比怎样。这人说，柳永的词“只好十七八岁女孩儿执红牙拍板，唱‘杨柳岸，晓风残月’”；而苏东坡的词“须关西大汉执铁板，唱‘大江东去’”。苏东坡哈哈大笑，觉得非常到位。

然而，事情真的这么简单吗？

唐五代到北宋早期的词，几乎全是婉约派，风格华丽香软。因为当时诗词有明确分工，“诗庄而词媚”，比较严肃的内容全用诗来表现，留给词的“地盘”就是写情。比如说，欧阳修、司马光的诗和文章都相当端重，填起词来却像换了个人，不是“离愁渐远渐无穷，迢迢不断如春水”就是“相见争如不见，多情何似无情”。

苏东坡“以诗为词”，开启了另一股潮流。在他看来，词能写的不光是风花雪月，完全可以包括更广阔的社会人生——怀古、咏物、说理、言志、议政……

到了南宋，辛弃疾“以文为词”，集“英雄之才、忠义之心、刚大之气”于一身，擅长提炼民间口语和用典，创造了新的境界。

就这样，词“无意不可入，无事不可言”，风格也更硬朗清爽了。不过，这也带来了新的问题：词越来越脱离原本的音乐属性。苏东坡和辛弃疾都被吐槽过，填的一些词不适合唱。

婉约派和豪放派不是绝对的，同一个作者由于心境、阅历等等的改变，风格完全可能多样化。像“苏辛”这两位豪放派代表，也都写过“枝上柳绵吹又少，天涯何处无芳草”“罗帐灯昏，哽咽梦中语”这样清丽缠绵的句子。

李清照那一批词人也是，前半生泡在北宋尾巴上的繁华里，风格很“甜”，明快轻松。“靖康之变”以后，他们熟悉的世界坍塌了，背负着国仇家恨，风格一下子变得“苦”多了，或者低沉凄凉，或者激烈慷慨。

有学者说，这样的二分法太粗略了，还有一种“路数”：南宋晚期的姜夔（kuí）、蒋捷、张炎他们不算典型的婉约派，可以划出来，叫清雅。不过整体而言，“存在感”最强的还是含蓄柔美的婉约派，和气象恢弘的豪放派。

## 元曲为什么特别“接地气”

那时候文人没办法，只能“到群众中去”！

元朝是蒙古人建立的，马上得天下，所以不怎么重视文化，读书人地位一直挺低。很长时间里，朝廷不开科举，等于断掉了读书人当官的路。

他们总要吃饭，而且不甘心才华被埋没，其中有些就跟创作讲唱文学的团体（叫“书会”）打成一片，帮民间艺人写演出用的脚本，百姓爱看什么就编什么。

元曲包括两部分：散曲和杂剧。

散曲起源于民间，同音乐关系密切，形式比诗词更加自由活泼，可以抒情也可以叙事。

当时诗词越来越“精致”，条条框框也越来越多，只能模仿唐宋，那种蓬勃热辣的生命力慢慢消失了。

散曲更加“野生”，几乎什么都敢写，能悲能喜，能雅能俗，搞笑甚至骂人也没问题，更加明快酣畅。

散曲主要可以分成小令和套曲。前者又叫“叶儿”，一般是独立的单支曲子；后者又叫“套数”“散套”，通常由同宫调的三支以上曲子组成，全套必须一韵到底，最后有个尾声。

我们熟悉的《天净沙·秋思》和《山坡羊·潼关怀古》，都属于小令。

杂剧是有说白、有唱词、有表演的新型剧种，采用北方声腔，信息量比之前的那些戏剧大多了，情节和人物更加丰富深刻。

它的剧本结构通常是“四折一楔（xiē）子”。“楔子”原本指填充器物空隙的木片，上宽下窄，用途是加强、支撑。杂剧里，楔子通常放在故事开始之前，比折短，可以交代背景和人物，引出剧情。

杂剧跟后来的昆曲、京剧等等不同，杂剧由一人主唱到底——不是正末（男主角）就是正旦（女主角），其他人只有说白和表演。

“元曲四大家”是哪几位？

关汉卿，代表作《窦娥冤》《拜月亭》《救风尘》；白朴，代表作《梧桐雨》《墙头马上》；马致远，代表作《汉宫秋》；郑光祖，代表作《倩女离魂》。

还有两部作品，知名度只高不低，和上面提到的那些一样被改编了无数次……

王实甫的《西厢记》和纪君祥的《赵氏孤儿》。

## 古时候小说作者为什么不爱署真名

“四大名著”的作者，你能说出来吗？

课本上写着，《三国演义》是罗贯中，《水浒传》是施耐庵，《西游记》是吴承恩，《红楼梦》是曹雪芹。

回答正确！然而，历史真相如此简单明了吗？

其实，“四大名著”的作者没一个是能确定的，都有争议，这些人的生平也都不算太清楚。现在流行的说法，是 20 世纪上半叶考证出来的。

归根结底，他们没在书上白纸黑字署名，还用了不少“障眼法”，才把问题弄复杂了。

作者辛辛苦苦才把小说写出来，为什么要当“无名英雄”，或者干脆署个稀奇古怪的别号？

现在谁要是能讲好故事，名利双收是自然的，“粉丝”也少不了。然而古时候，小说可没这么风光！

它被称作“稗（bài，小的、非正统）官野史”或“街谈巷语”，也就是说鸡零狗碎的，和聊闲天没两样，不登大雅之堂。

读书人看重的是诗文，根本没把小说这种“不入流”的玩意儿放在眼里。所以他们哪怕一时“抽风”写了小说，也得隐姓埋名，如果谁想不开拿这招摇过市，只怕会被看成吃错药了。

除了《红楼梦》，另三本都不是一个人凭空写出来的，是经过了世世代代的累积：比如说，《三国演义》前面有《三国志平话》，《水浒传》前面有《大宋宣和遗事》，《西游记》前面有《大唐三藏取经诗话》。

它们是民间说书艺人用的底本，属于集体创作，没有署名，大家在表演时都可以“添枝加叶”。这“三大名著”作者的功劳，更接近拿着原来的一堆素材“点铁成金”，而不是平地起高楼。

不署真名，也是因为担心出事。

小说里面可能招忌讳的东西还真不少：犯上作乱、自由恋爱、讽刺大人物……《水浒传》不止一次成了“禁书”，《红楼梦》也被打压过。

作者披上“马甲”，就没那么好逮了，免得遭到报复或者吃牢饭。

还有一种情况，明朝中叶以后小说能卖钱了，有些书商为了牟利，不让作者署真名，而去“碰瓷”名家，类似前些年有个作者笔名“金庸新”，印在书上的效果就成了“金庸新著”，大家还以为是武侠小说大家金庸又出了书。

## 明清小说写的主要是什么

明朝中后期开始，白话小说“存在感”越来越高。这是为什么呢？

当时城镇越来越热闹，特别是在经济发达的江南地区，大家手里有了闲钱，就想让自己的娱乐丰富一点。再加上印刷术也发展了起来，书不再是奢侈品。

而且，识字的人变多了，能直接看书的不光有文人，还包括受过教育的商贾、女子等等。要是不识字，就只能靠看戏、听书之类，麻烦，价钱还贵。小说可不一样，有空就能拿出来，想读多久就读多久。

古典长篇小说的主要体裁，是章回小说。

它的特点是，每回开头都有两句对仗工整的标题，告诉大家最关键的剧情是什么，像《三国演义》里的“宴桃园豪杰三结义 斩黄巾英雄首立功”、《红楼梦》里的“情切切良宵花解语 意绵绵静日玉生香”。

明清小说大致是朝着这三个方向演进的——

一是，越来越贴近日常生活。主角起初几乎都是帝王将相、英雄豪杰、神灵鬼怪，后来慢慢开始关注普通人，就算写的是鸡毛蒜皮，依然可能比那些列国争霸、群仙斗法的故事更深刻。小说有没有格局，并不在于“地图”大小！

二是，由“说书人”模式变成了“作家”模式，一个人按自己的想法写自己的故事，独创性更强，而不是把前面一堆人的东西整理出来。

三是，人物形象更复杂也更丰满了，起初大多像是京剧脸谱，好就“高大全”（人物形象高尚正面、没有缺点），坏就头顶生疮脚底流脓。而到后来，好坏都是不彻底的，人物有很多面，经历过各种事情以后也可能改变。

按题材，明清小说大致有这些类型——

历史演义，最出名的当然是《三国演义》，后来大家“跟风”，从盘古开天地到时事差不多写遍了。虽说内容不是全靠谱，可好多人的历史知识都是跟它们学的。

英雄传奇，像《水浒传》《杨家府演义》《说岳全传》。和前一种的区别是，虚构成分更高，人物也更草莽，更对平民百姓的“萌点”。

神魔小说，像《西游记》《封神演义》，跟佛道两教的流行、志怪小说传统都有关系。

世情小说，像《红楼梦》《醒世姻缘传》《儒林外史》，“极摹人情世态之歧，备写悲欢离合之致”，讲述社会现实，可能提到官场黑暗、家庭纠纷、婚姻情爱……

还有侠义、公案、才子佳人小说等等，跟现在的“网文”是不是挺类似？

## 参考文献

[1] 马积高，黄钧 . 中国古代文学史 [M]. 北京：人民文学出版社，2009.
[2] 梅维恒 . 哥伦比亚中国文学史 [M]. 马小悟，张治，刘文楠，译 . 北京：新星出版社，2021.
[3] 王力 . 古代汉语（校订重排本）[M]. 北京：中华书局，2018.
[4] 王力 . 诗词格律 [M]. 北京：中华书局，2009.
[5] 周振甫 . 诗词例话 [M]. 重庆：重庆大学出版社，2010.
[6] 鲁迅 . 中国小说史略 [M]. 北京：人民文学出版社，2006.
[7] 郑振铎 . 中国俗文学史 [M]. 北京：商务印书馆，2010.

# 喵懂文化常识

军政卷


明知

文字撰写　王宸 叶金鑙

编　　制　星球地图出版社

星球地图出版社 STAR MAP PRESS | 国家一级出版社 全国百佳图书出版单位

**图书在版编目（CIP）数据**

喵懂文化常识．军政卷 / 王宸，叶金辔撰．-- 北京：星球地图出版社，2025. -- ISBN 978-7-5471-3010-0

Ⅰ．G634.303

中国国家版本馆 CIP 数据核字第 2024AW7103 号

**策　　划** 王俊友 樊羽菲
**责任编辑** 马丽娜 高 帅
**图书编辑** 高 帅
**地图制作** 高 芳 李佳期
**文字撰写** 王 宸 叶金辔
**封面设计** 王 静
**插画绘制** 谢步平 王少波 程建新 支少卿 潘艺晶 周 磊
**出版审订** 郝 刚 左 伟

**喵懂文化常识（军政卷）**

出版发行　星球地图出版社
地址邮编　北京市海淀区北三环中路 69 号 100088
网　　址　www.starmap.com.cn
印　　刷　北京印刷集团有限责任公司
经　　销　新华书店
开　　本　285 毫米 ×285 毫米　12 开
版　　次　2025 年 1 月第 1 版
印　　次　2025 年 1 月第 1 次印刷
审 图 号　GS (2024)4153 号
定　　价　199.00 元

**联系电话：010–82028269（发行）、010–62272347（编辑）**

# 目录

## 历代王朝是怎么确定都城的

可以参考的条件可真不少——

位于地理中心，方便号令全国。

拥有军事优势，易守难攻，能够控内御外。

是交通枢纽，可以迅速传递信息、调配物资。

经济繁荣，腹地宽阔，有一定的农业基础，能够供应这么多人口所需的粮食。

靠近“龙兴之地”，也就是统治集团起家的根据地。

文化积淀厚重，之前城市建设基础好，不用从零开始大兴土木。

……

这些条件经常是互相矛盾的，不可能都兼顾。至于具体怎么选，就看当时最重视也最关键的是什么。说到底，不管定都哪里，都是为了保证王朝长治久安。

中国古代史前半段（也就是到唐朝），政治、经济、文化重心在黄河流域时，都城主要是两个：东西相对的长安和洛阳。

长安所在的关中平原是“形胜之区、四塞之国”，可以居高临下控制东方，也可以凭险自守，而且沃野千里，相当富饶。不过，关中平原开发较早、承载力有限，人口增加到一定规模的话，各种必需品难免供不应求，到了隋唐常常闹粮荒，物资运输也没那么便利。

洛阳位于“天下之中”，水陆交通相当发达，方便调集贡赋、商旅往来，可惜防守困难，安全性不尽人意。

长安和洛阳的长处和短处都相当明显，叫人难以取舍，所以自西周到唐的近两千年里，都城总在它们俩之间换来换去，定都长安时也经常让洛阳当陪都。总的来说，王朝进取就选长安，守成就选洛阳。

开封是更加“偏科”的洛阳，由于汴河漕运，经济优势非常突出；不足之处是，这里几乎无险可守，只能在周围下血本部署重兵。北宋的衰亡，和定都这里脱不了干系。

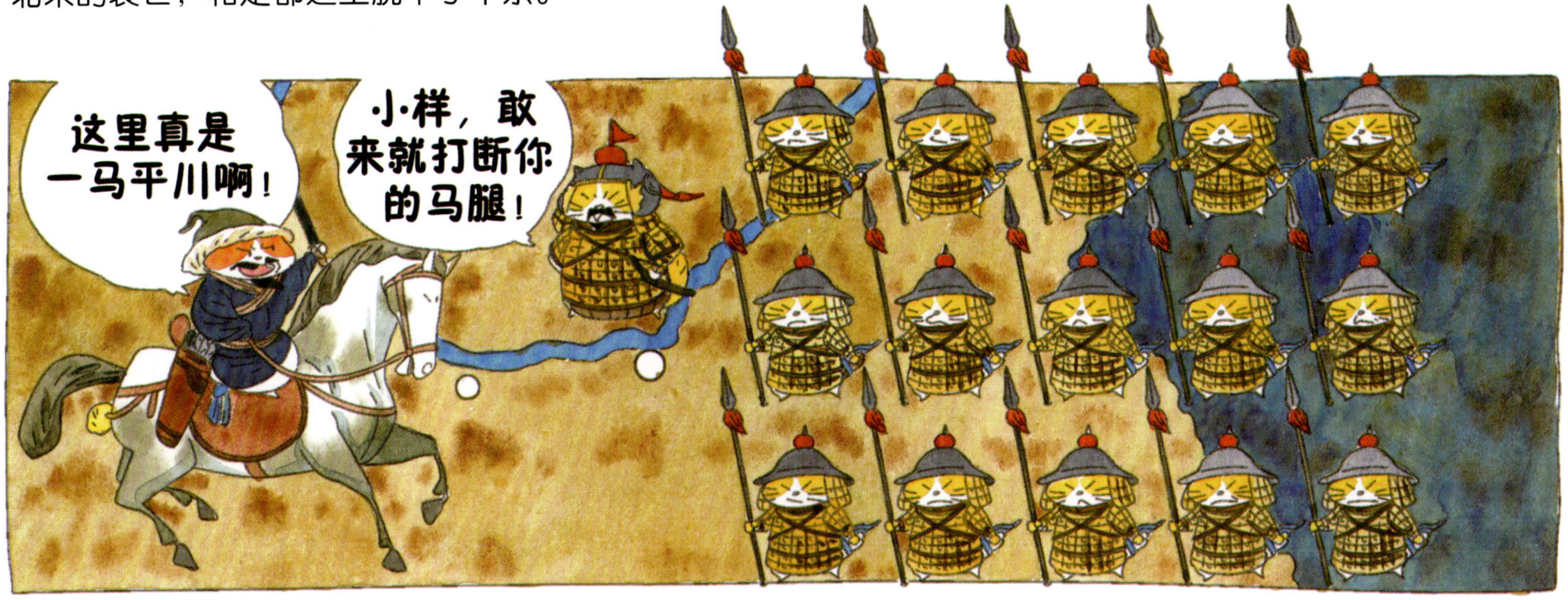


中国古代史后半段（从“安史之乱”或五代十国算起），随着经济重心南移、政治重心北迁，都城主要是另两个：南北相对的南京和北京。

自六朝起，南京就是偏安政权的都城；它位于富庶的长三角，地势“虎踞龙蟠”，气势非凡，又有长江天险可以凭借；然而它太靠南，防御成本也很高（如果守不住更北边的淮河一线，只靠长江不能保证安全），领有半壁江山问题不大，统治全国就没那么合适了。

版图向北、向东拓展以后，北京成了新的“天下之中”；它能够同时掌控中原和塞外，四通八达，位置险要，对游牧民族政权意义重大，明成祖朱棣为了巩固北部边防，也迁都于此；但是，它在经济上相当依赖南方，因此元明清三朝，负责送物资入京的大运河至关重要。

## 分封制是怎么回事（上）

西周建立以后，大封诸侯，按照荀子的说法，共有七十一国，其中五十三国是姬姓，也就是周天子的兄弟子侄，剩下的是异姓功臣、姻亲、前朝后裔之类。

西周是这样治国的：周天子直接管理王畿（jī，关中、洛阳周边）以内的土地，而在别处，诸侯是封国以内土地和人民的最高所有者，在政治和经济上相对独立，权力世袭。

周天子虽说是“天下共主”，然而权力是分散的，对王畿以外只能间接统治，通常不干预封国内部事务。诸侯有镇守疆土、拱卫王室、春秋两季朝聘、缴纳贡品、协助周天子征讨叛逆的义务；也可以把土地赏赐给臣子，形成“周天子－诸侯－卿大夫－士”的封建等级，根据宗法制一代代延续。

对周天子来说，姬姓诸侯自然更信得过，所以他们的封国大多处于要害之地，好监视、牵制异姓诸侯。

可以看出，分封制的实质是用血缘关系维持地缘政治，用利益换取忠诚。

古书里的“封建”通常是封邦建国的意思，而我们熟悉的“封建社会”其实是在翻译西方的 feudalism（封建主义）时，借用了这个本来就有的词，结果把概念弄混了，引起一大堆误会。

为什么要实行分封制？

《诗经·小雅·北山》写道：“普天之下，莫非王土，率土之滨，莫非王臣”。可是灭商以后，面对辽阔的国土，周天子没有掌控全天下的能力，比较高效的做法就是把“自己人”派到各处，划片“承包”，在新征服的陌生地区推广周文化。

然而渐渐地，这套看上去挺理想的制度出问题了。特别是西周灭亡、平王迁都洛邑以后，王畿缩小，“天下共主”成了空架子，诸侯以强吞弱，周天子完全管不了。通过兼并，大国膨胀起来，“春秋五霸”的声威超过周天子。十几甚至更多代人过去，周天子和不少诸侯已经出了五服，“姬姓大宗”的地位也没那么好用了。

所以，不管看实力对比还是血缘关系，诸侯都没必要再听周天子的，原有的政治秩序失去约束力，谁能打谁说了算，这就是让孔子痛心疾首的“礼崩乐坏”。

而且，卿大夫有样学样，蚕食诸侯的权力，出现了“陪臣执国命”的局面；一度无比强大的晋国就被韩、赵、魏三家瓜分了，战国开始，乱世愈演愈烈。

## 分封制是怎么回事（下）

秦始皇灭掉六国，“海内为郡县，法令由一统”，分封制暂时结束了。从封建到帝制，国家性质发生改变，这可能是中国古代最大的一次制度变迁。

值得注意的是，郡县制并不是秦朝创立的！春秋战国时期，诸侯已经在新占领的地盘上实行郡县制，用委任的官员而不是世袭的贵族去统治。

秦时期形势图

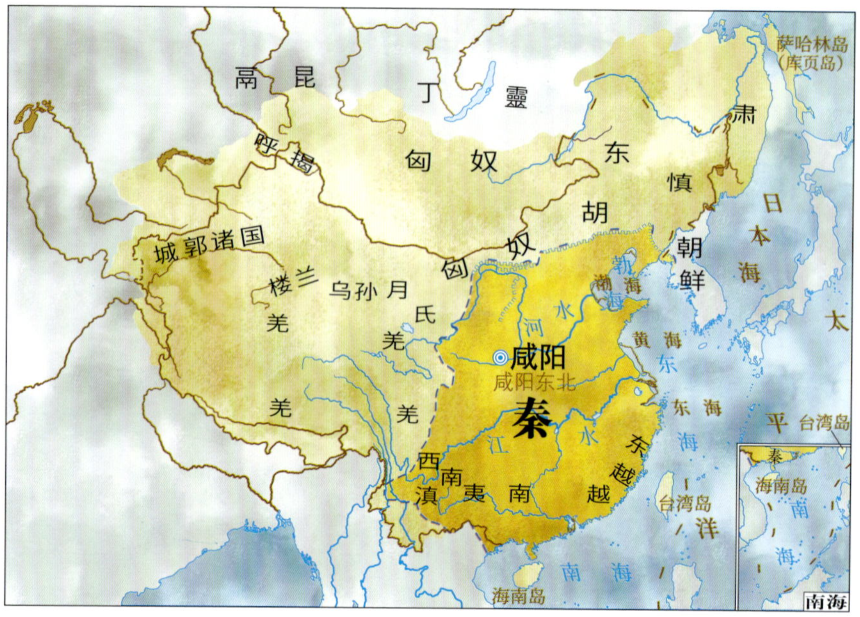


分封制下，诸侯是国家的“股东”；而郡县制下，官员只是“打工人”，重要职责是贯彻君主的意志。

不过，延续了近千年的分封制没那么容易烟消云散！不同区域之间存在巨大的地理、经济、历史文化差异，秦朝之所以短命，重要原因就是忽略了东方六国的传统和民众心理，强行将它们捏到一块儿。所以无论项羽还是刘邦，都不得不重新分封——功臣已经形成割据，加起来几乎占了半壁江山，只能屈服于现实。

汉高祖一开始分封了七位异姓王，后来逐步消灭了他们；不过，为了巩固刘家天下，他又扶植了同姓王。同姓王实力强大以后同样会威胁中央，如先有景帝时因削藩引发的“吴楚七国之乱”，再有武帝时采用“众建诸侯而少其力”（多分封诸侯，从而削弱每个诸侯的实力）的“推恩令”。一通弯弯绕绕下来，大家终于不再觉得分封制天经地义，割据问题基本解决，国家分裂的风险小了很多。

汉朝的“封建”（指封邦建国）和西周有本质区别，王国之下还是郡县制，不会层层分封，“收拾”起来相对容易。而且全国还有很多郡县直属中央，占比远高于西周的王畿，从而加强了朝廷的实力。

之后历代就算给宗室、功臣、外戚爵位，通常也只是让这些人享受对应的租税之类的物质待遇，不会允许他们亲自去治理封国。西晋和明朝初年是两个例外，藩王掌握实权，结果都捅出了娄子——“八王之乱”和“靖难之变”。

两千年里，分封制虽说被郡县制压着打，关于它们哪个更好的讨论却一直没停过。在分封制的支持者眼里，权力没那么集中反倒可能更保险，皇族强势也有利于制衡别的“玩家”，万一中央遭了大难，同姓诸侯可以勤王，统治就不至于中断。而且，分封制更适合扩大有效管辖范围、守土开疆，像西周时那样。

归根结底，在分封制下地方虽说可能发展得更好，但难保不会和中央离心离德；所以在权力越来越集中的大背景下，它自然“不招待见”。

### 古代的地方行政区划有哪些（上）

第一阶段是秦汉三国两晋南北朝，大概八百年，算是“州郡时代”。

秦汉基本上是郡、县两级制。

秦始皇统一天下，将郡县制推广到全国。各级官员自身不拥有土地，代表中央管理地方，所以和分封制相比，集权程度更高。

秦朝建立的那年（公元前 221 年），将全国分成三十六个郡，到秦朝末年由于版图扩大和区划调整，增加到四十余个。全国有一千余县，每个郡下辖十几到二三十个县。

汉承秦制，不过因为早期实行分封，也存在相对独立的诸侯国。到景帝、武帝在位时，诸侯国明显被削弱，真正的郡县制才开始。

汉朝的郡有一百余个，是秦朝的近两倍，而县还是一千余个。总的来说，开发程度比较高的内地，郡县面积就小；地广人稀的边疆，郡县面积就大。

人口超过一万户的县，长官叫县令；不到一万户的叫县长。县丞辅助长官处理事务，县尉负责治安。

郡的长官叫郡守，汉朝改称太守；他的副手是郡丞，郡尉掌管军事。

郡有这么多，皇帝一个人盯不过来，也不放心，需要派专门的官员去监察地方治理情况，于是全国被分成了不同的监察区。汉武帝设立了中、豫、兖（yǎn）、青、徐、冀、幽、并、凉、益、荆、扬十二州，然后在此基础上设立了十三刺史部（中州不算，自并州分出朔方，自扬州分出交阯）和司隶校尉（对应中州）。

刺史的级别只是六百石（而太守是二千石，这里指俸禄多少），“秩卑而命之尊，官小而权之重”（官衔不大，但是权力很重），所以既能有效制约太守，又不至于膨胀得太厉害。负责监察的官职，比如说御史，大多有这个特点。

不过，后来刺史渐渐“越权”，插手地方行政。特别是东汉末年“黄巾起义”以后，朝廷为了方便各地调动资源镇压农民军，再次将刺史改称州牧（这个称呼在汉成帝时期出现过，后来又取消了），掌握一州军政实权。从此各路军阀你争我夺，纷纷拿州当根据地，开启了割据乱世。州也就正式成为郡以上的一级行政区划，州、郡、县三级制开始了。

三国两晋南北朝延续了这种局面，州郡越分越多，到南北朝末年，州增加到三百余个，郡增加到六百余个，下面根本没几个县，相当一部分州郡已经有名无实了。所以隋文帝重新实现统一以后，觉得“人少官多，十羊九牧”，太不像话，就在全国范围内撤销了郡，又恢复到两级制。

## 古代的地方行政区划有哪些（中）

第二阶段是隋唐五代宋辽金，大概七百年，算是“道路时代”。

隋朝可谓“昙花一现”，唐朝建立以后，继续采用州、县两级制。不过在版图越来越大，开发程度也越来越高的情况下，中央直接管理三百余个州不现实，所以唐太宗贞观元年（627 年）将全国划分成十个道，作为监察区；唐玄宗开元年间改划成十五个道，并设立采访处置使，职权类似汉武帝时的刺史。后来，管军事的节度使常常兼任采访处置使，甚至插手民事，权力非常大且不受制约，埋下了“安史之乱”的祸根。

“安史之乱”以后，唐朝由盛转衰，节度使掌握地方大权，他们的辖区（方镇）也叫道，成为州以上的一级行政区划，道、州、县三级制开始了。全国的道有四五十个，各自统辖的州少则两三个，多则十几个。

到了北宋，开国君臣觉得，唐末割据、五代纷乱的原因是“方镇太重、君弱臣强”，所以大力推行集权、以文制武，取消了节度使的实权，让所有州都直属中央。

为了方便治国，宋朝在州以上又设了路，不过它只是代表中央的分属性办事机构，虽说不是单纯的监察区，却和直接管理民众的州、县属于两个系统。所以，宋朝的地方行政区划不完全是三级制。

路的一大特点，是分权特别细：安抚使管军政（帅司）、转运使管财赋（漕司）、提点刑狱管司法（宪司）、提举常平管粮价和赈灾（仓司），谁都不能一手遮天。大多数州还设有通判一职，身兼行政、监察职能，替中央监视知州。这样一来，地方再想像唐朝中后期那样拥兵自重就困难了，朝廷也能松口气。然而，这么一大堆官员不光要领俸禄，吃穷国库，碰到事情还会扯皮，非常影响效率。宋朝的致命问题，几乎都出在防人之心太重、制衡过度上。

辽朝史料太少，是否以五京（上京临潢府、中京大定府、东京辽阳府、南京析津府、西京大同府）为中心将全国划分成五道，还有不小争议。金朝仿照宋朝，在州县以上设路，不过只有总管府（类似帅司）、转运司、提刑司。

唐朝还把一些地位特殊的州改称为府，像首都长安所在的京兆府、东都洛阳所在的河南府、北都晋阳所在的太原府。北宋末年，府已经有三十余个。宋朝的州级行政区还有军、监，地位相对低一些。

## 古代的地方行政区划有哪些（下）

第三阶段是元明清（按照有些学者的观点，民国也可以包括进来），不到七百年，算是“行省时代”。

元朝的一大创举，就是设立行省。它的全名是“某某等处行中书省”，简称省。

元朝疆域“北逾阴山，西极流沙，东尽辽左，南越海表”，空前辽阔，内部差异也很大。所以行政区划要因地制宜，最高一级是行省，下面是路、府、州、县，行省与路之间可能还设有由宣慰司（是行省派出的）管辖的道。不过具体而言，五个和两个（如岭北行省只辖和宁路，下面没有其他行政建置）行政层级的情况都比较少见，多数地区实行三或四层级，如云南行省鹤庆府下辖剑川县、江浙行省建德路直辖淳安等六县，都是三个层级。之所以会形成这种略显混乱的局面，重要原因是元朝模仿了不止一家（宋、辽、金都有）的制度，炖出“大杂烩”。

**元时期形势图**

元朝的最高权力机构是中书省，行省起初是朝廷在各地的派出机构，后来逐渐变成中央机构的分治区。国内共有一个中书省直辖区（范围非常大，包括现在的北京、天津、河北、山东、山西、内蒙古、河南的一部分）和十个行省，还设立了掌管吐蕃地区事务的宣政院，正式将西藏纳入中原王朝版图。

明朝加强中央集权，取消行省，将全国划分成两直隶（南北两京周边）和十三布政使司（民间也习惯叫省，所以有“全国十五省”的说法）。

布政使司又称藩司，全名“承宣布政使司”，下面是府、州、县。由于有些州直接归布政使司管辖，所以层级可能是三个，也可能是四个。

明朝仿效宋朝，在地方上实行分权。布政使管民政、财赋，是一省最高行政长官；提刑按察使司又称臬（niè，标准、法度的意思）司，是最高司法机构；都指挥使司是最高军事机构。三司互不统属，分别归中央不同部门管辖。

明朝中后期，为了高效处理重大事件，又在三司之上设立了总督和巡抚，都属于封疆大吏，一开始是临时派遣，后来才慢慢固定下来。总督敬称“制台”，通常掌握两个或更多省的军政、监察大权；而巡抚敬称“抚台”，负责一省的军事、行政、财政、司法、监察等事务。

清承明制，共设八大总督、十五巡抚，将“全国十五省”改划为“内地十八省”，又称“十八本部”，管理农耕区，层级也被重新调整成三个：省、府（直隶州、直隶厅）、县（散州、散厅）。“厅”主要出现在少数民族或新开发地区。

边疆则因地制宜：东北“龙兴之地”设立奉天（又称盛京）、吉林、黑龙江三个将军辖区；新疆归伊犁将军负责；内蒙古采取盟旗制度，由理藩院管辖；外蒙古归乌里雅苏台将军负责；西藏和青海设置办事大臣。

## 各省的边界是怎么划定的

大家都知道，中国版图像一只大公鸡。而各省的形状也挺有意思，湖南和江西像哪个人的侧脸，黑龙江像天鹅，贵州像小狗，广东像长鼻子大象……

它们的边界，到底是怎么划定的？

现在我们眼里各省的形状，是在几百甚至几千年里逐渐确立的，主要原则有两条，它们虽说看似矛盾，实际上却相辅相成。

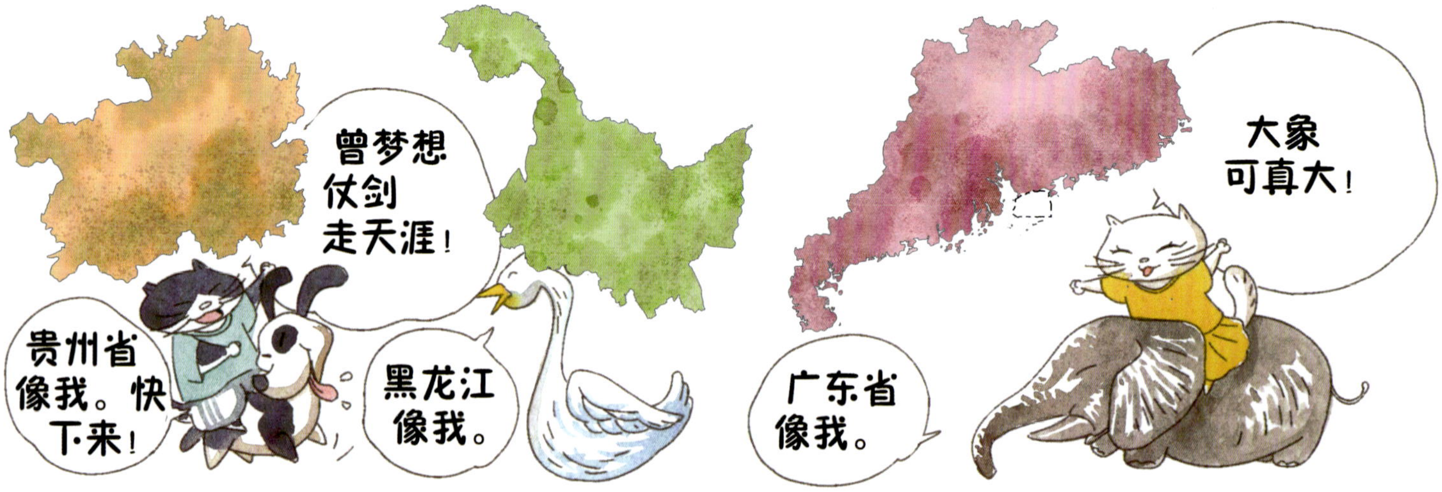


第一条叫“随山川形便”，也就是说，用山脉、河湖等自然地物当行政区边界。大概在春秋中期，这条原则就出现了。

宋朝学者郑樵在《通志》里写道：“州县之设有时而更，山川之形千古不易”（州县的设置，会随着时代变化而更替；山川的形状，却是千古不变的），所以这种边界相对清楚、稳定。而且，“一方水土养一方人”，要是根据完整自然地理单元划定边界，内部的人文习俗也会比较接近，管理起来就省事了。

现在山西、江西、湖南、广东、广西、海南、青海等省份的边界，基本是“随山川形便”（以天然的山川作为行政区边界，使行政区划与自然地理区划相一致）。值得一提的是，江西的范围几乎和汉朝的豫章郡完全相同，三面是山，一面是长江。

这条原则虽说方便、直观，却有一个很大的隐患。在冷兵器时代，山川是天然的防御工事，如果行政区四面都是易守难攻的天险，就非常容易割据（以武力占据部分地区，在一个国家内形成分裂对抗局面），典型例子是四川盆地，由于“蜀道之难，难于上青天”，所以“天下未乱蜀先乱，天下已治蜀后治”。

所以有了第二条原则！叫“犬牙交错”，也就是说，故意不让某个行政区拥有完整的天险，或者将不同的自然地理单元“捏”到一块儿。

现在陕西、河北、河南、江苏、安徽等省份的边界，明显考虑了“犬牙交错”原则。比如说，陕西的格局可以上溯到元朝，是汉中盆地、关中平原、陕北黄土高原三个地理单元的“拼图”，让关中和汉中（还有背后的四川盆地）都没法凭险自守，但是经济上能协调互补，让更加富饶的关中和汉中照应相对贫瘠的陕北；如果没什么大事，就不需要中央宏观调控，问题可以在省内消化掉。

越到后来，中央对地方的控制越紧，“犬牙交错”原则就越占上风。各省彼此牵制，山川也被“包”在了行政区里面，想关门称王就没那么容易了。

## 官和吏有什么区别

“吏”可以是大小官员的统称，比如说，专用严刑峻法的叫“酷吏”、廉洁奉公的叫“循吏”。不过，它也常常和“官”相对，指“吏役”或“胥（xū）吏”，是官的下属、帮手，在衙门里当差，却没有品级。

吏属于基层工作人员，内部也有明确的等级差异。相对而言，通晓文墨、负责处理日常事务的书办之类地位比较高；干体力活或脏活的捕快（负责抓捕犯人）、门子（侍候官员的杂役）、禁子（狱卒）、仵（wǔ）作（负责验尸）之类地位比较低，在官眼里都是“贱役”。

秦汉以后，官和吏之间的鸿沟越来越宽。官一般是科举、恩荫（后代因祖先的功绩而获得优待，包括入学和任职的机会）、军功之类出身，由朝廷任命，属于士大夫阶层；吏没有功名，属于庶民阶层。

北宋有个吏去考科举，中了进士。太宗知道以后，不光将他“打回原形”，还下诏“禁吏人应举”。到了明清，捕快等吏役都不算“身家清白”，和倡优、奴婢等其他“贱民”一样，子孙三代不准参加科举考试。

《水浒传》里的“及时雨”宋江，在上梁山之前是“押司”，就属于吏，所以郁郁不得志。如果没有造反受招安，他一辈子都当不了官。

吏的上升渠道被严严实实堵死了，没什么盼头，工资也相当微薄，偏偏掌握的权力不算小，所以其中不少人靠“灰色收入”过日子，欺压百姓，坏事做尽。

古时候通常是“铁打的衙门流水的官”，官不能在一个地方待太久，而且有回避制度，不能在原籍任职，所以对自己要治理的地方往往谈不上多熟悉，甚至连方言都听不懂。

更麻烦的是，科举要考的和实际当官要用的东西几乎不重合！读书人向来只在经史诗文上下功夫，面对陌生又琐碎的刑律钱粮，简直一个头两个大。

这就给了吏钻空子的机会；他们是“地头蛇”，有些还子承父业，对上上下下的情况都门儿清，所以有本事把表面上远比他们尊贵的官“架空”。上司如果懦弱，他们就肆无忌惮，把持衙门；如果强势，他们就抱团使绊子，想方设法令上司吃亏。

这种问题在宋朝已经相当显著，不光和个人道德有关，也是由于制度不合理。明末清初思想家顾炎武吐槽：“夺百官之权而一切归之吏胥，是所谓百官者虚名，而柄国者吏胥而已。”（官员的权力被剥夺，权力都转移到胥吏手中，导致官员只有虚名，实际上治理国家的是胥吏）地方官要想有所作为，就必须压服这些吏，不让他们扯后腿。

## 看到哪些词，就知道有官做了

解褐和释褐：“褐”是平民穿的粗布衣服，脱掉它，换一身官服，意味着踏上仕途了。

下车：不光指从车上下来，也可以指官员刚上任，比如说，东汉科学家张衡“下车，治威严，整法度”。所以看到这种多义词得留个心眼，注意语境是怎样的，免得误会。

视事：官员到职，开始管事。

拜：授予官职或名位，要有一定的礼仪，比较隆重，通常用在高官身上，比如说“封侯拜相”、刘邦对韩信“登坛拜将”。

除：是正式授予官职的意思，比如说《陈情表》里的“除臣洗马”，理解成“除去”就正好反了！北宋科学家沈括在《梦溪笔谈》里解释道，这个字有转换、更替的含义，旧年和新年之交就叫“岁除”。

起：由于辞职、守孝之类的原因不当官了，又被重新任用，比如说东晋名臣谢安“东山再起”。

补：官职有空缺，于是顶上。

### 看到哪些词，就知道升官了

擢（zhuó）：有拔起来的意思，形容人罪过深重，可以说“擢发难数”，和“罄竹难书”含义差不多。擢引、擢拜、擢进、擢叙、擢序、擢登都指升官。如果是破格提拔，叫“超擢”。

右迁：“迁”是官职调动的意思，汉朝觉得右比左更尊贵，所以升官叫“右迁”，降职叫“左迁”。

陟（zhì）：本意是从低处向高处走，或者登山。古时候用“陟屺（qǐ）”来形容思念母亲，“陟岵（hù）”来形容思念父亲，这两个典故都出自《诗经》，屺和岵是山的名字。

诸葛亮在《出师表》里说，“陟罚臧否（pǐ），不宜异同”。“陟罚”“臧否”是两对反义词，分别指升迁和惩处、褒奖和贬低。

晋：《易经》里说，“晋者，进也”；“加官晋爵”就是这个意思。

### 看到哪些词，就知道降职了

谪（zhé）：不光贬官了，还被外放。像我们熟悉的《岳阳楼记》开篇就是“庆历四年春，滕子京谪守巴陵郡”。

唐朝诗人贺知章称赞李白是“谪仙人”，就是说他实在太出类拔萃了，简直是犯了天条、下凡历劫的仙人。

窜：被放逐，撵到偏远地区。韩愈被贬为连州阳山令（位于现在的广东），于是在《进学解》里吐槽，自己“暂为御史，遂窜南夷”。

带“左”的一系列词也可以指降职，除了前面提到的“左迁”，还有“左除”“左降”“左转”等等。

出和放：去当地方官，可能是降职，也可能是平调。在古人看来，当京官更加清贵，哪怕品级没变；如果要离开京城，也会觉得不开心。不过也有种情况，就是虚职京官外放变成实权地方官，这同样是升迁的途径之一。

“入”指的是进京当官，哪怕品级更低；如果能出任要职，也会非常高兴。比如说在唐朝，监察御史只是正八品，可是不管论威风还是论前途，都胜过一堆六七品的地方官。

## 看到哪些词，就知道没官做了

要分两种情况！

一种是被撤职，比如说黜（chù）、罢、免、夺。

另一种是自己不干了——

乞骸（hái）骨：请求辞职，好让自己的骸骨归葬故乡。

告老和请老：年纪大了，请求退休养老。

根据《礼记》的说法，大夫的退休年龄是七十岁，唐宋时期也差不多，到了明清才逐渐改成六十岁。年龄没到却已经精力衰耗、无法办事的话，也可以退休。

不过，重臣退休需要经过皇帝批准。元朝科学家郭守敬年过七十，申请退休，朝廷却因为他的工作无人可以替代，一直没有答应。他八十六岁去世时，还在知太史院任上。

致仕、致事、致政：“致”有送给、交回的意思，这几个词指的是将享受的禄位、负责的政事还给君王，也就是退休。

悬车：到了七十岁，辞职回家住着，就用不上君王所赐的安车了，将它悬挂起来。

移病：上书称病，委婉地表示辞职。

## 三公九卿制是怎么回事

秦始皇统一天下以后，正式确立了这种制度，汉朝继承下来。

丞相是首席行政长官，辅佐皇帝处理政事，“一人之下万人之上”。

太尉是首席军事长官，负责处理全国军务，不过平常没有实权，战时才能听从皇帝命令调兵遣将。

御史大夫是皇帝的“秘书长”，管理图籍、奏章，监察文武百官，相当于副丞相。

奉常，后来改称太常，掌管宗庙礼仪，在九卿中地位最高。

郎中令，后来改称光禄勋，掌管宫廷侍卫。

卫尉，汉景帝时一度改称中大夫令，掌管宫门警卫。

太仆，掌管皇帝车马、国家马政。

廷尉，有时也称大理，掌管司法审判。

典客，后来又称大行令、大鸿胪（lú），掌管外交和民族事务。

宗正，掌管皇族事务。

治粟内史，后来又称大农令、大司农，掌管赋役和财政收支。

少府，算是皇帝的“小金库”，掌管专供宫廷日常所需的山泽租税（对自然资源，如山林、河湖等的税收）收入、宫廷内部服务、官府手工业，机构庞大，属官众多。

很明显，当时家国不分，九卿虽说是朝廷官员，却大多负责皇帝一家的私事。

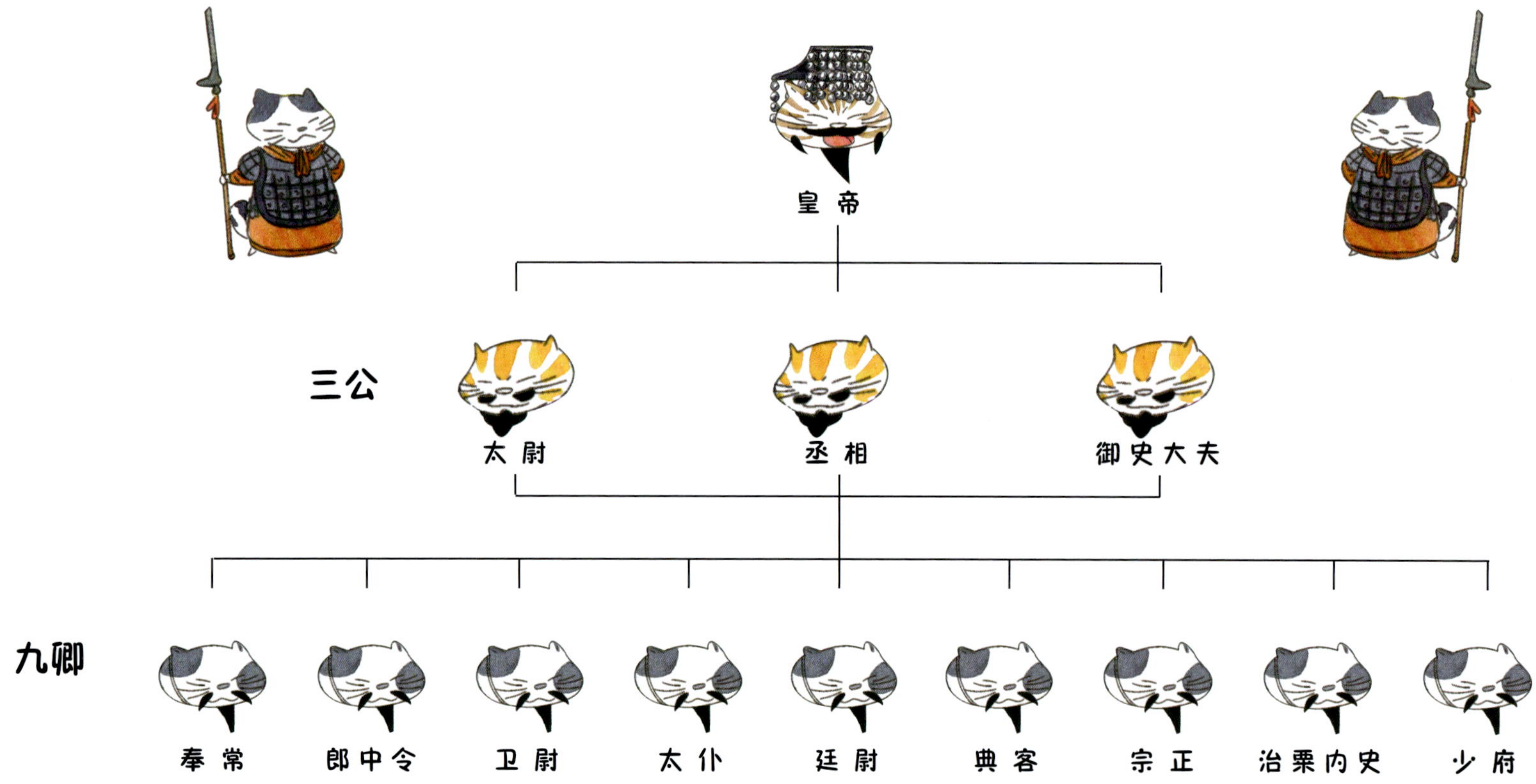

汉武帝以后，丞相地位虽说照样尊贵，权力却逐渐缩小。刘彻为了加强皇权，重用自己宠信的近臣，组建了被称作“中朝”或“内朝”的决策班子，以丞相为首的“外朝”一点点退出了政治核心。

汉武帝时“太尉”改为“大司马”，汉成帝时“御史大夫”改为“大司空”，汉哀帝时“丞相”改为“大司徒”（掌管水土，像营建城邑、兴修水利，跟之前的职责不同），官职属性都是宰相。

东汉光武帝开始，三公被架空了，实权归尚书台掌握。

尚书本来是少府的属官，然而到东汉时期“出纳王命，敷奏万机，盖政令之所由宣，选举之所由定，罪赏之所由正”（尚书负责传达君主命令，处理国家大事，是发布政治命令的渠道，负责决定官员的选拔和任命，以及奖惩措施）。

史书里的“三公”却不一定指丞相、太尉、御史大夫，或大司马、大司徒、大司空！

《周礼》说，应该是太师、太傅、太保。后世也叫他们“上公”或“三师”，是虚衔，代表着崇高的荣誉，不用具体干活。

## 三省六部制是怎么回事

隋唐时期，中央最高政务机构是“三省六部”。

在南北朝，中书、门下、尚书三省分权的局面就出现了。

到了隋朝，开国皇帝杨坚的父亲叫杨忠，由于避讳，中书省改名内史省，门下省长官侍中改名纳言。

在唐朝，中书省是决策机构，负责草拟皇帝的诏令。长官是中书令，副长官是中书侍郎，下设右散骑常侍、右谏议大夫、右补阙（quē）、右拾遗、中书舍人、起居舍人、通事舍人等。

门下省负责审核诏令，如果觉得不妥，可以封驳，也就是封起来退回去，要求修改。长官是侍中，副长官是门下侍郎，下设左散骑常侍、左谏议大夫、左补阙、左拾遗、给（jǐ）事中等。

尚书省负责执行诏令。长官是尚书令，副长官是左右仆射（yè）。后面提到的六部也归尚书省管辖。

三省长官都是宰相，共议国政；他们有各自的官署，需要一起商量时就到“政事堂”去。政事堂最早设在门下省，后来迁到中书省。

中书省曾经改名西台、凤阁、紫微省，门下省曾经改名东台、鸾台、黄门省，尚书省曾经改名中台、都台、文昌台。

唐太宗继位之前当过尚书令，所以臣下就不能再出任这个职务，尚书省的长官事实上成了左右仆射。

到了后来，三省长官都不轻易让人担任，其他官员如果加了“参议朝政”“参知政事”之类的头衔，就能行使宰相职权。唐高宗以后，宰相的固定加衔是“同中书门下平（pián）章事”或“同中书门下三品”（唐代宗时改成二品）。

六部分别是哪些？

吏部，负责官员的任免、铨（quán）叙（审查官员的资历，并根据才能和成绩确定职位）、考绩、升降等。

户部，负责土地、户口、财政、赋税、俸饷等。

礼部，负责典礼、祭祀、科举、学校、外交等。

兵部，负责军务。

刑部，负责法律刑狱。

工部，负责工程、营造、屯田、水利等。

六部长官是尚书，副长官是侍郎。

对应《周礼》六官，吏部尚书被称作“天官冢宰”，户部尚书被称作“地官大司徒”，礼部尚书被称作“春官大宗伯”，兵部尚书被称作“夏官大司马”，刑部尚书被称作“秋官大司寇”，工部尚书被称作“冬官大司空”。

每部下设四个司，负责具体事务。司的长官是郎中，副长官是员外郎。

## 宰相是怎么回事（上）

宰相是辅佐帝王裁决军国大事的最高官员，说“一人之下，万人之上”毫不夸张。两千余年里，虽然宰相名号改了无数次、让帝王爱恨交加，但要想高效地处理政务，让国家顺利运转，这个位置就不能少。

这个词最早出自《韩非子·显学》：“故明主之吏，宰相必起于州部（古代基层地方行政单位），猛将必发于卒伍（泛指军队）”。不过春秋早期就有了类似的角色，如帮齐桓公创立霸业的管仲。

战国时期，各国的文职最高长官是相，武职最高长官是将。赵王重用廉颇和蔺相如，两人历经波折终于“将相和”，这个故事想来大家不陌生。至于具体名号，各国不完全一样，例如，吕不韦曾担任秦国的“相邦”（西汉建立以后，避刘邦名讳，这个职位改称相国）；而在楚国，总揽军政大权的最高官衔是“令尹”。

关于秦汉时期的情况，翻翻三公九卿制那篇就明白了。有时候丞相不止一位，还分左右，要是由宦官担任，则叫中丞相，例如“指鹿为马”的赵高。

汉武帝以后，有“领尚书事”“录尚书事”“尚书令”（要是由宦官担任，则叫中书令，司马迁就当过）之类头衔的官员能够参与关键决策，虽无宰相之名，却有宰相之实。到了东汉，更是“虽置三公，事归台阁”，尚书台的地位越发尊贵。

东汉末年，董卓、曹操这些权臣恢复了丞相或相国的名号，下令让自己担任，实权超过了傀儡皇帝。魏晋南北朝的丞相或相国也大多是枭雄篡位之路上的一步，不能算“寻常人臣”。

魏文帝曹丕登基以后，觉得尚书台权力实在太大，就另设中书省，让其掌管机要、起草和传达诏令。由于接近皇帝，中书省慢慢成了事实上的宰相府，被誉为“凤凰池”。而尚书台成了执行机构，越来越繁忙，下面设了好些曹（分职治事的官署），负责处理具体事务，就是后来六部的前身。

晋朝把东汉的侍中寺改名门下省，当成皇帝的侍从和顾问机构。这个机构的长官叫侍中，南朝宋文帝时开始参决大政，北魏也很看重这个职位，说是“小宰相”。

关于隋唐时期的情况，翻翻三省六部制那篇就明白了。没有什么制度是天上掉下来或石头缝里蹦出来的，哪怕再大胆创新，根子也都深深扎在前面的厚重历史里。

**宰相是怎么回事（中）**

中唐以后，皇帝又把正式机构以外的文学侍从当成亲信，让他们参决大政。翰林学士如果加上“知制诰（gào）”的头衔，就专门负责起草机密诏令，因此被称作“内相”。唐宪宗时又设置了“翰林学士承旨”，是翰林学士的首领，地位举足轻重。

值得注意的是，唐玄宗让李白当的“翰林待诏”和这完全不是一回事，只能算给皇帝解闷、逗皇帝开心的“帮闲文人”，跟那些陪着下棋、写字画画、占卜吉凶的差不多，所以李白虽然待遇不错，却还是觉得壮志难酬。

唐朝灭亡以后，进入五代，武人当权，因此管理军务的枢密院很受重视。这个机构的长官叫“枢密使”或“知枢密院事”，成了事实上的宰相。

北宋时期，三省长官依然存在，却“不预（参与）朝政”，只是尊贵的虚衔；又在宫禁（帝王居住的地方）里面设立了中书内省，是宰相的办事机构，叫“政事堂”，又叫“中书门下”，和枢密院合称“二府”，分头掌管文武大权。

宰相的正式头衔是“同中书门下平章事”，副相的正式头衔是“参知政事”。枢密使、枢密副使和副相都叫执政官，加上宰相，合称“宰执”。

此外，财政事务归盐铁、度支、户部三司掌管，三司的长官三司使又称“计相”。经过一再瓜分，宰相握有的只剩下行政权。

把宰相当成正式官名的只有辽朝。它的国家机构包括北面官、南面官两个系统，前者管理契丹本部，后者管理汉人。中枢是北宰相府和南宰相府，各设左右宰相，都属于北面官。北宰相府的长官一定出自皇族耶律氏，南宰相府的长官一定出自后族萧氏。南面官仿照唐制设置三省，然而没有多少权力。

元朝只设立了中书省，总揽国事，统辖六部，职权很重。中书令经常空着，或者由皇太子兼领，实际掌权的是下面这些官员——

右丞相和左丞相各一位、平章政事四位，算是宰相。

右丞和左丞各一位、参知政事两位，算是副相。

自中书令到参知政事都是“宰执”。和之前好几个朝代不同，蒙古风俗以右为尊，所以右丞相、右丞地位更高。

## 宰相是怎么回事（下）

明太祖废除了丞相！而且严令后世不得重新设立，谁胆敢提议恢复这个职位，就杀头。

为什么？

直接原因是左丞相胡惟庸阴谋作乱。而且，明太祖的权力欲和掌控欲都很强，也很自信，不希望出现任何有本事挑战他的人。

没了丞相这个副手，皇帝亲理国政，指挥六部，每天都有数不清的事务要裁决，奏折在御案上越堆越高。时间一长，实在忙不过来，于是增设殿阁大学士，给皇帝当顾问。

明成祖选派翰林院官员入值文渊阁，参与机要事务，称作“内阁”。然而他们品级不算高，权势也小。

明仁宗以后，殿阁大学士成了实际上的宰相，被尊称为“辅臣”。领头的那位又叫“元辅”或“首辅”，主持内阁大政；二把手叫“次辅”。

到了明朝中后期，内阁成员先帮皇帝看一遍奏折，用墨笔在小纸片上草拟处理意见，贴在奏折上一并进呈，叫“票拟”。皇帝用朱笔给出最高指示，叫“批红”。如果皇帝不够勤快，“批红”的就经常是司礼监秉笔太监，因此，大权旁落于宦官之手。

清朝早期沿袭明制，设置内阁，大学士由前朝的正五品提高到正一品，似乎更加尊贵，却失去了实权。真正能做主的是“议政王大臣会议”。它由满洲上层贵族组成，一度可以制衡汗王。

皇帝当然想将权力牢牢抓在自己手里，不受掣肘（chè zhǒu，比喻有人在旁牵制，工作受干扰）。康熙设立南书房，在翰林等官员中选择“才品兼优者”入值，叫“南书房行走”。这些人不光陪皇帝写诗作文、练字画画，还要秉承皇帝的意旨起草诏令，算是亲信秘书班子。

到了雍正年间，由于对西北用兵，需要高效而机密地处理文书，于是在隆宗门内设立了军机处，办公条件相当简陋，简直像“草台班子”。

军机大臣主持工作，俗称“大军机”；军机章京负责日常事务，俗称“小军机”。这些职位都没有品级、俸禄，由其他官员兼任，皇帝想指定谁就指定谁，没有什么明确的规矩。他们无权决策，只是听命于皇帝的“工具人”，一切军国大事都由皇帝说了算。

历代所有职位当中，宰相的变化最频繁，不管是名号、权限还是人数。

皇权和相权“拔河”了两千余年，专制君王不可能自个儿治理全天下，他们离不开宰相，却又怕宰相坐大威胁自己，于是想方设法收回权力，交给地位不那么高的亲信，下一个循环就这样开始了。不过说到底，宰相只是君王的首席奴仆，本身并没有独立的权力。

## 谥号是怎么回事

我们熟悉的“汉文帝”“岳武穆”“孝庄皇太后”之类，都是谥（shì）号。

它是帝王、后妃、诸侯、大臣等有一定身份的人去世以后，根据生前事迹和品德给予的称号，相当于对这个人的整体评价。

谥号出现于西周，秦始皇统一天下以后，觉得这是“子议父、臣议君”，很不敬，所以把它废除了；西汉时又恢复，一直延续到清朝灭亡。

谥号有美、平、恶三种，每个字的具体含义在《谥法解》里都查得到，可能不止一种，例如“武”指“刚强直理”“克定祸乱”，也指“夸志多穷”（一个人拥有很高远的目标，但是能力又达不到）。

美谥体现褒扬，例如“慈惠爱民曰文”“辟地有德曰襄”“危身奉上曰忠”。

平谥体现同情或哀悼，例如“追悔前过曰思”“慈仁短折曰怀”“在国逢难曰愍（mǐn）”。

恶谥体现批评，例如“去礼远众（背离礼制，远离民众）曰炀（yáng）”“杀戮无辜曰厉”“乱而不损（国家乱了，但是还没有伤害到根基。身为国君而不去治理）曰灵”。

谥号算是“盖棺定论”，有劝善惩恶的作用，如果在意身后名声，活着的时候就会约束自己，不至于太肆无忌惮。

然而从唐宋开始，皇帝的谥号简直变成了褒义词大全，只要不是亡国之君就都怎么光鲜怎么整，字数也越来越多。所以自汉到隋经常用谥号来称呼皇帝，之后就大多用庙号和年号了——清朝皇帝谥号 20 多个字，例如康熙是“合天弘运文武睿哲恭俭宽裕孝敬诚信中和功德大成仁皇帝”，多复杂，好难记！

宋朝以后，大臣的谥号当中最可贵的是“文正”，按照司马光的说法，它是“谥之极美，无以复加”。到了清朝，这是一种特殊的恩典，礼部官员在拟定谥号时不敢明写，只能由皇帝做主赐予。范仲淹、司马光、耶律楚材、曾国藩等人的谥号都是“文正”。

上面提到的都是“公谥”，由朝廷给予。身份不够的文人隐士去世以后，亲友或门生也可能为他们上谥号，叫作“私谥”，例如东晋陶渊明私谥“靖节”。

正常情况下，一个人生前不可能知道会得到什么谥号，古装剧里如果出现用谥号来自称的桥段，就是穿帮了！

### 封禅是怎么回事

它是古代帝王祭告天地的典礼，规模非常盛大，在人们心目中的地位也非常神圣。在泰山上筑土为坛祭天，叫封；在泰山下的小丘（如梁父山、云云山）上辟场祭地，叫禅（shàn）。

封禅起源于春秋战国，根据史料推测是齐鲁儒生提出的。公元前219年，秦始皇东巡，准备封禅。由于很久没举行这种大典了，臣子都不知道应该怎样做，70多名儒生博士也“议各乖异，难施用”（每个人的想法都不相同，很难施行或应用）。秦始皇很生气，就斥退了他们，自己拿主意，借用了秦国祭祀天帝的仪式，只是稍加改动，最后还刻石为自己歌功颂德。

封禅相当于给天地做“述职汇报”，体现自己的权力是神明授予的。司马迁在《史记·封禅书》里写道：“每世之隆，则封禅答焉，及衰而息”。也就是说，不是谁都能随随便便封禅，必须身处太平盛世，或祥瑞屡屡出现，证明帝王贤德。

唐太宗堪称一代明君，他想封禅泰山，却被魏征劝阻了，理由是唐太宗虽然像良医一样治愈了百姓的疾苦，隋末大乱以后民间的元气却“未甚充实”，所以不能向天地保证，已经大功告成。

除了秦始皇，封禅泰山的帝王只有汉武帝、汉光武帝、唐高宗、唐玄宗、宋真宗。此外，武则天曾经封禅嵩山。

和其他几位相比，宋真宗的政绩无疑要黯淡得多。他坚持封禅，也是由于和辽国签订了“澶渊之盟”，觉得丢面子，才想方设法彰显自己的正统地位。

后世帝王一方面觉得宋真宗封禅实在太像闹剧，把这种大典的“咖位”都拉低了，不想和他为伍；另一方面认为封禅确实太折腾，劳民伤财，所以没再举行这种典礼。而且主流政治观念变了，大家不再把“天命所归”之类神神道道的东西当回事，更加务实，只要以德治国、民心所向、武力值够，统治合法性自然就有了，不需要封禅来锦上添花。

## 垂帘听政是怎么回事

皇帝年幼或多病、昏庸的情况下，大权不能旁落，政事就交由皇太后或皇后来处理。“垂帘听政”这个词出自《旧唐书》，由于高宗身体不好，他上朝的时候，“天后（皇后，就是武则天）垂帘于御座后，政事大小皆预闻之，内外称为‘二圣’”。

皇太后或皇后掌权，一开始叫“临朝称制”。例如汉高祖去世后，他的妻子吕雉（zhì）就代替惠帝治国。当时男女大防还不算严格，她可以和文官武将直接面对面，不用隔着帘子。

皇帝下旨叫“诏”“制”，皇太后或皇后下旨通常只能叫“令”。既然“称制”，就说明她们一定程度上享有皇帝的权力。

值得注意的是，能够代行皇帝职权的只有“母仪天下”，被称作“海内小君”的皇后或皇帝的生母。一般情况下，嫔妃哪怕再得宠，也无权干预朝政。

到了东晋，穆帝继位时只有两岁，皇太后褚（chǔ）氏在太极殿上设白纱屏，将自己和群臣隔开，抱着小皇帝上朝。这就是“垂帘”的雏形，意味着礼法越发严苛，对女子的限制也越发周密。

宋朝先后有九位后妃垂帘听政，对这些“女主”的约束也程序化、法制化了。之前的临朝太后可以自称“朕”，然而此时，她们只能自称“予”或“吾”。

一旦皇帝成年或危机解除，士大夫就会施加压力，要求她们“撤帘归政”。在他们看来，“母后临朝，非国家盛事”，要小心防范后妃专权。

清朝末年，东太后慈安、西太后慈禧在养心殿明间听政时，是用八扇黄纱屏将她们遮挡起来。而小皇帝坐在外面，在两宫太后和王公大臣之间。所以，不用把“帘”这个字看得太实在，理解成象征性的分隔就可以。

古代对后妃干政一直相当忌讳、提防，将这种现象比喻成“牝（pìn）鸡司晨”，意思是母鸡打鸣，认为很不吉利。后妃大多没受过系统的儒家教育，又因为活动范围有限，常常只能重用外戚、宦官，更让士大夫看不顺眼。

然而和有能力篡权的宗室诸王、异姓功臣相比，她们的威胁要小得多，也更让皇帝放心。所以后妃通过垂帘听政来稳定政局，就成了出现权力真空时的常态。

## “十恶不赦”指的是哪些罪行

“十恶”一开始是佛教概念，指十种会让人堕落到地狱、饿鬼、畜生“三恶道”的恶业。随着佛教在中国流传开来，这种说法慢慢深入人心。

北齐制定的律法里包括“重罪十条”：反逆、大逆、叛、降、恶逆、不道、不敬、不孝、不义、内乱。

隋文帝在位时制定《开皇律》，正式把“重罪十条”改称“十恶”，后世基本沿用了这种规定。

要是遇到皇帝登基、册立皇后或太子、出现“祥瑞”之类的喜事，朝廷经常会大赦天下，然而犯了“十恶”的人一般不能免罪。

“十恶”分别是——

谋反：企图推翻朝廷、取而代之，是“十恶”之首。

谋大逆：毁坏皇家的宗庙、宫殿、陵墓。

谋叛：企图背叛朝廷，投奔敌国。

恶逆：殴打或谋杀祖父母、父母，杀害伯叔父母、姑母、兄姐、外祖父母、丈夫、丈夫的祖父母或父母。

不道：杀害一家没犯死罪的三个人（或以上），肢解人，制造蛊毒害人，厌魅（把巫术迷信用在别人身上）。

大不敬：冒犯皇帝的尊严或人身安全，例如偷盗皇帝祭祀用的器具或日常穿戴的物品、偷盗或伪造印玺、给皇帝配药时出了错、给皇帝做菜时用了违规的食材、给皇帝制造的车船不牢固、咒骂皇帝或皇帝派出的使节。

不孝：告发祖父母、父母的犯罪行为；咒骂祖父母、父母（不管当面还是背地里）；对祖父母、父母供养有缺，让他们生活得不够舒适；给父母守孝期间结婚、寻欢作乐、不穿丧服；隐瞒祖父母、父母去世的消息，不举行丧礼；谎称祖父母、父母去世等。

不睦：谋杀或卖掉同一高祖父母之下的亲属；殴打关系更近的尊长，或告发他们的犯罪行为。

不义：官吏杀害上司；士卒杀害长官；学生杀害老师；女子听说丈夫的死讯，不举行丧礼或很快改嫁等。

内乱：亲属之间发生违反伦常的性关系。

## 古时候当兵的都是什么人（上）

《左传》里说：“国之大事，在祀（祭祀）与戎（战争）”。军队和战事关系到政权的生死存亡，再受重视也不为过。

组成军队的兵是怎么来的？大致有三种——世袭（某些人子子孙孙都要从军，不能干别的）、征召（适龄男子必须服兵役）、招募（专门选出一批人，给他们发饷）。

在西周，当兵要看身份等级：中高级军官都是卿大夫，低级军官都是士。通常来说，“国人”（生活在城邑里和附近的人，可以干预政治）才有资格参军，而“野人”（远离城邑的人）被他们压迫，要服劳役、交粮。

当时流行车战，“甲士”有的在车上，有的在车下，属于主力，地位比较高，装备和训练也比较好。跟着车的“徒兵”来自平民甚至农业奴隶，没有甲胄护体。杂役和后勤工作由奴隶承担。

进入春秋，这套制度慢慢行不通了。原本按照周礼，部队规模有限制，可是各诸侯国争相扩军，连邾（zhū，现在的山东邹县）那样的小国都凑出了六百乘战车。而且，公族大夫（国君的同姓子弟）可以有"私属"，也就是听命于他们的武装。

在诸侯国与诸侯国之间的竞争越来越激烈的情况下，死抱着身份等级当然不成，因此人才脱颖而出的机会变多了。到了春秋后期，"国人"和"野人"的界限基本消失，兵源扩大，工商业者、各类奴隶都有机会参军，要是立下功劳，就能获得赏赐和晋升。

战国时期的战争更加残酷，各诸侯国普遍实行征兵制，以郡县为单位召集所有适龄男子。所以，军队规模更加吓人：在春秋，投入数百乘兵力（几千到几万人）已经算"大战"；根据《战国策》记载，秦、楚都有"带甲百万，车千乘，骑万匹"，赵、齐、燕都有"带甲数十万"。

此外，各诸侯国会用考核的方式选出一批更加善战的士兵，当作"杀手锏"，像魏国的"武卒"、齐国的"技击"、秦国的"锐士"。这些人身体素质高、训练严苛，待遇也丰厚。

## 古时候当兵的都是什么人（中）

在秦朝，男子满了 17 岁（紧急情况下 15 岁）就要去官府登记注册，叫“傅籍”。有爵位者 56 岁以上就不用服役了，无爵位者要到 60 岁。

按规定，他们一辈子要服两年兵役，一年在本郡，一年在京师或者边疆，统称“正卒”。此外，他们每年要在本郡县服役一个月，主要是艰苦的无偿劳动，比如说筑城修路、运输军需，到期换人，所以叫“更卒”。如果遇上打仗之类的大事，哪怕已经服过役了，也要被征调去参战。

西汉的制度跟秦朝类似，兵役和劳役都属于徭役，不过实行“轻徭薄赋”，开始服役的年龄先后放宽到 20、23 岁，结束服役的年龄也降到 56 岁。

当“正卒”时，步兵叫“材官”，骑兵叫“骑士”，水军叫“楼船士”。去京师服役叫“卫士”，去边疆叫“戍卒”或者“外徭”。如果不想当“更卒”，可以出钱雇人代替，叫“践更”。

征兵制有不少问题：士兵长途跋涉去京师或者边疆，可能水土不服，还耽误时间、消耗大量人力物力；受训的时间不够长，战斗力会打折扣；大家当惯了农民，不乐意从军；要是人口流散、国家掌握的户籍不够准确，就征不到兵……

东汉建立以后，实施募兵制，各郡县不设常备军，有战事了再去招。

东汉末年群雄割据，都招了许多无业游民，让他们变成听命于自己的私人武装，叫“部曲”或者“家兵”。

三国时期，曹魏将一部分百姓划成“军户”，又叫“士家”“兵家”。他们平时屯田、战时出征，世世代代都只能干这个，社会地位非常低。

到了南北朝，西魏创立了“府兵制”，隋唐接着实施，并且做了调整。

它跟均田制关系密切，特点是“兵农合一”：兵归折冲府管，服役年龄是 20 到 60 岁，不光要身体素质出色，还要家里有钱。他们平时种国家分的地，农闲时训练，战时去打仗，此外也要守卫京师或者边疆。

府兵虽然可以免税，立了功还可以得田、领赏甚至当官，不过兵器、衣服、干粮等等都得自带，经济负担很重。

唐高宗中期以后，府兵制逐渐衰落。这是由于战争频繁，士兵总不能回家，抚恤和褒奖又迟迟不到位，死了白死，所以怨声载道。士兵地位也下降了，经常被重臣勋贵“借”去给自己干活，跟奴仆一样，叫人看不起。而且，均田制慢慢失灵，许多农民没地可种，逃亡他乡，脱离了国家控制。

各种因素加起来，当兵无益反倒有害，乐意的人越来越少。玄宗天宝年间，“府兵制”崩溃了，被募兵制取代。

## 古时候当兵的都是什么人（下）

府兵制下，军队还要种地，所以出现拉锯战的话，朝廷耗不起。实行募兵制以后，就没有这种顾虑了。

然而，募兵制的缺点也挺多！军队脱离生产，全要靠百姓交的税养，这个“大包袱”实在太沉了。而且，士兵可能只认一直带他们的将帅、不认朝廷，让唐朝大伤元气的“安史之乱”和藩镇割据都和这有关。

宋朝建立以后，继续实行募兵制，军队主要有三类——

禁兵最精锐，是国家的正规军，负责守卫京城和边疆以及打仗。

厢兵不怎么训练军事技能，主要干各种杂活。

蕃兵只在西北边疆有，是由少数民族组成的非正规军，战斗力不低。

此外还有乡兵，也叫强壮、弓箭手，没脱离生产，由边疆地区的农民组成，目的是保卫家乡。

宋朝的“保留节目”是碰到灾荒时，从流民当中招兵。这样相当于把“不安定因素”养起来，免得造反。然而朝廷要供的军队规模越来越大，财政快被压垮了，训练又不算严格，尽管花钱如流水，但战斗力依旧堪忧。

吸收了唐朝的教训，宋朝把兵权一分为三：三衙（殿前司、侍卫亲军马军司、侍卫亲军步军司的统称）只负责日常带兵，调兵权归掌握虎符的枢密院，而领兵打仗的是皇帝临时任命的将帅。这样互相牵制，“犯上作乱”的可能性就小了很多，却也容易互相拖后腿，贻误战机。

明朝实行卫所制，“天津卫”“浮山所”之类地名就跟这有关。
每个卫所驻地固定，士兵、将官的数量也固定。它们要听当地都指挥使司的，归中央的五军都督府管辖。
卫所士兵、将官都是世袭的，叫“军户”，不受行政官吏约束。要是“军户”溜走或全家死光了，朝廷会派人到原籍找亲族顶替。
“军户”社会地位非常低，比囚徒强不了多少，待遇也非常差，经常吃不饱穿不暖，所以逃亡的越来越多。到万历末年，由将帅招募的雇佣兵成了战斗主力，他们不用终身服役，拿到的钱粮也更加丰厚。

清朝实行兵民结合的八旗制度，成年男子都可以从军。努尔哈赤首创满洲八旗，皇太极又增编了蒙古和汉军八旗。
旗下人只能靠官府发饷过日子，不准自寻生计，到后来给“养废”了，种地做工经商都不会，看家本领骑射也撂下了。
收编的明军和其他汉兵叫绿（lù）营，地位远比八旗低，也是父死子继。
清朝中叶以后，八旗和绿营都腐败透顶，根本打不了仗。所以镇压太平天国时，主力变成了由汉族大臣招募的乡勇——曾国藩的湘军，左宗棠的楚军，李鸿章的淮军……

## 参考文献

[1] 周振鹤 . 中国历史政治地理十六讲 [M]. 北京：中华书局，2013.
[2] 韩茂莉 . 中国历史地理十五讲 [M]. 北京：北京大学出版社，2015.
[3] 钱穆 . 中国历代政治得失 [M]. 北京：生活 · 读书 · 新知三联书店，2018.
[4] 赵冬梅 . 法度与人心：帝制时代人与制度的互动 [M]. 北京：中信出版集团，2021.
[5] 雷海宗 . 中国文化与中国的兵 [M]. 北京：商务印书馆，2001.

# 喵懂文化常识

科技卷

文字撰写 王宸 叶金锴
编 制 星球地图出版社

星球地图出版社 STAR MAP PRESS | 国家一级出版社 全国百佳图书出版单位

**图书在版编目（CIP）数据**

喵懂文化常识．科技卷 / 王宸，叶金礬撰．-- 北京：星球地图出版社，2025．-- ISBN 978-7-5471-3010-0

Ⅰ．G634.303

中国国家版本馆 CIP 数据核字第 2024FZ5281 号

**策　　划** 王俊友　樊羽菲
**责任编辑** 马丽娜　高　帅
**图书编辑** 高　帅
**地图制作** 高　芳　李佳期
**文字撰写** 王　宸　叶金礬
**封面设计** 王　静
**插画绘制** 谢步平　王少波　程建新　支少卿　潘艺晶　周　磊
**出版审订** 郝　刚　左　伟

**喵懂文化常识（科技卷）**

出版发行　星球地图出版社
地址邮编　北京市海淀区北三环中路 69 号　100088
网　　址　www.starmap.com.cn
印　　刷　北京印刷集团有限责任公司
经　　销　新华书店
开　　本　285 毫米 ×285 毫米　12 开
版　　次　2025 年 1 月第 1 版
印　　次　2025 年 1 月第 1 次印刷
审 图 号　GS (2024)4153 号
定　　价　199.00 元

**联系电话：010-82028269（发行）、010-62272347（编辑）**

# 目录

## 中国古代也有“星座”吗

有！然而和西方不是一个系统。

星座只是人们根据想象把若干恒星连在一起画出来的，不是实际存在的天体。在中国古代，特定的恒星组合叫“星官”，流派非常多。

据相关史料推测，甘德和石申两位天文学家生活在战国中期，后人将他们测定恒星的记录整理出来，称为《甘石星经》，是世界上最古老的星表之一。他们所拟的星官，也对后世影响深远。

在星官体系当中，“二十八宿（xiù）”至关重要，每宿下辖一个到十几个星官。

由于地球绕着太阳一年公转一圈，所以站在地球上观测，反过来会觉得太阳一年转一圈，一年里它走过的这条路叫“黄道”。西方人将它和附近的天区划分成“十二宫”，就是我们熟悉的双鱼座、巨蟹座等等。

月亮和水、金、火、木、土“五大行星”的轨迹也离黄道不远。古时候中国人觉得，月亮在满天恒星中走一圈，每晚都得有落脚的地方，于是将它的轨迹划分成“二十八宿”。“宿”有停留、旅舍的意思，一个恒星月（如果月球上某一点本来面向遥远的某颗恒星，经过一段时间之后，这一点指向同一恒星，这一周期就称为恒星月）是 27.32 天，凑整就是 28 天。

中国古代天文学也很重视天球赤道，创立了以“二十八宿”为基准的赤道坐标系（西方古代主要用黄道坐标系）。它是地球赤道在天球上的投影，和黄道的交角大约是 23° 26′。事实上，“二十八宿”散落在天球赤道和黄道之间。

“二十八宿”又被划分成四组：

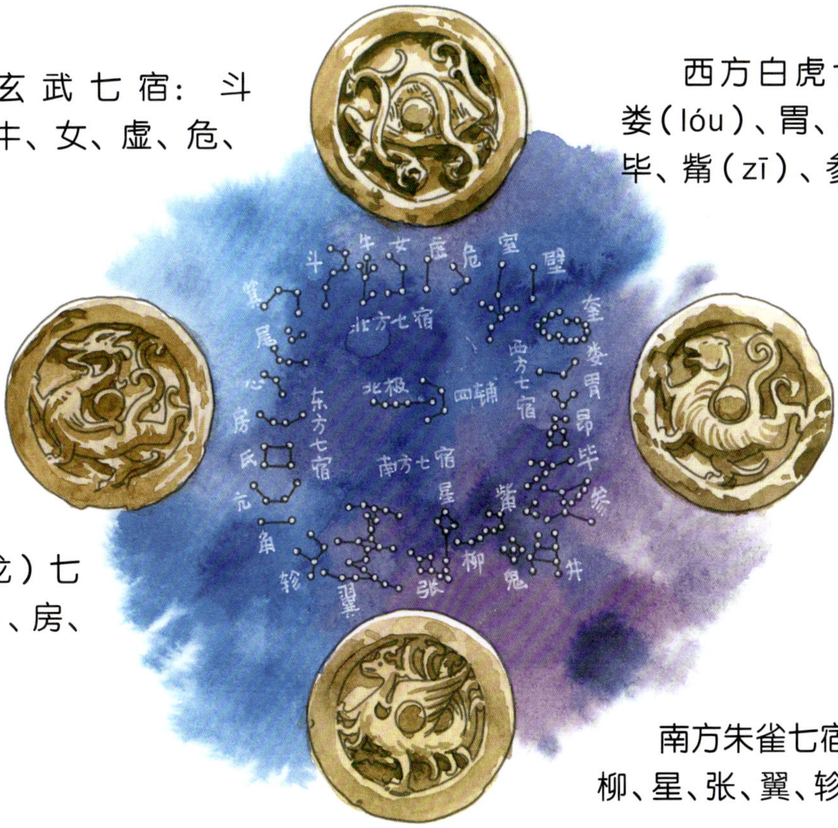


北方玄武七宿：斗（dǒu）、牛、女、虚、危、室、壁。

西方白虎七宿：奎、娄（lóu）、胃、昴（mǎo）、毕、觜（zī）、参（shēn）。

东方苍龙（青龙）七宿：角、亢、氐（dī）、房、心、尾、箕。

南方朱雀七宿：井、鬼、柳、星、张、翼、轸（zhěn）。

青龙、白虎、朱雀、玄武又叫“四象”或“四神”，是流行上千年的吉祥图案，在汉朝瓦当、唐朝墓室壁画上都能看到。最早的“二十八宿”天文图，是在湖北随县曾侯乙墓出土的衣箱盖上发现的。

它是件黑红两色的漆器，盖顶正中间写了个“斗”字，象征北斗，四周是“二十八宿”（名字跟上面提到的不完全一致）和苍龙、白虎。

“二十八宿”源自于哪里，之前争议巨大。有学者提出，它源自中国，印度、巴比伦、阿拉伯等地区的“二十八宿”都受中国影响；也有学者主张，它是自两河流域传入的。

曾侯乙墓的这只衣箱证明，战国早期已经有了成体系的“二十八宿”，它出现的时间应该更往前，可能是春秋。所以，“二十八宿”的发源地确实是中国。

## 古人为什么要“上知天文”

《说文解字》里提到，“万物之精，上为列星”。在相信“天人合一”的古人看来，天上的星辰和地上的人、事、物是一一对应的，因此可以通过观测天象变动，预知吉凶祸福，给决策提供参考。战争输赢、帝王将相生死、水旱瘟疫之类的军国大事，都能自“天书”上读出来。

隋唐时期的《丹元子步天歌》说，所有星官都归“三垣（yuán）二十八宿”统辖。

由于地球的公转，北半球星空看起来会围绕着一个虚拟中心点旋转，这个点就是北天极。北极星是离北天极最近的一颗亮星（具体是哪颗星，在不同时代会变动），周天其他星辰看起来都围绕着它运行。所以古人觉得，北极星是天帝的象征，《论语》里也提到，“为政以德，譬如北辰，居其所而众星共之”。

北极星周围是紫微垣，其中的星辰主要对应后妃、皇子、近臣。故宫当年叫“紫禁城”，就和它有关。

紫微垣外，星、张、翼、轸以北是太微垣，是处理政务的天庭，其中的星辰主要对应文官武将。

房、心、尾、箕、斗以北是天市垣，是集贸市场，也是天帝接受诸侯朝拜的地方，其中的星辰主要对应商业设施。

“二十八宿”和人间的十二国或十二州有对应关系，可以说某某星宿是某某地区的分野，反过来也没问题。古人相信，异常天象出现在哪个星宿，就说明这一地区会发生特定事件。

大致来说，角亢对应郑国、兖（yǎn）州，氐房心对应宋国、豫州，尾箕对应燕国、幽州，斗牛对应吴越、扬州，女虚对应齐国、青州，危室壁对应卫国、并州，奎娄对应鲁国、徐州，胃昴对应赵国、冀州，毕觜参对应魏国、益州，井鬼对应秦国、雍州，柳星张对应周天子辖地、三河，翼轸对应楚国、荆州。

王勃在《滕王阁序》里说“星分翼轸”“物华天宝，龙光射牛斗之墟”；李白在《蜀道难》里写道“扪参历井仰胁息”（屏住呼吸仰头就可触摸参星井星，紧张得透不过气来），这些指的都是分野。

值得注意的是，现在国际通用的“星座”指的是一片天区，新发现的天体在哪个星座范围之内，就顺理成章归它管。而中国传统星官指的是一组固定恒星，如果看到不属于原有体系的恒星就麻烦了，得设立新的星官，或者将它们分配到之前的星官里。

星空深处藏着至关重要的秘密，所以很多王朝禁止“私习天文”，星图之类只能在皇家天文机构内部流传。对古人来说，“上知天文”搞不好是件危险而奢侈的事情。

## 中国古代的天文观测记录为什么没断过

一方面，农业生产错过时令节气可不得了，会闹饥荒的！所以必须认真观察天象，好制定精准的历法。

另一方面，古人相信“天人感应”，异常天象无论好坏，都是统治者拿到的“成绩单”，通过解读它们，才能明白上天的旨意，做出正确的选择。现在看来，这可能是“封建迷信”，然而却对历史产生了实实在在的影响。

在中国古代，天文学有官办性质，得到的重视和支持一直不少。

商朝的甲骨文里就有了某些星名和日月食的记载，《诗》《书》《春秋》《左传》《国语》等先秦古籍里频繁提到天象，《史记》里有《天官书》，后世正史里大多有《天文志》。

这些天文观测记录不光年代连续，而且内容丰富，在世界上是独一份儿。它们称得上科学和文化遗产宝库，帮忙解决和验证了许多现代天文学问题，也可以用来推断上古历史事件的日期。

比如说，“夏商周断代工程”当中，确定商朝后期诸王的在位年份时，甲骨文里的五条月食记录派上了大用场。

哈雷彗星是目前唯一能精确测量的周期性彗星，自公元前 240 年起，已经 29 次接近地球，中国历史文献中对它的记录一次都没少！天文学家参照史料，重新计算了它的轨道：并不是像从前以为的那样，76 年返回一次，而是在 76 到 79 年之间波动。

关于太阳黑子的最早记录出现在《汉书·五行志》：公元前 28 年，“日出黄，有黑气大如钱，居日中央”。

可是，也不能过分高估这些记录的准确程度。

古时候，水星叫辰星，金星叫太白（破晓也叫启明、黄昏也叫长庚），火星叫荧惑，木星叫岁星，土星叫镇星或填星。它们并称五纬，加上日月，就是七政或七曜（yào）。

最吉祥的天象之一是“五星会聚”，指它们五个近距离同时出现，寓意是明主降世，“有德受庆，无德受罚”。而最凶险的天象之一是“荧惑守心”，指火星在心宿（天蝎座周边）由顺行转为逆行或反过来，在此过程中看起来会停留一段时间，寓意是君王失位、臣子作乱或有灾。

学者黄一农用现代科技知识分析了关于这两种天象的史料，发现 23 次“荧惑守心”当中，居然有 17 次并未发生！而最壮观的两次“五星会聚”出现在汉高祖吕后、唐中宗韦后当政期间，都是口碑不算好的“女主”，所以被漏记了。

为什么要虚构或改动天文观测记录？可能是为了和已经发生的事情印证，来体现星占灵验、君王的确“承天受命”；也可能是把天象当作政治斗争的工具，想用它们“损人利己”。

## 历法是怎么制定出来的

世界各国几乎都根据太阳和月亮的运行规律，来计算时间。

地球绕太阳公转一周叫“回归年”。也就是说，间隔多长时间，太阳会再次来到黄道上的同一个点。每个回归年的长度未必相等，平均是 365.24219879 天。

月球绕地球公转一周叫“朔望月”。“朔”是完全看不到月亮的那天，在月初；“望”是月亮最圆的那天，在月中。每个朔望月的长度平均是 29.53059 天，这段时间里，月相会经历一轮完整的盈亏。

回归年和朔望月都拖着一串小数点，用起来很不方便，所以制定历法时必须取整；它们俩也没有公倍数，形不成周期，让人头疼。

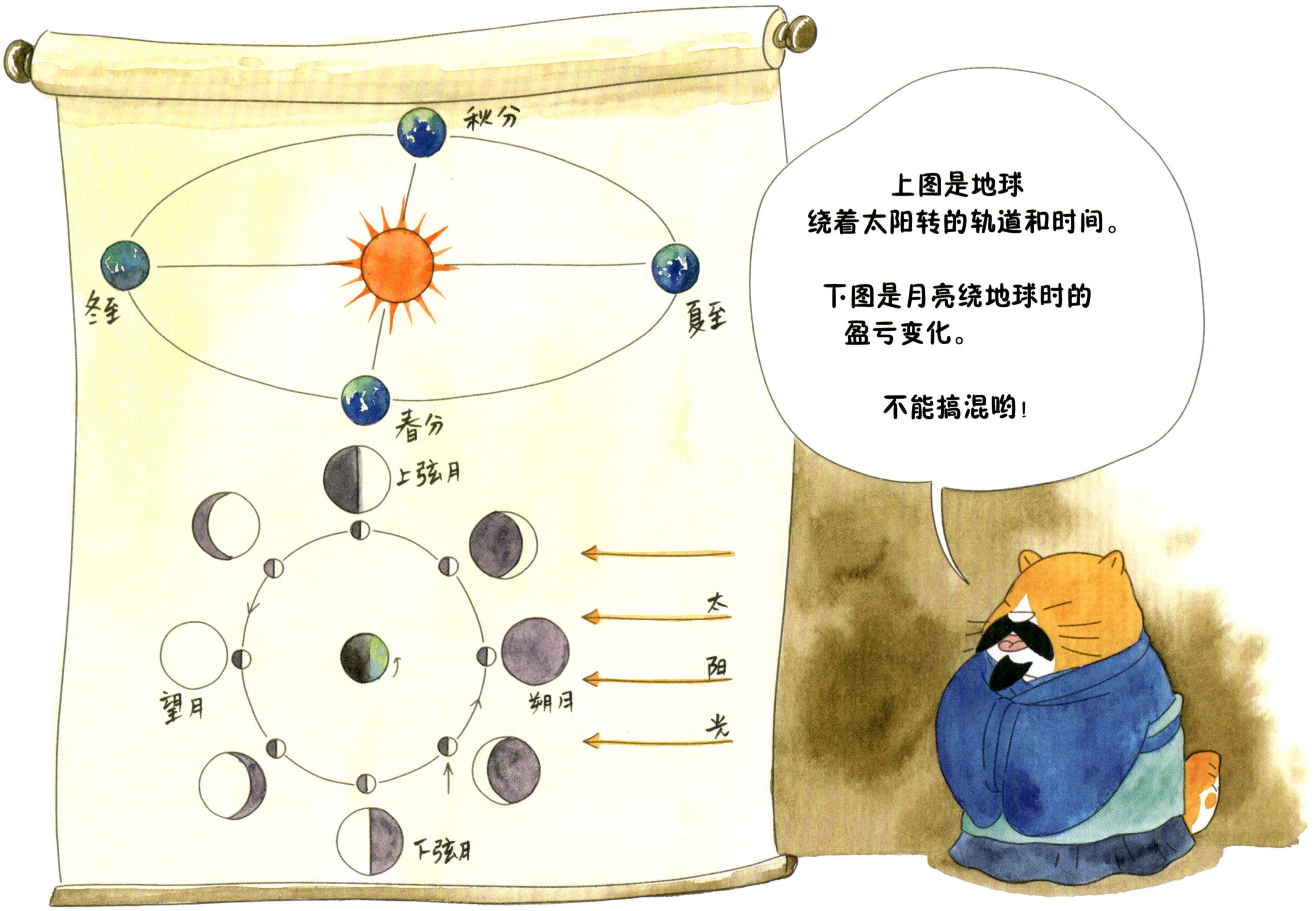

古今中外的无数历法，差不多可以分成三类。
一类是阳历，要求历法年和回归年基本相符，典型例子是现在通用的公历；它将一年定为 365 天，大致等分成 12 个月。阳历和四季气候的对应比较好，适合农业生产。然而，它反映不了月相变化，推算潮汐之类很麻烦。

通过置闰（为调节历法与太阳运行周期的差距而采取的在某些年中增加一天或一个月的方法），可以解决阳历年比回归年短一点的问题——每 400 年加上 97 天，放在二月底，“四年一闰，百年不闰，四百年再闰”（每 4 年会有一个闰年，对整百年份而言，是 400 的倍数时为闰年）。

一类是阴历，要求历法月和朔望月基本相符，典型例子是某些伊斯兰国家的回历。它将一年定为 354 天，大月 30 天，小月 29 天，交替排列。

阴历年比回归年短挺多，所以用长了会季节混乱，新年在严冬、盛夏都有可能。

一类是阴阳合历，月份跟着阴历走、年份跟着阳历走，典型例子是我们熟悉的农历——它虽然俗称“阴历”，却不是纯阴历！

它兼顾“二十四节气”（是根据太阳在黄道上的位置确定的，其实属于阳历）和月亮阴晴圆缺，调和了阳历同阴历的矛盾。农历差不多 19 年有 7 个闰月，平年 353、354 或 355 天，闰年 383、384 或 385 天。

## 中国古代有哪些重要历法（上）

朝廷的一大责任，就是“敬天授时”：制定历法，指导百姓的生产和生活。根据《说文解字》，“年，熟谷也”，可见这个概念和农业直接相关。

反过来，接受谁的历法，就跟用谁的年号一样，象征着听命于谁，是关键的政治选择。《周礼》记载，天子要向诸侯“颁告朔”，也就是发给他们第二年的历书。新王朝建立以后，“改正朔”同样是当务之急。

自西汉到清朝，光是官方正式颁布的历法就有近 50 种，都记载在正史的《历书》或《律历志》当中。而在同样长的时间里，欧洲使用的历法只有两种：公元前 46 年的儒略历和 1582 年的格里高利历（也就是现在通用的公历）。由于儒略历误差太大，改行格里高利历时，直接砍掉了历史上多闰的 10 天——那年 10 月 4 日以后，紧接着是 15 日。

历法不是随随便便就能编出来的，离不开精准的天文观测、时间计量和扎实的数理基础。

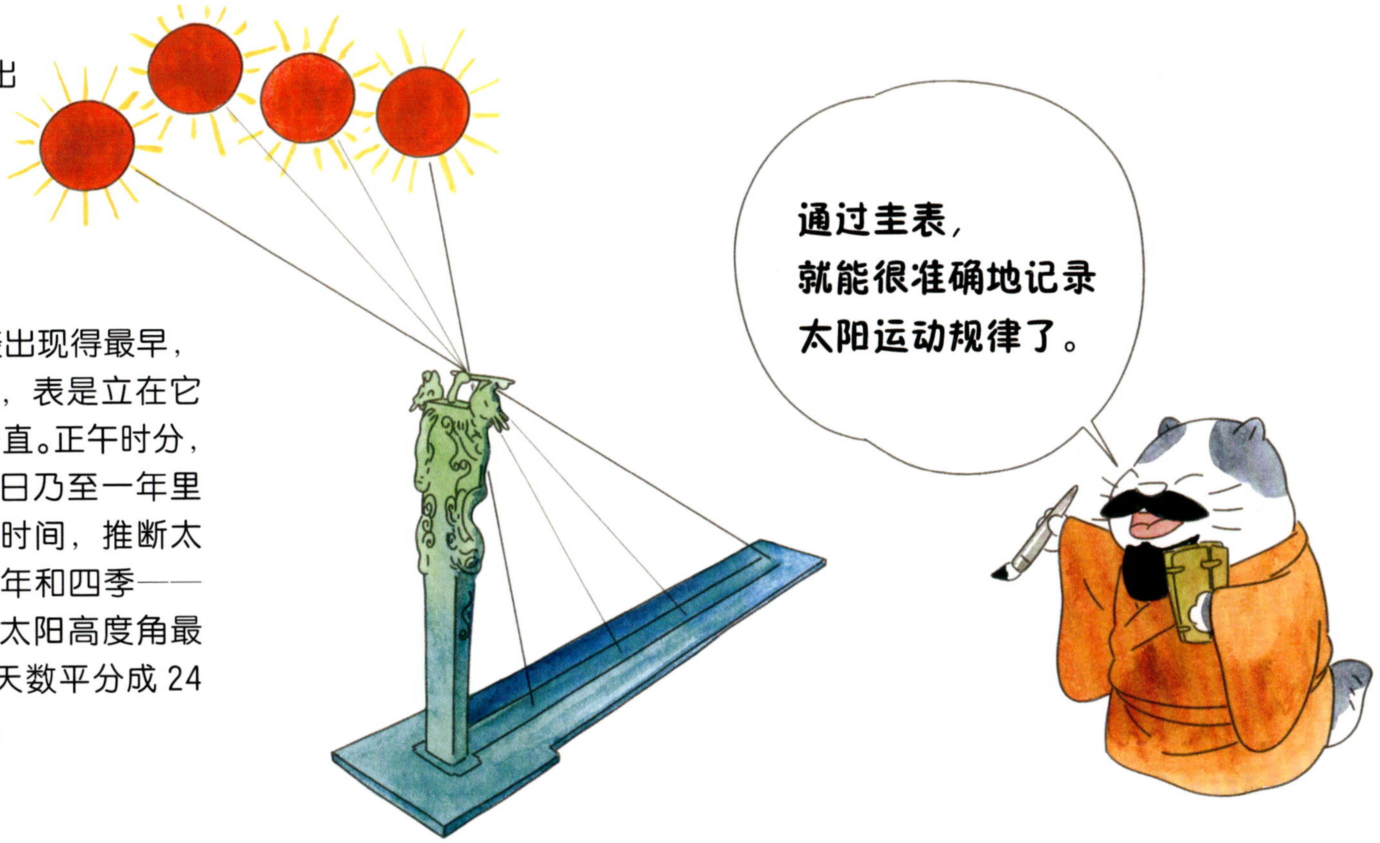


测量天象的仪器当中，圭表出现得最早，沿用得也最久。圭是平置的尺，表是立在它南端地面上的标杆，两者互相垂直。正午时分，表影落在圭面上，通过它在一日乃至一年里方位和长短的变化，可以读出时间，推断太阳的运动规律，进而确定回归年和四季——表影最长那天是冬至，北半球太阳高度角最小。将它到下一个冬至之间的天数平分成 24 段，就找到了“二十四节气”。

大约在战国中期，出现了“四分历”：回归年的长度是 365 又 1/4 日，所以叫这个名字。《汉书 · 艺文志》里记载的“古六历”——黄帝历、颛顼（zhuān xū）历、夏历、殷历、周历、鲁历，都属于四分历。

它们在不同诸侯国实行，“岁首”（一年的开始）不同：颛顼历定在夏历孟冬（每年冬季的第一个月）十月，黄帝历、周历、鲁历定在夏历仲冬（冬季的第二个月）十一月，殷历定在夏历季冬（冬季的最末一个月）十二月。

秦朝实现统一以后，下令全国采用颛顼历，避秦始皇嬴政讳，改夏历正月（农历的第一个月）为端月。它是立春之月，“二十四节气”的起点。

## 中国古代有哪些重要历法（中）

《太初历》是现存第一部有比较完整文献资料记载的历法。

元封七年（公元前 104 年），经太史令司马迁等人提议，汉武帝下令修订历法；同年五月，改年号为太初，颁行了这部新历。

它又叫“八十一分律历”，是由邓平、唐都、落下闳（hóng）等人编纂的，规定一年等于 365.2502 日、一月等于 29.53086 日，以正月为岁首，还将“二十四节气”正式包括了进去。

西汉末年，刘歆（xīn）把它整理成了《三统历》，一直沿用到东汉章帝元和二年（85 年）。

《大明历》跟明朝可没什么关系！

它是南朝宋孝武帝大明六年（462 年）由祖冲之编纂的，将回归年和恒星年区分开来，规定一回归年等于 365.2428 日、一朔望月等于 29.5309 日，比先前要精密得多。

它的创新点在于，考虑了岁差！

地球在运行过程中，受到其他天体的吸引，自转轴的方向会发生变化，不过很慢也很小。所以，太阳并不会每年都回到同一个位置，这对“二十四节气”的日期也有影响。

《大明历》完成以后，祖冲之将它呈给朝廷，皇帝宠信的保守派戴法兴却横挑鼻子竖挑眼。祖冲之不服输，摆事实讲道理，一条条驳回去。他说，天文数据“非出神怪，有形可检，有数可推”（天体运行的规律，不是什么神怪的、不可捉摸的东西，有形体现象可检验，有数据可推求）。

可惜的是，《大明历》几经波折，在祖冲之生前没能实施，庆幸的是，经过他儿子祖暅（gèng）的努力，终于在两次改朝换代以后的梁武帝天监九年（510 年）颁行。

到了唐朝，开元九年（721 年），由于李淳风编纂的《麟德历》越来越不准确，玄宗下令让僧一行（本名张遂）重新制定历法，就是《大衍历》，开元十七年颁行。

僧一行主持了规模空前的天文大地测量，“南至交州（现在属于越南），北尽铁勒（蒙古高原一带）”，推算出了地球子午线的长度。

《大衍历》相当严谨，后世几乎都用它的格式来编纂历法，直到明末“西洋新法”传入。

## 唐时期形势地图

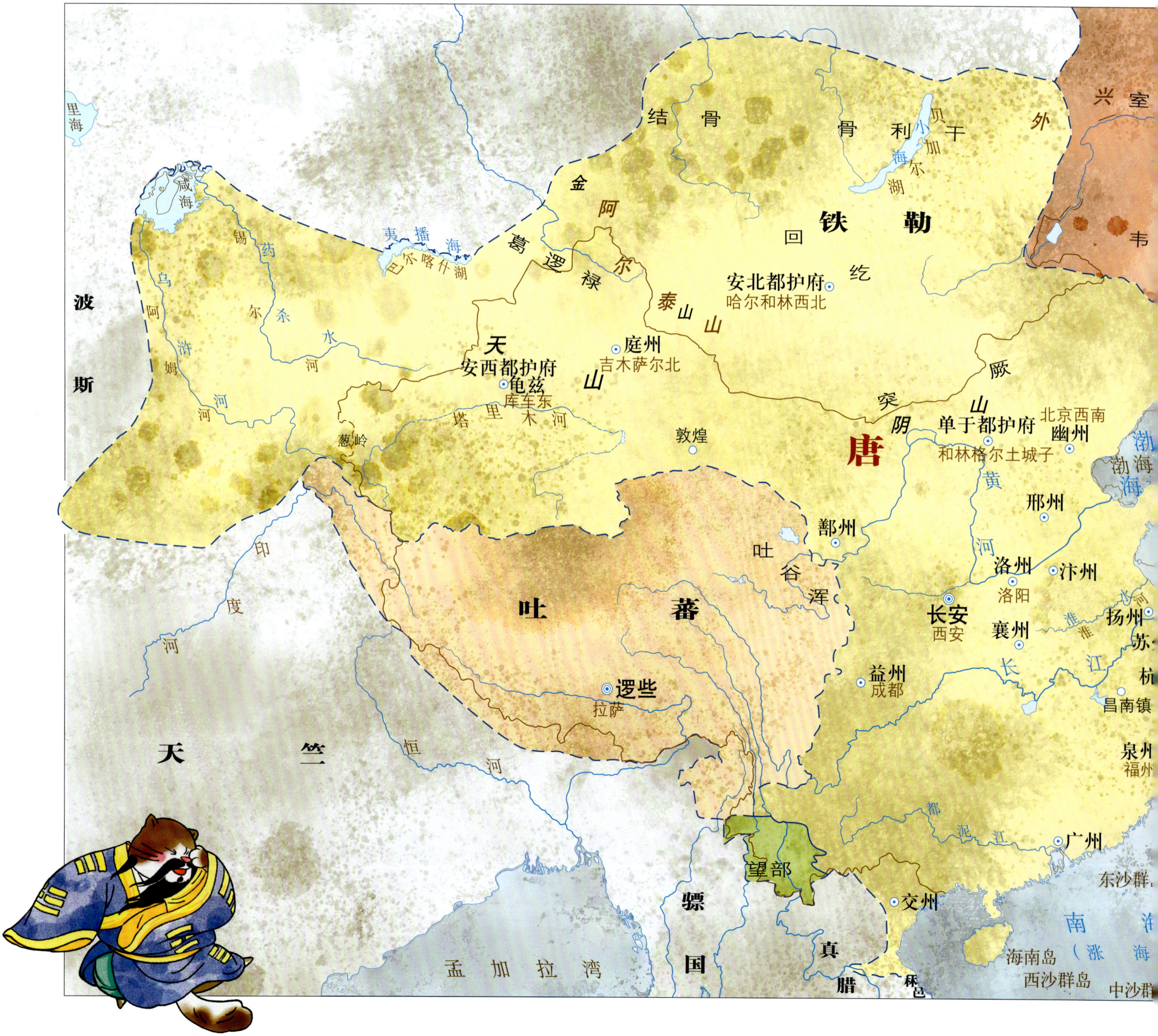

里海
咸海
夷播海
巴尔喀什湖
锡尔河
药杀水
乌浒河
阿姆河
波斯
结骨
骨利干
贝加尔湖
外兴安岭
室韦
金阿尔泰山
葛逻禄
回纥
铁勒
安北都护府
哈尔和林西北
天山
安西都护府
龟兹
库车东
庭州
吉木萨尔北
塔里木河
葱岭
敦煌
突厥
阴山
单于都护府
和林格尔土城子
幽州
北京西南
渤海
唐
黄河
邢州
鄯州
吐谷浑
洛州
洛阳
汴州
长安
西安
襄州
扬州
淮河
苏
杭
益州
成都
长江
昌南镇
吐蕃
逻些
拉萨
印度河
恒河
天竺
泉州
福州
都泥江
广州
望部
骠国
真腊
交州
东沙群
南海
海南岛
西沙群岛
中沙群
孟加拉湾

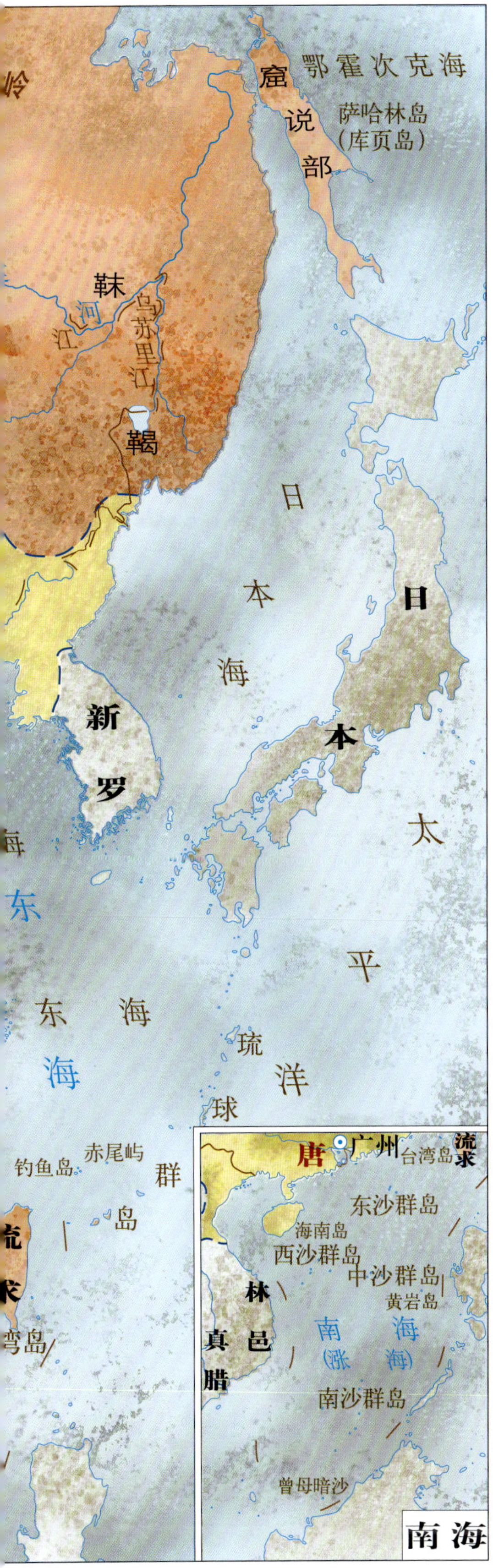
鄂霍次克海
窟说部
萨哈林岛
(库页岛)
靺鞨
乌苏里江
日本海
日本
新罗
东海
太平洋
琉球
钓鱼岛
赤尾屿
群岛
唐
广州
台湾岛
流求
东沙群岛
海南岛
西沙群岛
中沙群岛
黄岩岛
林邑
真腊
南海
(涨海)
南沙群岛
曾母暗沙
南海

## 中国古代有哪些重要历法（下）

北宋时期，“科学全才”沈括编纂了思路接近公历的《十二气历》。

他主张不用闰月，定月时看的也是“二十四节气”，而不是朔望。根据“十二气历”，立春是大年初一，每月有两个节气，大小月相间，分别是 31 天和 30 天。

《十二气历》既整齐简单，又跟天文现象、农业生产都比较合拍，可是由于打破了“阴阳合历”的传统，一直没能推行。

沈括也预料到了这种情况：“今此历论，尤当取怪怨攻骂，然异时必有用予之说者。”他果然算准了。

元世祖忽必烈登基以后，命令许衡、郭守敬、王恂（xún）等人编纂新历，就是《授时历》，至元十八年（1281 年）开始实施。

《授时历》规定一年等于 365.2425 日、一月等于 29.530593 日，数值和公历相差无几，在计算方法上也有很多革新。

郭守敬他们提出，“历之本在于测验，而测验之器莫先仪表”，所以创制了简仪、仰仪、景符、玲珑仪等十余种天文仪器，改革了圭表，在全国设置了 27 个观星站点，进行了有名的“四海测验”，规模比僧一行主持的那次还要大，其中一个观星站点就设在南海的黄岩岛。

它一直沿用到元朝灭亡，明朝的《大统历》实际上也是“换汤不换药”。

随着时间推移，《大统历》越来越不准确，预报日食等天文现象屡屡出错。崇祯二年（1629 年），皇帝终于下旨设立“历局”，由徐光启主持，在耶稣会传教士的帮助下编纂新历。

他们的成果是篇幅壮观的《崇祯历书》；它可不光是“月份牌”，理论足足占到了三分之一，连翻译带解释，几乎将到公元 1634 年为止西方的重要天文学著作“一网打尽”。

清朝建立以后，它被改名为《时宪历》，颁行天下。现在我们熟悉的农历，就和它一脉相承。

历法怎么对精密程度要求这么高，光是为了种地的话，有必要吗？

其实，它们的一个重要任务是占星！就和前面讲过的一样，替现实政治服务。

《大衍历》囊括了计算月相与七曜在任意时刻的位置、“二十四节气”跟卦象的对应、预报日月食等等，只有不到 5% 的内容和农业生产直接相关。

而且古人相信，要是历法不准，就可能出现严重后果——“阴阳不和、灾异不息”，国家多难，皇帝坐不稳江山。

## 珠算是怎么回事

就是用算盘进行加减乘除、开方等等。它是联合国教科文组织“盖章”的人类非物质文化遗产，中国的算盘也被誉为“世界上最古老的计算机”。

珠算最早出现在《数术记遗》里，它可能成书于北周。和之前的筹算相比，算盘不用摊开一大片、占用的空间更小，而且不容易出错、效率更高。

北宋晚期的《清明上河图》当中，“赵太丞家”药铺柜台上放着的好像是算盘。在元朝，算盘已经进入日常生活，陶宗仪《南村辍耕录》里有这样的比喻：“凡纳婢仆，初来时曰‘擂盘珠’，言不拨自动；稍久曰‘算盘珠’，言拨之则动；既久曰‘佛顶珠’，言终日凝然，虽拨亦不动”（家里的仆人刚来的时候勤快爱表现，像擂盘珠，不拨拉都要动；过一阵子就像算盘珠，指挥一下动一下；再往后就像佛顶珠，天天躲懒，根本使唤不动）。

朱世杰《算学启蒙》里的“归除歌诀”和现在已经大致相同。11 到 12 世纪出现了几部关于珠算的著作，可惜都失传了。

到了明朝，洪武四年（1371 年）刊刻的蒙学读物《魁本对相四言杂字》里收录了目前最早的算盘图。程大位编写的《直指算法统宗》完成了由筹算向珠算的彻底转变，流传到日本、朝鲜半岛、东南亚。柯尚迁《数学通轨》里的“初定算盘图式”，和现在已经一模一样了。

传统算盘是这样的——
把算珠串起来的小木柱叫“档”，9、11 或 13 档比较常见。
一道横梁把算珠隔成两部分，上面两珠，一颗相当于 5；下面五珠，一颗相当于 1。
它同十六进制相适应（古时候“半斤八两”），每档可以计算到 15，再多就要进位了。

我们熟悉的“三下五除二”“二一添作五”之类俗语，其实都是珠算口诀。

新中国研发“两弹一星”和第一艘核潜艇时，条件艰苦，成千上万个数据都是通过算盘得出的，它立下了大功。

计算量不是特别大的情况下，珠算的速度甚至超过电算。

但它为什么还是输给了计算机？

现在计算过程、结果都必须“数字化”，录入电脑。所以珠算哪怕再快，也没有意义了。

## 造纸术是怎么出现的

造纸术普及以前，文字大多写在竹木做的简牍（dú）或绢帛上，然而前者太沉、后者太昂贵，都不方便。

根据史书记载，东汉宦官蔡伦（他是掌管皇室工场的尚方令，获封龙亭侯）“用树肤、麻头及敝布、鱼网以为纸。元兴元年奏上之，帝善其能，自是莫不从用焉，故天下咸称‘蔡侯纸’”（蔡伦用树皮、麻头、破布、鱼网为原料造出了质量更好的纸，受到帝王称赞，纸得到广泛使用，被誉为“蔡侯纸”）。长期以来，中外学者普遍认为，蔡伦是纸的发明者，造纸术出现于公元 105 年。

然而到了 20 世纪，一批“西汉古纸”重见天日：新疆罗布淖（nào）尔烽燧（suì）遗址出土的麻纸、陕西西安的“灞桥纸”、甘肃居延的“肩水金关纸”、甘肃天水的“放马滩纸地图”、甘肃敦煌的“悬泉纸”……

有人觉得，西汉已经发明了造纸术，但是成本太高（比如说材料是丝絮）、质量差，不见得能用来写字，所以需要蔡伦改进技术，生产价廉物美的纸。不过另一种看法是，“西汉古纸”有些可能是自然堆积的植物纤维被压成了薄片，也有人推测“西汉古纸”的年代实际上到东汉甚至魏晋。因此，蔡伦以前不存在真正意义上的书写用纸。

造纸流程大概是这样的：切断植物纤维，然后洗涤、浸灰水、蒸煮、舂（chōng）捣、打浆、帘抄、晒干、一张张揭下来。

打浆以后，原本粗糙的植物纤维被粉碎，端梢变成了如扫帚（zhǒu）般的丝状，这种现象叫“帚化”。它可以让纸更牢靠，也是鉴定手工纸的关键。在显微镜下观察那些“西汉古纸”，很多没有“帚化”迹象，也没有抄纸帘纹，所以未必符合“纸”的定义，顶多算是雏形。

纸诞生以后，简牍和绢帛并没有立刻“投降”。它们坚持了快三百年，东晋时期才被全面取代。

造纸术首先传入朝鲜半岛和越南，然后是日本。天宝十载（751 年），唐朝输掉了怛（dá）罗斯之战，一批随军工匠被俘，阿拉伯人因此掌握了造纸术。

1150 年，阿拉伯人在西班牙的萨狄瓦建立了欧洲第一家造纸工场。17 世纪时，欧洲各主要国家都发展出了造纸业。16 世纪西班牙人殖民美洲以后，也将这门手艺带了过去。到 19 世纪，中国的造纸术已经走遍世界。

## 造纸术发明时间和传播路线图

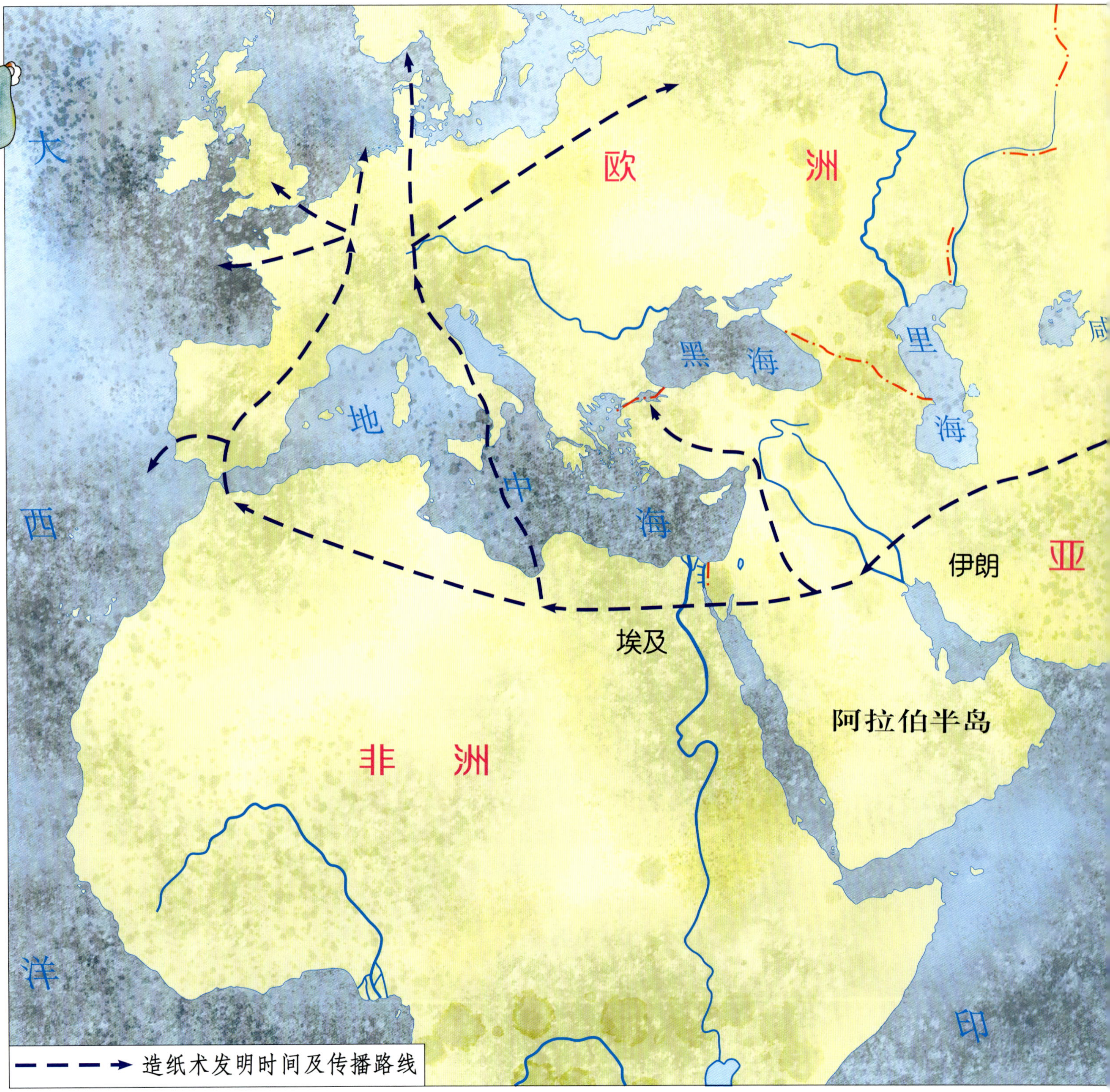

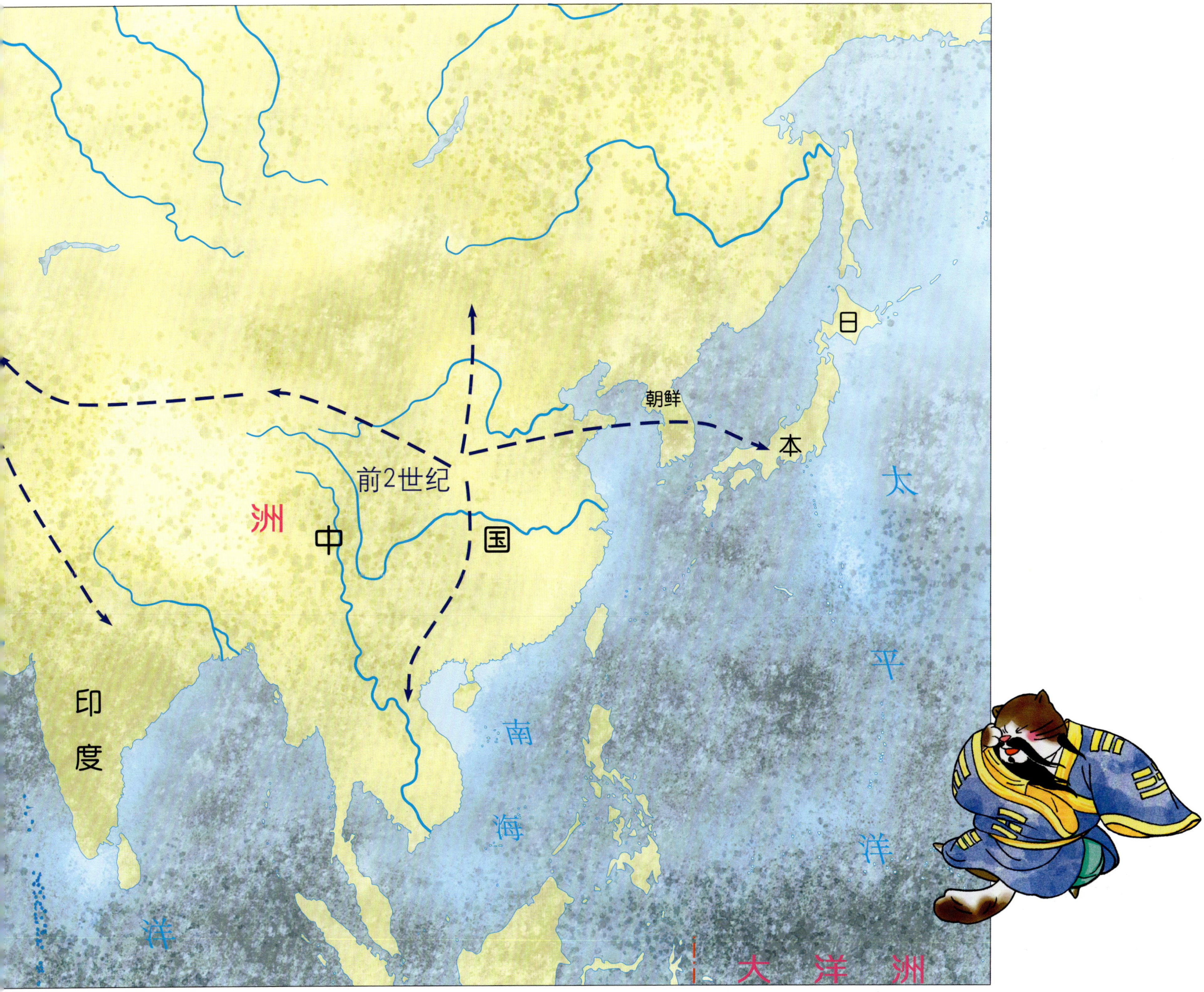
洲
中
国
前2世纪
朝鲜
日
本
印
度
南
海
太
平
洋
洋
大
洋
洲

## 指南针是怎么回事（上）

《韩非子》和《论衡》中提到的“司南”，可能并不是我们熟悉的模样——用天然磁铁矿琢成的勺子，而是指南车。

1952 年，科学家试图用天然磁石复制“司南”，做成勺形以后，却发现磁矩太小，地磁场给它的作用不够克服摩擦力，要是不拿电磁线圈帮它充磁，就指不了南。现在博物馆里展出的这种“司南”，也是人工磁铁做的，不靠谱。

至少在魏晋时期，指南车已经出现了，常常充当帝王的仪仗：“刻木为仙人，衣羽衣，立车上，车虽回运而手常南指”。也就是说，不管车子怎么转动，仙人的手都指着开始时的方向——南方。如果最初让仙人的手指向正东，它就变成“指东车”了。

它的工作原理是，让拉车的马匹驱动一组木齿轮——

这组木齿轮可能是定轴轮系（运转时，各齿轮的轴线相对于机架的位置固定），它会导致：车身向左转时，车辕就会带动齿轮，让仙人向右转，所以手能一直指着原来的方向。转弯时必须有一个车轮固定不滑动，否则会出现明显误差。

也可能是差动轮系，将左右两车轮在转弯时的速差传递到输出轴，令输出轴相对于实际车身做角度一致的逆向旋转，这样方向就会保持不变。差动轮系更加精确，设计和今天的汽车差速器类似。

这两种版本的指南车都已经复制成功，因此可以相信，它的确存在过，但是和指南针没什么关系。

真正意义上复制科学仪器，并不是做出个看着挺像的壳子来那么简单，得同时满足下面两个条件：复制品实现了文献当中记载的功能，用到的技术手段不超出古代水平。

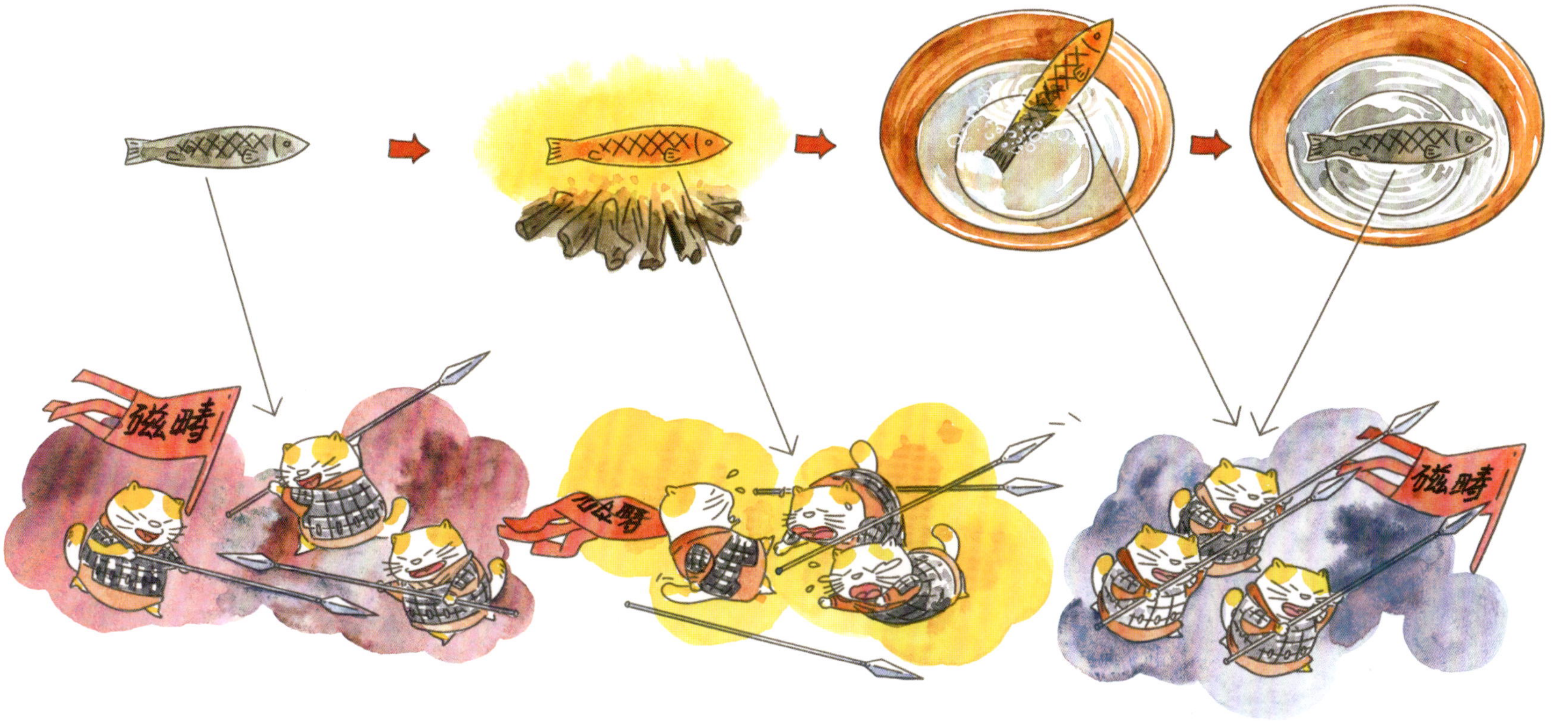


唐朝末年，进行人工磁化的技术可能已经出现了。北宋仁宗庆历年间成书的《武经总要》里记载了“指南鱼”，是指南针的前身——

把薄铁叶剪成鱼形，在炭火里烧到通红，用铁钳夹住脑袋取出来，尾巴冲着北方，搁进水盆中淬（cuì）火，没（mò）过尾巴几分就可以。

以现代物理学知识分析，这就是利用强大的地磁场，来让铁片磁化。

当磁铁被加热到“居里点”（770℃）时，其内部原子会发生剧烈热运动，使磁畴（chóu）（磁性材料内部一个个包含许多原子的小区域，磁矩都排列整齐）被打乱，磁性消失。

若磁铁再次冷却到“居里点”以下，只要位于南北方向，磁畴就会顺着地磁场重新排列。淬火会很快将这种规则的磁畴固定下来，于是铁片获得了一定的磁性。

## 指南针是怎么回事（下）

早在春秋战国时期，古人就发现天然磁石具有磁性，常常用吸针来证明。磁石也写作“慈石”，是因为古人觉得它吸铁就像慈母招引子女。

在被磁铁吸引的过程中，针被磁化了。跟磁石相比，它更细长轻巧，所以能更灵活地指南。

北宋时期，沈括在《梦溪笔谈》里写道：“方家（精通某种学问、技术的人）以磁石磨针锋，则能指南”。较之“指南鱼”，这种人工磁化的方法更简单，效果也更好。19 世纪现代电磁铁出现以前，指南针几乎都是这么制成的。

将指南针和方位盘结合起来，罗盘就出现了。它可以分成“水罗盘”和“旱罗盘”两种——

前者和沈括介绍的“水浮法”差不多，把磁针放到四边标着刻度、中间凹陷处盛水的盘子里。

后者是给方位盘添一个固定支点，例如铜钉，再把中间带圆孔的磁针套上去。

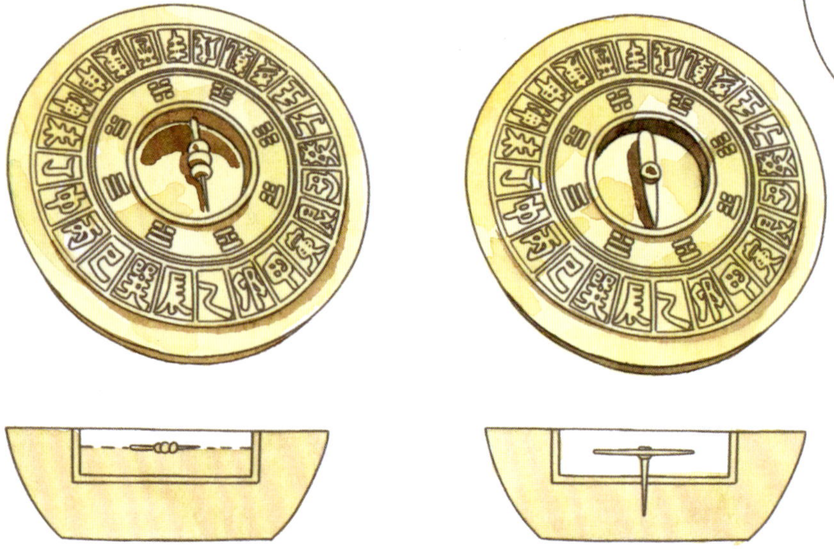

海船上用的通常是水罗盘。北宋末年，朱彧（yù）在《萍洲可谈》里写道：“舟师（航海人）识地理，夜则观星，昼则观日，阴晦（阴天）观指南针”。这是用指南针导航的最早记载。

南宋赵汝适的《诸蕃志》记载：“舟舶往来，惟以指南针为则。昼夜守视惟谨，毫厘之差，生死系矣”。文天祥也有诗句“臣心一片磁针石，不指南方不肯休”。可见当时大家对指南针已经相当熟悉了。

到 12 世纪末，欧洲文献里才出现了指南针。而且，阿拉伯和欧洲的早期磁针都是鱼形，跟“指南鱼”一脉相承。

罗盘发明以后，人们才有了在茫茫大海上全天候航行的能力。英国学者李约瑟在《中国科学技术史》里说，指南针将原始航海时代推到终点，预示计量航海时代的来临。

然而，罗盘还有一种大用场——堪舆，也就是看风水。

1985 年和 1997 年，江西临川的南宋墓里先后出土了两尊拿着旱罗盘的陶塑人物，底下分别写着“张仙人”和“章坚固”。之前以为，旱罗盘是明朝中后期自西方传入的，这么一看还是中国“抢了先”。旱罗盘更好携带，对需要东奔西走的风水先生来说更合适。

## 雕版印刷术是怎么出现的

它的步骤大概是这样：

先在薄到快透明的纸上写好要刻的内容，然后把有字的一面贴在平滑的厚木板上。用的大多是梨木或枣木，所以吐槽乱印没有价值的书，就说“灾梨祸枣”。

刻工小心地将墨迹以外的部分去掉，只剩下凸起来的“阳文”，而且是反着的。

用刷子蘸墨，在刻好的书版上均匀涂一层，将白纸覆上去，轻轻拂拭，再揭下来阴干。

它可能受了哪些技术的启发？

**印章**——

一般只有几个字，表示姓名、官职、机构等等。上面的字都是反着的，有凸起来的“阳文”，也有凹下去的“阴文”。

秦汉时期，印章通常要挂在身上，所以比较小。到了魏晋南北朝，有些印章已经相当大，比如说葛洪《抱朴子》里的一枚，“其广四寸，其字一百二十”，算是小型雕版了。

**拓碑**——

将石碑清理干净，盖一张微微湿润的纸，让它严丝合缝贴在上面。

然后用棕刷之类的工具轻轻敲打，让纸陷进字迹凹下去的地方。

等纸干到合适的程度，用拓包蘸上墨汁，轻轻拍打，纸面上就会出现白色字迹，跟石碑一模一样，比手抄省事多了，也靠谱多了。

**印染**——

将图案刻在木板上，可以是凸纹板，也可以是镂空板。

然后刷上染料（一种或多种都没问题），印出五光十色的织物来。

在唐朝，雕版印刷术已经相当成熟。一开始，它是民间自发的，并非官府主导，内容也五花八门：有佛像、经咒、历书、韵书、热门的诗集、传单、纸牌、纳税凭据……

目前世界上最早一件有确切日期的雕版印刷品，是唐懿宗咸通九年（868 年）的《金刚经》。它是 20 世纪初在敦煌莫高窟发现的，被“文物大盗”斯坦因骗走，现在收藏于大英图书馆。

1966 年，韩国庆州佛国寺释迦塔内发现了雕版印刷的《无垢净光大陀罗尼经》，上面没写年份，然而有几个武则天在位时创造的特殊汉字。因此有学者推断，它来自中国，印刷于 8 世纪初（这部佛经被翻译成汉语）到751年（释迦塔完工）之间。

## 活字印刷术是怎么出现的

雕版印刷术问题可不少！

要是刻坏了一个字，一整页就全废了，糟蹋人力物力。

一本书印完，这套雕版就用不上了，实在可惜。要是印量小又篇幅大，比如说家谱，格外划不来。

还有不适合印刷强调时效性的东西，如报纸。

……

所以北宋时期，“布衣毕昇”发明了活字印刷术。

《梦溪笔谈》中记载，“其法用胶泥刻字，薄如钱唇（铜钱的边缘），每字为一印，火烧令坚。先设一铁板，其上以松脂、蜡和纸灰之类冒之。欲印，则以一铁范置铁板上，乃密布字印，满铁范为一板，持就火炀（yáng，烤）之，药稍熔，则以一平板按其面，则字平如砥（dǐ，磨刀石）。若止印三二本，未为简易；若印数十百千本，则极为神速。常作二铁板，一板印刷，一板已自布字，此印者才毕，则第二板已具，更互用之，瞬息可就”。

在元朝，因《农书》而名留青史的王祯制作了一套木活字，用它印刷了六万来字的《旌德县志》，“不一月而百部齐成，一如刊板”。

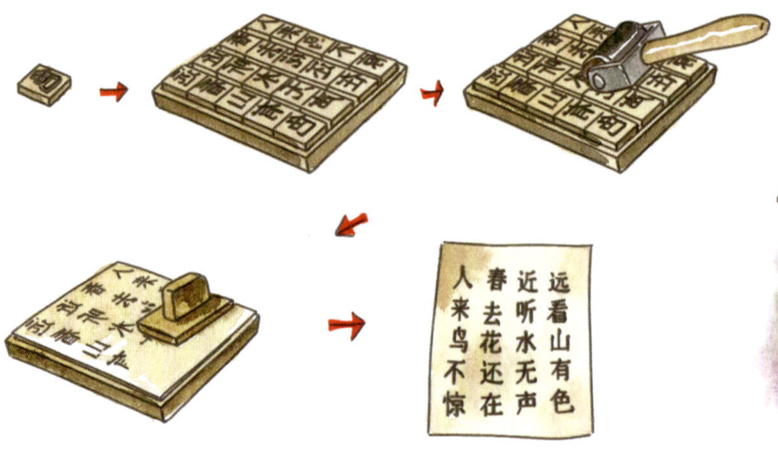

“转轮排字法”也要归功于他：

把刻好的木活字嵌到“木盔”（专门的容器）里，再用轻木做两个直径七尺，可以绕着轴转的轮盘，一个照韵部分格编号，将用“木盔”装好的字摆到相应位置，另一个存放“杂字”。

人坐在中间，“左右俱可推转摘字。盖以人寻字则难，以字就人则易”，这样能够节省力气。

木活字对木料的要求非常高，一旦受潮、受热、受挤压就会变形。而且印刷过几次，笔画就会磨损，不像一开始那么清晰好看了。

于是，人们又尝试用更坚固的金属来做活字。15 世纪后期，铜活字在江南开始流行。

到了清朝，乾隆皇帝下令制作了两套规模空前的活字，都超过 25 万枚，用铜活字印刷了《古今图书集成》，用木活字印刷了《武英殿聚珍版丛书》。

活字印刷术对周边国家的影响也不小。现存的最早木活字印刷品之一，就是在宁夏贺兰拜寺沟方塔出土的西夏文佛经《吉祥遍至口和本续》。

李氏朝鲜先后三四十次铸造铜、铁、铅等金属活字。2001 年，联合国教科文组织认定，在韩国清州发现的《白云和尚抄录佛祖直指心体要节》（1377 年）是目前世界上最古老的金属活字印刷品。

## 活字印刷为什么“打不过”雕版印刷

按理说，活字比雕版更先进，应该一出现就大获全胜。可是近千年里，不管是胶泥活字、木活字还是金属活字，“市场占有率”都远不如雕版，没能实现商业化！前面提到的几套活字也大多有官方背景，不用考虑经济效益。

这当然不是说，比起雕版来，活字退步了，而是放到特定历史条件下，活字有点“水土不服”。

古时候的书，通常是“小批量长销”——商品经济总体而言不算发达，识字的人比例也小，所以单次需求量大不到哪里去，经典却一直会有人读。这种情况下，能长期保存的雕版自然比印完就拆的活字合算多了。

而且，许多印刷品是“图文混排”——带佛像的经书、带绣像插图的小说或剧本、画谱……版式一复杂，活字就不好搞定了，然而对雕版来说，刻什么不是刻？

雕版能选的字体更多，模仿哪位名家也没问题。活字由于成本，没法随意换来换去，想再现名家字体也更难。

活字印刷过程中，负责排字和校对的工匠必须识字。古时候“文盲”满地走，这种人才实在太稀缺。雕版却不需要那么麻烦，照着刻就行。

很致命的一点是，中国历史文化悠久，汉字多到离谱——常用字就有六七千个，“之乎者也”这种虚字还得再刻些，免得排起版来不够用。所以想要印书，至少得制作上万个活字。这么大一笔钱砸进去，又不是立马能回本，对私营书商来说压力太大了，没几家有本事做到。

15 世纪时，德意志人约翰内斯·古登堡（Johannes Gutenberg）发明了“铅活字版机械印刷机”，让书便宜多了。这掀起了一场“媒介革命”，迅速推动了西方科学、社会发展。

跟毕昇相比，他太幸运了——拉丁语、德语、英语、法语等等都是拼音文字，更适合活字印刷，准备一大堆字母、数字、常用符号就行，保管、排版都省事，对文化和成本的要求也不高。

技术能不能开花结果，不光是它本身好不好那么简单，还得看社会环境。电脑普及以后，汉字才真正摆脱（和西方相比）在活字印刷上的劣势。

## 火药是怎么出现的

中国人发明的是黑火药，由硫黄、硝石、木炭混合而成。而近代欧洲军事和工业中总会用到的是黄火药，它源自 1771 年合成的苦味酸（原本是黄色染料，1885 年才被法国人用来装填炮弹）。

黄火药（像硝化淀粉、硝化甘油、TNT）又称炸药，化学本质是三硝基甲苯，制造方法是让硫酸和硝酸混合溶液与别的物质作用。不管黑火药还是原始版黄火药，都易燃易爆。阿尔弗雷德·诺贝尔就是由于发明了运输和使用都相当安全的硝化甘油炸药，才富可敌国。

最晚在 9 世纪末，黑火药已经诞生。它是炼丹术士误打误撞出来的——

炼丹是为了得到长生不老药，跟科研不沾边。然而，术士在加热各种矿物质的过程中，积攒了许多化学知识。

对硫黄、砒霜之类毒性猛烈的金石药，术士在使用前经常要烧灼一下，好消解或降低毒性，也让它们没那么容易挥发，这种工艺叫“伏火”。隋唐时期，“药王”孙思邈等人的“伏火”方子都会用到硫黄、硝石、含碳物质（可能是皂角，也可能是马兜铃）。

“伏火”是高危操作，走水、爆炸时有发生，虽然术士千方百计控制反应速度，却还是免不了出事，轻则灰头土脸，重则屋毁人亡。

《本草纲目》说，黑火药有“治疮癣、杀虫，辟湿气、瘟疫”的功效。它当然没法让人延年益寿，对炼丹来说有百害无一利。可是，配方落到军事家手里，就派上大用场了。

借助油脂、松香之类易燃物开展火攻，这一招大家都不陌生。要是换成更具威力的火药呢？

唐朝末年出现了在进攻时“发机飞火”、烧毁一座城门的记载，从此火药开始进入实战。

北宋天圣元年（1023 年），朝廷在都城汴梁设置了“火药作”（火药武器兵工厂）。庆历四年（1044 年），曾公亮、丁度等人编纂了中国第一部官修军事百科全书《武经总要》，里面完整记录了三种黑火药配方。

制作火药武器时有针对性地添上其他原料，就能刷出附加属性：狼毒、草乌头、砒霜、巴豆可以让敌军中毒，口鼻流血；黄蒿可以制造烟雾……

## 火药是怎么传播到西方的

宋朝出现了各种火药武器。

开宝三年（970 年），兵部令史冯继昇给宋太祖献上了制造“火箭”的方法。它和送卫星上天的“长征”系列可不是一回事——在箭杆前端绑上火药筒，点燃，靠向后喷出的气体的反作用力，把箭射出去。这是世界上最早的喷射火器。

三十余年以后，神卫水军队长唐福、冀州团练使石普等人也分别献上了自己研制的火箭、火球、火蒺藜（jí lí，一种果实有刺的草本植物，也会仿照它的形状制作兵器）之类的武器，还在宫城内进行了表演。

早期的火药武器利用的主要是它的燃烧性能，跟传统火攻思路差不多。渐渐地，人们更加看重它的爆炸性能。

北宋末年，爆炸威力不小的火器“霹雳炮”和“震天雷”也出现了，可以用来攻坚或守城。

靖康元年（1126 年）金军攻打汴京时，指挥防守的大臣李纲“夜发霹雳炮以击贼，军皆惊呼”。

吃过亏以后，金朝同样没少在火器上花心思。一百余年过去，蒙古大军攻打金朝南京（现在的河南开封）时，就遇上了吓人的“震天雷”：“火药发作，声如雷震，热力达半亩之上，人与牛皮皆碎迸无迹，甲铁皆透”。

不过，古籍里的“炮”或“砲”也可能是抛石机，不见得指火器。

早在 8 世纪到 9 世纪时期，硝和医药、炼丹术知识一道西传，阿拉伯人叫它“中国雪”，而波斯人叫它“中国盐”。那时候它和打仗还没什么关系，主要用来治病、冶金、制作玻璃工艺品。

到了 13 世纪，蒙古大军西征，把火器带了过去。1260 年，他们吃了败仗，火箭、火炮、“震天雷”等等都落入敌军手中。缴获火器以后，阿拉伯人一通研究，也掌握了生产和使用方法。而欧洲人在同阿拉伯人的长期战争中，学会了这项技术。

也有学者推测，火药相关知识是 13 世纪时商人先介绍到印度，再传给阿拉伯人、希腊人的。

在欧洲，火药把贵族城堡的石墙、骑士的盔甲炸了个粉碎，结束了冷兵器时代。后来历史上的许多大事，像资产阶级兴起、新航路开辟，都离不开它。

## 马镫是怎么出现的

它是中国人发明的，看似简单，却不能小瞧！

有了马镫，才能更顺当地操控坐骑，不光安稳、省力，还让人和马真正变成一个所向披靡的整体，战斗力翻了好多倍。

最开始，人们直接骑在光溜溜的马背上，什么辅助都没有，要想一边往前跑一边射箭或挥刀，实在是难上加难。

后来有聪明人想到，是不是可以加个坐垫？这么一来就舒服多了，但照样得靠双腿夹紧马匹来维持平衡，时间长了非常辛苦。坐垫也不够牢靠，会滑动，攻击敌人时一旦打空，就可能翻身坠马。所以，骑兵只能承担侦察、侧翼包抄、遮断粮道、偷袭、追击之类的任务，啃不了“硬骨头”。

西汉时期，骑兵为了对付匈奴，开始采用冲击战术——举着长戟（jǐ）、长矛往前扑，利用马匹的冲力，直接刺死敌人或让他们溃散。马鞍也加高了，好保证骑手的安全，等于把他们“固定”在窄窄的前后鞍桥中间，免得一不小心就因反冲力而落地，白白送命。

马鞍加高以后，上马就麻烦多了，不靠外力帮忙可没那么容易。于是在三国或西晋（也有学者认为是东汉）时期，出现了单马镫——如长沙西晋永宁二年（302 年）墓出土的陶俑，马鞍左侧靠前处垂有三角形的镫，是踩着借力上马用的，仅有一个，所以叫单马镫。

到了十六国或南北朝，双马镫终于“进化”出来。像辽宁北票冯素弗（北燕宗室、重臣，415 年去世）墓出土的这副，是铜鎏（liú）金包木芯的，飞驰的时候也要一直踩着，而不是像先前那样，上马坐稳了就松开。

有了双马镫，就能更快地熟练掌握骑术，也方便长途行军。此外，它让更多战术动作成了可能——跟高桥马鞍结合，等于横向、纵向都有支撑，双手腾出来了，射箭的时候不用停步，冲刺或挥刀的时候也更没有后顾之忧，可以灵活转身。所以，“解除封印”的骑兵正式成了陆战主力兵种，相当于冷兵器时代的“坦克”，掀起了一场军事变革。

大约 6 世纪马镫传入西方以后，被称作“中国靴子”，也大放光彩。有人提出，它是强有力的“催化剂”，让中世纪欧洲进入了骑士时代。李约瑟也说，在欧洲封建主义的最后阶段，中国的火药帮助摧毁了它；而在最初，中国的马镫帮助了欧洲封建制度确立。

## 针灸是怎么回事

“针”是用特制的金属针扎进穴位，以各种手法刺激身体；“灸”是用点着的艾绒或其他可燃材料（灯芯、桑枝等）烧灼、熏烤穴位或不舒服的地方。

它们都建立在经络学说基础上，目的是“从外治内”，通过调节气血，来让疾病消失。

灸法出现得早一些，大概在春秋战国之交，到战国末年已经基本理论化、体系化了。而针法可能要到战国末年才诞生，扩散得也不算快。马王堆汉墓出土的医书只提到了砭（biān）法（用磨尖的石块刺激穴位，切开患处排出脓血）和灸法，满城汉墓虽然发现了一套金银针，却是给诸侯王用的，并不能证明针法已经“飞入寻常百姓家”。

宋朝以前，占上风的一直是灸法。隋唐时期，王焘（tāo）编纂的医书《外台秘要》里就吐槽“针能杀生人，不能起死人”；“药王”孙思邈的《千金方》里，和灸法有关的内容也是针法的好多倍。

这是为什么呢?

古时候，民间医疗资源一直紧缺！可能没钱看病，又或者有钱也不知道去哪里看病，只能自己想办法凑合。由于物流不发达，不少药材都很昂贵，还经常断货。

灸法门槛低，可以就地取材，风险也相对小，不需要太深奥的医学知识，有些人干脆哪里疼灸哪里。

针法就不一样了！要是不熟悉经络图和操作，扎错了穴位或针断在身体里，搞不好会出人命，或留下严重的后遗症。

自宋朝起，灸法却慢慢“坐冷板凳”了。

一方面是因为，实在太难受！现在我们接触到的，通常是隔着东西（姜片、蒜片、盐末、药饼之类）的间接灸法，柔和得多，不过照样要小心低温烫伤。然而唐宋时期一般是直接让艾绒贴着皮肤，会烧伤，疼痛化脓，留下疤痕。

另一方面是因为，宋朝的社会经济和医学水平都高于唐朝，百姓看病抓药没那么难了，可以选择的疗法更多。

在北宋，印刷术逐渐普及，出版了不少带经络图的医书。而之前只能靠手抄，纯文字还好，但图难免越辗转临摹越离谱，误人子弟。

仁宗天圣四年（1026 年），尚药奉御王惟一铸造了两尊针灸铜人，非常精致逼真。它们是用来考验医师的，用黄蜡把表面的小孔和穴位名称封住，如果扎对了，灌在铜人身体里的水银就会流出来。

考评严格了，医师的水平越来越高，因此，有机会的话，大家更乐意靠汤药或针法，让自己少吃点苦头。

## 古人怎么抗疫（上）

东汉许慎在《说文解字》里写道：“疫，民皆疾也”。急性传染病一来，要是应对措施跟不上，大家确实会纷纷躺倒。英语里的“大流行”（pandemic）源自古希腊语，也是“所有”和“人民”两个词加起来。

瘟疫在史书里的存在感可不低，随手翻翻就能看到“天下疫”之类的记载，而且经常相当惨烈——

东汉末年的一场疫情，直接带走了“建安七子”中还在世的五个，文坛大伤元气。

明清时期鼠疫反反复复，经常闹得十室九空，师道南的这首《鼠死行》一读就冷汗直冒：“东死鼠，西死鼠，人见死鼠如见虎。鼠死不几日，人死如圻（qí）堵（死人堆得如城墙一样高）……”

古时候“杀人如麻”的传染病，除鼠疫外，可能还有对应现在所说的天花、疟疾、霍乱、伤寒、白喉、猩红热等等。虽然医疗条件有限，人们却并没有放弃抵抗，发明的不少措施，直到今天都还能派上用场。

我们知道，对付传染病的招数有三大类：控制传染源、切断传播途径、保护易感人群。古人虽然说不清其中道理，执行起来却不含糊。

隔离属于第一类。

湖北云梦睡虎地一座秦墓出土的简牍上就规定，要是发现疑似麻风病患者，必须立刻上报，派医生过去检查，如果确诊，就送到“疠（lì）所”去，不能随便和别人接触。

西汉末年瘟疫流行，平帝下诏把患者带到空着的宅子里住，给他们送医送药，这成了后世遇到类似情况时的标准操作。

根据《晋书》记载，那时候有个惯例，如果朝臣家里超过三个人得了“时疫”，就算他们本人没事，百日之内也不允许入宫，免得这些带菌者把病传到别处。

苏轼也是位“抗疫英雄”。北宋哲宗元祐四年（1089 年），他在杭州当官时碰上了严重的疫情，马上拨了两千贯公款，号召有钱人捐献，还拿出自己好容易存下的五十两黄金，建了一所“方舱医院”，取名“安乐坊”。他请来懂医术的僧人坐镇，替大家看病，还照着先前被贬黄州时学来的防疫秘方“圣散子”煎药，免费发给百姓。

掩埋尸体也属于第一类。要是放着不管，病原体必然会猖狂滋生，危害更多人。所以该怎么处理病死者，历代都很重视，或者下令赐钱、赐棺木让家人自行安葬，或者要求地方政府集中统一深埋，有条件的话还得撒生石灰，“无害化处理”一下。

## 古人怎么抗疫（下）

重视环境卫生属于第二类。

清朝名医王孟英在《霍乱论》里指出：“平时即宜留意，或疏浚河道，毋须积污，或广凿井泉，毋须饮浊……卜居（挑地方生活）最宜审慎，住房不论大小，必要开爽通气，扫除洁净。”

春夏容易发霉的时候，古人经常焚烧艾叶、苍术、大黄、白芷之类，能够驱湿除秽。

重视个人卫生也属于第二类。

喝茶对预防消化道传染病很有好处。茶是用开水泡的，烧水过程中，病原体就被杀死了。

古代医家也经常建议人们勤洗手洗澡、不随地吐痰、不吃腐烂变质或被老鼠苍蝇碰过的食物。

消毒属于第二类。

李时珍在《本草纲目》里说：“天行疫瘟，取初病人衣服，于甑（zèng，一种类似蒸锅的瓦器）上蒸过，则一家不染”。事实上，这就是蒸汽灭菌。

养生属于第三类。

明朝名医张景岳说：“瘟疫乃天地之邪气，若人身正气内固，则邪不可干，自不相染。故避之之法，惟在节欲节劳”。免疫力上来了，自然没那么容易“中招”。

古人也会提前吃药（像紫金锭或含有雄黄的避瘟丸，不过这些矿物药往往有毒，需要慎重使用）、洗药浴、在身上挂盛着药草的香囊，好预防疾病。

打疫苗属于第三类。

在宋朝或明朝，针对天花的人痘术出现了——把痊愈患者的痘痂研磨成细末，用银管吹进（或者用水调匀，蘸在棉花上塞进）被接种者鼻子里。

这种疫苗流行开来以后，死于天花的人数明显变少了。到 18 世纪中叶，它几乎传遍欧亚大陆。

古代医家已经意识到，要跟病人保持一定距离。清朝名医陈耕道在《疫痧（shā）草》里就说：“凡入疫家视病，宜饱不宜饥，宜暂不宜久，宜日午不宜早晚，宜远坐不宜近对”。当时没条件穿成“大白”（防护服），只能尽人事听天命了。

面对来势汹汹的疫情，不一定能找到对症的良药。然而要是哪个方子管用，医家和政府都会想方设法推广——传抄、刻印以后到处发；或者干脆配好药，送给需要的人。

可是，跟医学没多大关系的措施也不少！

在古人看来，瘟疫是鬼神诅咒导致的，所以会贴符咒、做法事，好驱赶疫鬼。这些能带来一定的心理安慰，但是副作用也挺多——关门点香烛会污染空气，对患者不好；信巫不信医会耽误治疗；人群聚集可能让疾病扩散得更快；在这上头花钱太多，就买不起药了……

面对疫情，皇帝可能觉得这是上天的警告，所以会下诏罪己、广开言路、实施“仁政”（包括减免赋税、给民众提供口粮）。

## 参考文献


[1] 让 - 马克 · 博奈 - 比多 .4000 年中国天文史 [M]. 李亮，译 . 北京：中信出版集团，2020.
[2] 徐刚，王燕平 . 星空帝国：中国古代星宿揭秘 [M]. 北京：人民邮电出版社，2016.
[3] 江晓原 . 中国古代技术文化 [M]. 北京：中华书局，2017.
[4] 金秋鹏 . 中国科学技术史：人物卷 [M]. 北京：科学出版社，1998.
[5] 于赓哲 . 唐代疾病、医疗史初探 [M]. 北京：中国社会科学出版社，2011.

# 喵懂文化常识

衣食住行卷

文字撰写　王宸 叶金鐥
编　　制　星球地图出版社

星球地图出版社 | 国 家 一 级 出 版 社
STAR MAP PRESS | 全国百佳图书出版单位

**图书在版编目（CIP）数据**

喵懂文化常识. 衣食住行卷 / 王宸，叶金瞥撰.
北京：星球地图出版社，2025. -- ISBN 978-7-5471
-3010-0

Ⅰ. G634.303

中国国家版本馆 CIP 数据核字第 2024EU5086 号

**策　　划** 王俊友 樊羽菲
**责任编辑** 马丽娜 高　帅
**图书编辑** 高　帅
**地图制作** 高　芳 李佳期
**文字撰写** 王　宸 叶金瞥
**封面设计** 王　静
**插画绘制** 谢步平 王少波 程建新 支少卿 潘艺晶 周　磊
**出版审订** 郝　刚 左　伟

**喵懂文化常识（衣食住行卷）**

出版发行　星球地图出版社
地址邮编　北京市海淀区北三环中路 69 号 100088
网　　址　www.starmap.com.cn
印　　刷　北京印刷集团有限责任公司
经　　销　新华书店
开　　本　285 毫米 ×285 毫米　12 开
版　　次　2025 年 1 月第 1 版
印　　次　2025 年 1 月第 1 次印刷
审 图 号　GS (2024)4153 号
定　　价　199.00 元

**联系电话：010-82028269（发行）、010-62272347（编辑）**

# 目录

## 古人的衣服是什么料子

最早的应该是葛和麻，还有动物毛皮。

葛是豆科植物，有长长的藤蔓，可以直接拿来捆东西，也可以水煮以后剥掉皮纺成线，织出很薄的料子。江苏吴县草鞋山遗址就出土过新石器时代的葛织物，距今超过 6000 年。在春秋战国，葛衣和皮裘都相当常见，韩非子就认为，“五帝”之一的尧“冬日麑（jǐ，一种像鹿的动物）裘，夏日葛衣”。

中国原产的麻不止一种。苎（zhù）麻主要分布于南方，纤维坚韧平滑，容易染色不容易掉色，夏天穿着也轻快凉爽，非常适合织布，上至贵族、下至平民都喜欢穿，欧洲人给它起了个名字“中国草”。

不过，大麻的地位更加重要，因为它更加便宜。普通百姓穿的“布衣”，就是用大麻纤维做的，比较粗糙。顺带一提，本土大麻的四氢大麻酚（fēn）含量相当低，没什么致幻效果，相对更加安全。

西方人所说的“麻”，通常是亚麻，在 18 世纪之前，它是欧洲最重要的纤维作物，不过到了清朝才传入中国。

丝织品统称“帛”，主要是达官贵人穿的。浙江吴兴钱山漾（yàng）良渚（zhǔ）文化遗址就出土了丝织品，距今超过4000年。

很长时间里，世界上只有中国会养蚕，生产的丝织品有绢、锦、罗、纱、绮（qǐ）、绸、绫、缎等等，花色、纹理、厚薄各不相同。丝织品也是珍贵的出口物资，中西交流的重要通道就叫“丝绸之路”。

棉花并非中国原产，栽培要晚许多，古书里的“绵”或“絮”很可能不是它，而是丝绵。

大概在西汉中期，非洲棉（属于粗绒棉）传入西域，织成的料子叫“白叠”，在南北朝和隋唐，是新疆地区的特产。

亚洲棉（同样属于粗绒棉）品质更好，它原产印度，大概在南北朝进入中国，被称作“古贝”或“吉贝”。

元朝以前，棉花只是点缀，抢不了麻布的风头。直到乌泥泾（现在属于上海）的黄道婆自崖州（海南岛）将黎族的技术带回家乡，棉纺织业才在松江府乃至长三角发展起来，出现了“衣被天下”的盛况。

19世纪末，原产美洲的细绒棉（包括陆地棉和海岛棉）才传入中国。现在普遍种植的是海陆杂交棉，它是陆地棉和海岛棉“结婚”生出来的，把父母的优势都占了。

## 古人有“穿衣自由”吗

现在只要买得起、不出大格，想怎么穿就怎么穿。大人物也可能穿得毫不起眼，要是因为衣着朴素就瞧不起人，那很可能被当场“打脸”。

古时候却不一样，大多数情况下通过装束就能确定身份，“先敬罗衣后敬人”也挺常见。要是打扮得不合适，轻则招来白眼，重则丢掉性命。

这是为什么呢?

历代王朝都会确立“服制”，记载在正史的“舆服志”里：根据身份、场合应当怎么打扮，不同的人有不同的标准。

传统社会里，穿衣戴帽根本不是一个人的事！等级秩序跟规范，全体现在装束上。

这套体系除了服饰，还包括房屋、车马、日用器具等等，核心是“明尊卑、别贵贱”，覆盖了所有人、生活的几乎所有方面，直到封建帝制结束才被废除。

地位越高，装束就越繁复、珍稀，自由度也越大——没那么尊贵的衣帽，他们如果高兴也可以穿戴，清朝皇帝在“行乐图”里的造型常常跟世家子弟差不多，并不是天天一身明黄朝服，那也太累了；而反过来（指地位越低）就是“逾制”或“僭（jiàn）越”（超越本分行事），搞不好会受罚。

这叫“上得兼下，下不得拟上”。

不管是面料、颜色还是尺寸、图案、样式，“服制”都会管——

古时候“重农抑商”，商人是“四民之末”，经常遭到打压，哪怕有钱也不敢光明正大地用好东西。汉高祖即位之初就下诏“贾人不得衣丝乘车”，一千余年过去，明太祖照样规定，只要家里出了生意人，就都不能穿绸纱。

隋朝之前，平民百姓穿黄袍也没什么大不了。唐高祖下诏“禁士庶不得以赤黄为衣服（也就是说，官员和百姓都不准穿赤黄色的服装）”，从此这种颜色逐渐被皇室“垄断”，乱穿就可能获罪。所以，赵匡胤（yìn）被拥立为皇帝的流程当中，关键一步是“黄袍加身”；在清朝，如果臣子被赏“黄马褂”，是相当大的恩典。

唐朝规定，天子礼服可以用“十二章”纹样：日、月、星辰、山、龙、华虫、宗彝（yí）、藻、火、粉米、黼（fǔ）、黻（fú）。

皇太子和一品官用“九章”，自山开始；二品官用“七章”，自华虫开始；三品官用宗彝、藻、粉米、黼、黻“五章”；四品官用“三章”，自粉米开始；五品官用“一章”，只剩黻了。

直到清朝，“十二章”纹样还是龙袍上的“保留节目”。

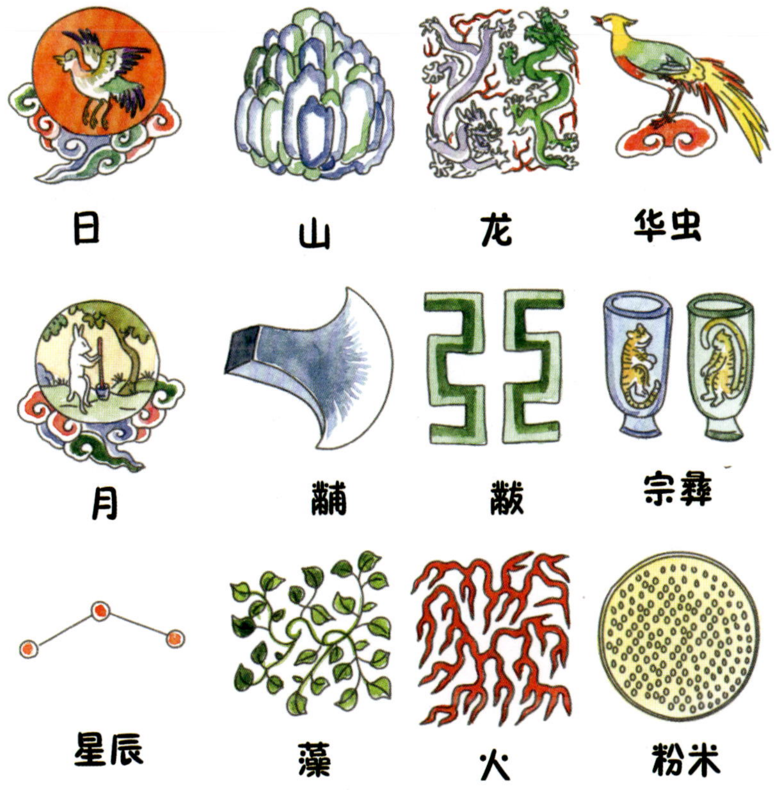

“服妖”是怎么回事

并不是衣服变成妖怪了！

它指的是违背礼制和风俗的奇装异服，“妖”有反常、不祥的意思。

古时候“天人感应”和“阴阳灾异”观念影响非常深远，如果出现了没法预知或解释的坏事，就会“生拉硬拽”地建立逻辑联系，让令人觉得古怪的新时尚“背锅”。正史的《五行志》和历代笔记当中都有不少例子。

比如说，根据《晋书》记载，东晋孝武帝太元年间流行用假发盘成高髻，叫“假头”，穷苦女子买不起又想戴，于是说自己“无头”，要找别人“借头”。不久以后，“天下骚动，刑戮（lù）无数”，很多人真的掉了脑袋。

陆游在《老学庵笔记》里写道，“靖康初，京师织帛及妇人首饰衣物，皆备四时。如节物（和特定节日有关的事物）则春幡、灯毬（qiú）、竞渡、艾虎、云月之类，花则桃、杏、荷花、菊花、梅花，皆并为一景，谓之一年景”。大意是，当时的流行风尚是把代表四季的图案全放到一件衣服或首饰上，像是看遍了一年里的良辰美景。结果一年过去，北宋就灭亡了。

新时尚要是打破了前面提到的“服制”、冲击了大家默认的社会秩序，也会被看作“服妖”。

唐朝流行女子穿男装，幞（fú）头、圆领袍、皮靴整整齐齐一套，既方便活动又俏皮利索，彰显了她们的自由度和精气神。上到太平公主、虢（guó）国夫人，下到侍女，都喜欢这样打扮。然而在老古板眼里，这无疑是阴阳秩序混乱、女子干政的不祥之兆。

社会变迁缓慢、法令严格的时候，“服制”还比较好维持。然而明朝中叶以后，经济繁荣，民间消费水平跟着上来了，奢侈不再是少数人的专利，“僭越”成了常态，百姓模仿官员、命妇的打扮，甚至有胆子穿戴“帝服后饰”。市场的作用也越来越醒目，奢侈品用不了多久就会大量生产，下跌到普通人也买得起的价钱。士大夫觉得自己的特权被触犯了，看不过眼，反复痛斥，朝廷也先后下了一百余道禁奢的诏令，却没什么效果。到了清朝中叶，礼法本身也慢慢松弛，走向崩溃。

大家对美和新奇的追求是压不住的，写在纸上的条文和实际未必是一回事，总有法子灵活变通。要是把古人想得太死板，完全照着史书来，推出的结论反倒不靠谱。

## 古人怎么洗衣服

很多高档面料不能洗！当时固色技术不够发达，衣服过水就会褪色，没那么明丽了。泥金银、妆花、缂（kè）丝、复杂刺绣之类更是，洗了以后会面目全非、糊成一团。西方点缀大量珠宝的宫装、日本的名贵和服，情况也差不多。

所以，王公贵族不少衣服只穿一次，帝后如果“服浣濯（zhuó）之衣”，是值得记入史书的俭朴美德。

不过，古人衣服层数比较多，这种昂贵的通常穿在最外面，不接触皮肤，而且会频繁更换，往往一天好几套，因此也没那么容易弄脏。

很多没那么娇气的面料也不能搓洗，否则会伤害纤维结构。比如说，竹布必须用淘米水充分浸泡，再换温水，用手压干；罗绢先用温水浸泡，加上去污剂，用手拍，然后换水，一遍遍循环，直到漂干净。比较“皮实”的，只有麻布和棉布。哪怕是今天，对待丝织品都得格外小心。

古人常用的去污剂有哪些？

草木灰——

《礼记·内则》提到，“冠带垢，和灰清漱；衣裳垢，和灰清澣（huàn）”。草木灰含有碳酸钾，泡水以后得到碱性溶液，可以洗掉油脂。

皂角——

也叫皂荚（jiá），属于苏木科，是中国特有树种，果实含有皂甙（gān），既亲油又亲水，能够生成泡沫，将污垢“拽”下来冲走。

另一种植物无患子别名肥珠子，用途和皂角类似。

后来又出现了这类果实做的“肥皂团”，《本草纲目》记载：“十月采荚，煮熟捣烂，和白面及诸香作丸，澡身面，去垢而腻润，胜于皂荚也。”现在的“肥皂”是在油脂里加入碱液（氢氧化钠之类），使之皂化，制法来自西方，和这不是一回事。

面粉——

吸附性很强，当“洗衣粉”也没问题。不过它可以吃，所以不少人反对这样做，觉得太浪费。

“浆洗”要用到米汤或淀粉做的浆水，把衣服放进去浸泡，再用清水漂干净，会更加挺括耐穿。

“捣衣”是怎么回事？

古人在河边洗衣服的时候，会用棒槌敲打，好去掉污垢。然而，诗词里的“捣衣”并不是这个意思！

其实是做衣服的一道工序，通过用杵敲打，让料子更加柔软熨帖（yù tiē），也会更加保暖。

在古代，一说“捣衣”，就会想到思妇给征人或游子准备寒衣。比如说，李白的《子夜吴歌》：“长安一片月，万户捣衣声。秋风吹不尽，总是玉关情。何日平胡虏，良人罢远征。”（诗中表达了妻子渴望与丈夫团聚的心声）

## “五谷”是哪些植物

通常来说，指的是稷（jì）、黍（shǔ）、麦、菽（shū）、麻。

稷到底是什么，争议很大。有人说，它是粟；有人说，它是不黏的黍；也有人说，它是高粱。相当一段时间里，最重要的粮食就是它，被称作“五谷之长”。周朝的先祖名叫后稷，教会了老百姓耕种。民以食为天，古时候用“社稷”指代国家，社是土神，稷是谷神。

稷的良种叫粱，“膏粱”可以形容饭菜丰盛精美，或者家境富贵。“膏”是肥肉、油脂的意思。而粟是小米，又叫谷子，没有黏性，后来变成了粮食的总称。粟的祖先，是路边随处可见的狗尾巴草。

黍是黍子，又叫黄米，有黏性。古时候它的地位仅次于稷，《诗经》里也说“黍稷彧（yù，茂盛的样子）彧”“黍稷方华”。大家觉得，黍是比较好吃的粮食，所以会拿它来招待宾客，孟浩然就写道：“故人具（准备，置办）鸡黍（鸡和黄米饭），邀我至田家”。

麦可以分成大麦和小麦，小麦又可以分成冬小麦和春小麦。古时候大麦也叫“牟（móu）”。石磨出现之前，人们对麦只能“粒食”，直接煮成饭、粥之类，不容易熟，口感也差。秦汉以后，磨粉工艺越来越普及，各种面食流行开来，麦的重要性水涨船高。

菽就是大豆，也可以指所有豆类。

能结子的麻叫苴（jū），不能的叫枲（xǐ）。麻不是主要粮食作物，穷苦人吃它比较多，纤维可以用来织布。

“六谷”就是“五谷”加上稻。稻本来是南方作物，后来才传到中原。它和粱都是细粮，所以用“稻粱”指代精美的主食，龚自珍就写道：“避席畏闻文字狱，著书都为稻粱谋（书生听到文字狱就害怕，避席而起。他们著书只是为了混口饭吃）”。

禾原本专指稷，后来也变成了粮食的总称。

## “六畜”是哪些动物

《三字经》里说：“马牛羊，鸡犬豕（shǐ）。此六畜，人所饲”。

它们原先都是野生动物，经过人类的长期饲养，才变成了家畜。大体而言，鸡、狗、猪是东亚本土起源的，牛和羊的最早驯化地在西亚，马则可能在欧亚草原中部。

马可以用来骑乘、拉车，是游牧文化的标志，在军事和交通中的地位相当重要，被列为“六畜之首”。冷兵器时代，轻骑的作用相当于现在的快速反应部队，而铁骑相当于坦克。

古人把牛、羊、猪当成“三牲”。祭祀时这三种肉食齐全叫“太牢”，规格最高；只用羊、猪叫“少牢”。

牛可以用来耕地、拉车，是相当珍贵的资源，许多朝代都明令禁止杀牛。所以，古时候要是遵纪守法，就只能吃死牛（原因可能是病、老、意外）的肉，还要经过官府批准。《水浒传》里的绿林好汉动不动就切牛肉来吃，其实是他们“无法无天”的体现。

羊是比较普遍的肉食来源，所以“美”“羞”（馐）都从羊（也就是说部首是羊），“羹（gēng）”这个字从羔（也就是说部首是羔）。

猪是东亚新石器时代最重要的家畜，也是定居农业文化的象征。“家”这个字，就是屋顶下有一头豕。

豕、彘（zhì）都是猪，小猪也叫豚。《孟子》里说：“鸡、豚、狗、彘之畜，无失其时，七十者可以食肉矣”。

鸡是相当容易获得的肉食来源，而且公鸡可以打鸣，母鸡可以下蛋，在人们的生活中发挥着不可忽视的作用。

在古人看来，鸡有五德：头上戴冠是“文”、脚爪有距是“武”、面对敌手敢斗是“勇”、找到食物会互相招呼是“仁”、准点报晓是“信”。

狗不光可以打猎（这个用途的叫“走狗”）、看家（这个用途的叫“吠狗”），也可以用来吃肉。战国著名刺客聂政、“鸿门宴”上大出风头的刘邦手下将领樊哙都是“狗屠”出身。

## 古人吃什么蔬菜

我们又不能“穿越”，怎么会知道？

办法不止一种！可以看古书里记载了哪些，也可以研究出土文物。

先秦时期，像样的蔬菜品种比较少。

《左传》里说：“蘋蘩（píng fán，两种可供食用的水草，古代常用于祭祀）薀（wēn）藻之菜，可荐于鬼神，可羞（进献）于王公。”水生的杂草和藻类居然能登大雅之堂，实在是“矮子里拔将军”。

《诗经》里提到的“参差荇（xìng）菜（有点像莼菜）”“采采芣苢（fú yǐ，车前草）”“采薇采薇（野豌豆）”“其甘如荠”“采采卷耳（苍耳的嫩叶）”“言采其芹”，基本都是野菜。人工栽植的蔬菜不多见，值得一提的是葑（fēng）和菲，也就是芜菁（蔓菁）和萝卜。

到了秦汉，最重要的蔬菜是《素问》里说的“五菜”：葵（kuí）、藿（huò，大豆叶）、薤（xiè，百合科，吃它的鳞茎，又叫藠头；藠，jiào）、葱、韭。

“葵”指的是锦葵科的冬葵，现在叫冬苋（xiàn）菜，我们熟悉的向日葵要到明末才传入。有些文献说，葵是“百菜之主”，在汉乐府当中它“出镜率”也不低：“青青园中葵”“采葵持作羹”……

许多我们常吃的蔬菜其实是“外来户”，魏晋到隋唐时期沿着“丝绸之路”传入，很快“开疆拓土”。比如说，原产印度和泰国的茄子、原产印度的黄瓜（一开始叫胡瓜）、原产尼泊尔的菠菜（一开始叫波棱菜）、原产地中海沿岸的莴苣（wō jù）。元朝又由波斯引进了原产北欧的胡萝卜。

早些年北方过冬少不了的大白菜，倒是自行培育的。它在汉朝叫菘，不过瘦瘦小小，没多好吃。鲜美、耐寒、叶子大且结实的优良品种，要到宋朝才出现。

15 世纪“地理大发现”以后，东西半球的动植物、人种、传染病、文化迅速“串门”，学者们称这种现象为“哥伦布大交换”。明清时期，番茄（西红柿）、南瓜、菜豆、马铃薯（土豆或洋芋）等美洲蔬菜纷纷传入。

洋葱原产中亚或西亚，然而 16 世纪起被欧洲人带到世界各地，可能在 18 世纪由澳门传入广东，逐渐扩散到山东、江苏、甘肃等省份。

这个规律，你发现了吗？姓“胡”的农作物，大多是汉晋到隋唐走西北陆路进来的，例如胡荽（suī，就是香菜）；姓“番”的大多是南宋到元明坐“番船”（外国海船）进来的；而姓“洋”的更晚，大多要到清朝甚至近代才“落户”。

## 古人吃什么水果

《尔雅·释天》中说："谷不熟为饥，蔬不熟为馑（jǐn），果不熟为荒"。常见的"饥荒""饥馑"等词语，都出自这里。把水果和粮食、蔬菜这样的生活必需品并列，可见人们对此的关注程度不低。

先秦时期，不少我们熟悉的水果已经出现了。《诗经》里就能看到"桃之夭夭""丘中有李""摽（biào）有梅""八月剥枣""于嗟鸠兮，无食桑葚"……

樱桃又叫含桃，由于"最先百果而熟"，地位不同凡响。根据礼法，仲夏之月要拿它"先荐寝庙"，也就是上供。杏、梨、栗子、山楂、柿子也都被送上了中原地区人们的餐桌。

橘和柚产自南方，齐国重臣晏子在出使楚国时说"橘生淮南则为橘"，楚国大诗人屈原也写过一篇《橘颂》。然而直到东汉，对中原人来说，想吃柑橘都极为不容易。

最出风头的南方水果或许是荔枝，一代代帝王都为它着迷。

汉武帝灭掉南越国以后，千里迢迢将荔枝和它的"亲戚"龙眼带回来，种在上林苑里。然而陕西一带天气太冷，老家在炎热地区的荔枝当然活不成，皇上很生气，严惩了所有负责看护它的官吏。

唐玄宗下令用快马接力将它送到京城，"一骑红尘妃子笑，无人知是荔枝来"的故事，更是家喻户晓。

到了清朝，乾隆花样翻新，将已经挂果的小荔枝树栽在桶里，用船运往北京，抵达时正好成熟。这样的鲜荔枝异常珍贵，连皇太后都只能分到两颗。

张骞（qiān）通西域以后，中外交流越来越频繁，自汉到唐，原产中亚的葡萄、原产伊朗高原的石榴和核桃、原产西亚的无花果纷纷“落户”。

西瓜据相关史料推测是“契丹破回纥（hé，维吾尔族的祖先）”时顺便带回来的，它原产非洲，大概在唐朝末年沿着“丝绸之路”进入西域，辽金时期在北方已经不少见，不过要到宋末元初才在南方推广。

晚明以来，许多美洲水果传入，像原产巴西的菠萝、原产北美的草莓、原产墨西哥一带的番木瓜（就是我们熟悉的木瓜，《诗经》里的“木瓜”其实是贴梗海棠的果实）。

古书里的“柰（nài）”是花红或沙果，“林檎（qín）”是绵苹果，而我们现在常吃的欧洲苹果是 16 世纪在英国培育出来的，19 世纪下半叶才姗姗来迟，先后被引入胶东和辽东半岛。

## 古人的甜食是用什么做的

先秦时期，大家吃的主要是麦芽糖，叫“饴（yí）”或“饧（xíng）”，很黏牙。成语里的“甘之如饴”“含饴弄孙”指的都是它，现在小年时祭灶的糖瓜也是用麦芽糖做的。

麦芽糖不溶于水，所以没法直接拿来做菜，调味用的主要是梅、蜂蜜、蔗浆之类。

《楚辞·招魂》里提到了“蜜饵”这种食品，也就是加了蜂蜜的米粉团。不过，春秋战国时期大家吃的蜂蜜都是由野生蜂采集的，产量相当有限。大概在东汉后期，人工养蜂才出现。

三国时期已经有了用蜂蜜浸渍食物的做法，能这样加工的不光是水果，《梦溪笔谈》记载，隋炀帝在位时，吴郡（现在的苏州一带）“贡蜜蟹二千头”。

《楚辞·招魂》里也提到了“柘（zhè）浆”，就是将甘蔗榨汁，拿来调味或直接当饮料。它可以加工成蔗糖，一块一块硬硬的像石头，被称作“石蜜”。

根据著名学者季羡林的考证，“糖”这个词的英文“sugar”、法文“sucre”、德文“zucker”，都源自梵文“sarkara”，可见制糖技术起源于古印度。唐太宗在位时，派遣使节到北印度的摩揭陀国学习，掌握了制糖技术，成品质量比原产地还要出色。

唐宋时期，制糖技术不断改进，不过生产的都是红糖。白糖要到明朝才有，嘉靖年间出现了“黄泥水淋糖法”，据相关史料推测是自地中海一带传来的。它利用泥土的吸附性让糖浆脱色，不光看起来雪白漂亮，提纯以后甜度也更高了。

## 古人吃辣吗

当然！虽说可能吃的不是辣椒。

古人称辣是“辛”，花椒、胡椒、芥末、茱萸（yú）、姜、蒜、韭等等都能提供这种味道。

古书里的“椒（jiāo）”，主要是花椒。它原产中国，《诗经》里就说“有椒其馨”，《楚辞·九歌》里也说“奠桂酒兮椒浆”。西汉时期，后妃住的宫殿用花椒和泥涂在墙壁上，叫作“椒房”，不光温暖芬芳，还有祈求多子的寓意。

胡椒原产南亚、东南亚等热带地区，不管在欧洲还是中国，很长时间里都是贵重的奢侈品。在唐朝，权臣元载获罪被抄家，特意提了一笔，财物包括“胡椒八百石”。明朝有时候会用胡椒当俸禄发给大臣，“每斤准钞一百贯”。我们熟悉的黑胡椒和白胡椒来自同一种植物，只是加工过程不同。

中国古代的芥末是黄芥末，用芥菜的种子研磨而成，不是绿芥末（辣根），也不是日料店的山葵。

辣椒原产中南美洲，新航路开辟以后被欧洲人带了回去。明朝中后期，高濂（lián）写了一本《遵生八笺》，里面说“番椒丛生，白花，果俨似秃笔头，味辣色红，甚可观”。被称作“番椒”或“秦椒”的辣椒，可能是自海路传入浙江，然后扩散到别的省份，刚开始是被当作异域花草，种着好看。

**辣椒种植主产区分布图**

清朝早期，贵州缺少食盐，当地人就在菜里放辣椒，来增添一点儿滋味。到了乾隆、嘉庆年间，江西、湖南、四川都把辣椒“种以为蔬”。清朝末年，辣椒在四川已经“山野遍种之”，人们“每饭每菜，非辣不可”，湖北、云南也爱上了这一口。

## 古人怎么喝茶

中国最早的词典《尔雅》里就提到：“槚（jiǎ），苦荼（tú）。”它是战国到西汉之间成书的，可见当时人们已经认识茶这种植物了。

西汉的王褒（bāo）在《僮（tóng）约》里说“烹荼尽具”“武阳买荼”，可见当时已经有了喝茶的风气，不过局限在四川一带。也有学者提出，这时候的茶没准只是蔬菜或药材，不是饮品。

在六朝，南方非常流行喝茶。北方人却看不惯，还是更喜欢游牧民族的传统饮料——酪（lào）浆。

到了唐朝，喝茶才在全国普及，有人说“茶为食物，无异米盐”。不过那时候常见的茶，更接近“菜粥”：要用水煎煮，还会根据个人口味加入葱、姜、枣、薄荷、花椒、茱萸、橘皮之类，现在大家想必喝不惯。

中唐时期，陆羽写了一本《茶经》，全面介绍了当时关于茶的知识，被尊为“茶圣”。他反对乱放东西的喝法，说一点儿盐就够了。

陕西扶风法门寺地宫出土了一套非常精美的御用金银茶具，通过它们，能看出晚唐宫廷是怎么喝茶的：

将采下来的茶叶蒸青、捣碎，做成茶饼，烘干以后收在四边镂空的茶笼里。要喝茶时，先碾碎一块茶饼，过筛以后，用风炉煮水，加入盐和其他香料，看好火候将茶叶末投进去，然后分到盏子里，开始品味。

在宋朝，“点茶法”更加盛行：将茶叶末搁在盏子里，加入少量沸水调成茶膏，然后拿着茶瓶继续加入沸水，用茶筅（xiǎn，圆形竹刷）或箸（zhù）、匙（chí）搅动，叫“击拂”。整个过程中，每一步都大有学问：给盏子预热、拿捏茶叶末的比例、控制水温、注意“击拂”的手法……

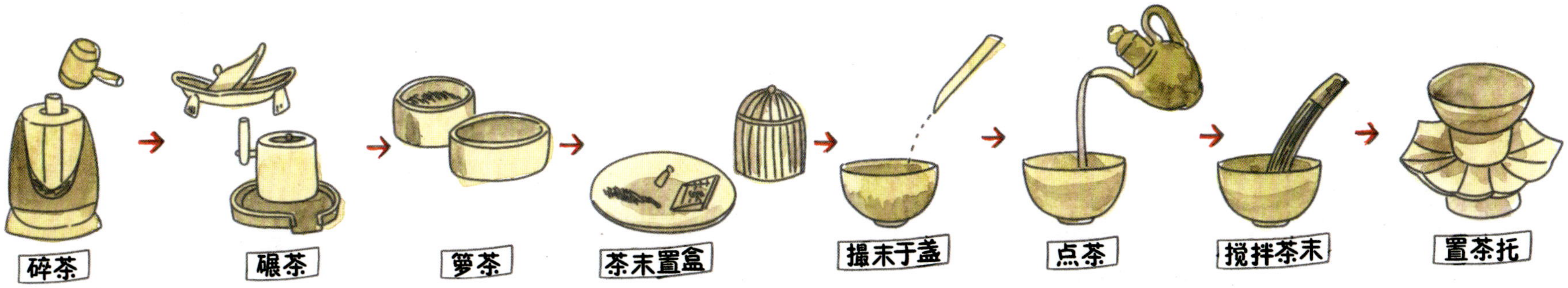


“斗茶”的玩法也出现了，比拼的是“着盏无水痕”，也就是茶和水已经充分融合，不沾染碗帮。高手还能用茶膏在水面上作画，叫“茶百戏”，寥寥（liáo）数笔意境尽显，有点像今天的咖啡拉花。

风雅文人、才女苦练整套“点茶”技艺的同时，茶本身也越来越讲究了——茶叶末越来越细，茶饼的制作越来越繁复，不光在选择茶叶上精益求精，还会加入适量淀粉和龙脑等名贵香料。

自元朝后期起，喝散茶的风气抬头，直接用热水冲泡加工好的干燥茶芽或茶叶。文人提倡“清饮”，一般不放其他东西。市井百姓却喜欢把各种干鲜果品、香花甚至咸菜加进去，有点像今天的擂茶或八宝茶。

明太祖提倡节俭，禁止再制作奢华的“龙团”茶饼，普通茶饼跟着消失了，散茶彻底占据上风，茶壶也是这时候才开始流行的。我们熟悉的绿茶、红茶、花茶、乌龙茶之类，都属于散茶，倒是日本的抹茶还能看出点唐宋的影子。

## 古人酒量真的特别好吗

“竹林七贤”之一刘伶（líng）说，自己能喝一斛（hú，等于十斗，宋朝改成五斗）酒；“二十四史”里记载了好些能饮一石（十斗）酒而不乱的人；杜甫在《饮中八仙歌》里写道，“李白斗酒诗百篇”；再看《水浒传》，武松在打虎前足足灌了十八碗酒……

哪怕考虑到度量衡差异（一斗等于十升，汉朝的一升大约是现在的 200 毫升，而唐朝的大约是 600 毫升），这些数字也够惊悚的。

古人果真天赋异禀吗？不，只是因为他们喝的酒度数低！

最早出现的酒，是含糖分的水果自然发酵而成。河南舞阳贾湖遗址（距今 8000 多年）出土的陶器里就残留着用稻米、山楂、蜂蜜、葛藟（lěi，原产中国的野葡萄）酿的酒，美国特拉华州一家酒厂还拿它当卖点，推出了名叫“贾湖城”的啤酒。

后来，人们又用蘖（niè，谷物的芽，富含淀粉酶）酿酒，可以得到醴（lǐ，味道淡薄的甜酒）。

再后来，大家开始制曲（霉菌之类的微生物，能让淀粉先糖化再充分酒化），用黍、麦、糯米、高粱等等酿出了更加醇厚的粮食酒。因此，古时候要是闹饥荒就会禁酒，免得耗费珍贵的口粮。

刚酿出来的酒比较浑浊，上面漂浮着渣子，有点像今天的醪糟（láo zāo），白居易形容的“绿蚁新醅（pēi）酒”就是这么回事。

要想让酒的“卖相”跟口感更好，得加一道环节——过滤。比如说，陶渊明会“取头上葛巾漉（lù，过滤）酒”，然后又戴回去。

先秦时期，人们喝的大多是凉酒，湖北随县曾侯乙墓（属于战国早期）出土的大冰鉴里就固定着盛酒的方壶，炎炎夏日来一口，别提有多痛快了。

到了魏晋，大家开始把酒烫热喝，唐宋时期慢慢变成主流。白居易就写道：“林间暖酒烧红叶，石上题诗扫绿苔”。

张骞通西域以后，葡萄酒自中亚传入，相当一段时间里是不折不扣的奢侈品。史书记载，东汉末年有人用一斗葡萄酒贿赂大权在握的宦官张让，就当上了凉州刺史。

到了唐朝，葡萄酒走向民间，在王翰的《凉州词》里流传千古：“葡萄美酒夜光杯，欲饮琵琶马上催”。

酒精浓度达到 20% 以后，酵母菌就不再“干活”，所以酿造酒一般不会超过 18 度。要想喝到更烈的酒，只能靠蒸馏提纯。

实验考古证实，中国在西汉时期就有蒸馏器，不过一直到了元朝，高度白酒制作工艺才自西方传入。

蒸馏酒叫“烧酒”，也叫“阿剌（là）吉”，是阿拉伯语的音译；它口感实在刺激，起初人们不习惯，甚至觉得“有大毒”。

现在的白酒品牌要是把历史追溯到元朝以前，就只能说是“乱认祖宗”给自家贴金了。

## 中国古代建筑的“最大公约数”是什么

换句话说，最普遍的共同点是什么？

一个是“前堂后室”，对皇宫来说是“前朝后寝”。

这种格局在新石器时代就能看到，许多仰韶文化遗址中都有“大房子”，前面是集会议事的场所，后面供首领一家人起居。

自偃（yǎn）师商城开始，出现了以廊庑（wǔ）连接、中间是庭院的建筑群，“朝（帝王上朝之处）”和“寝（休息之处）”不用挤在同一幢“大房子”里了。

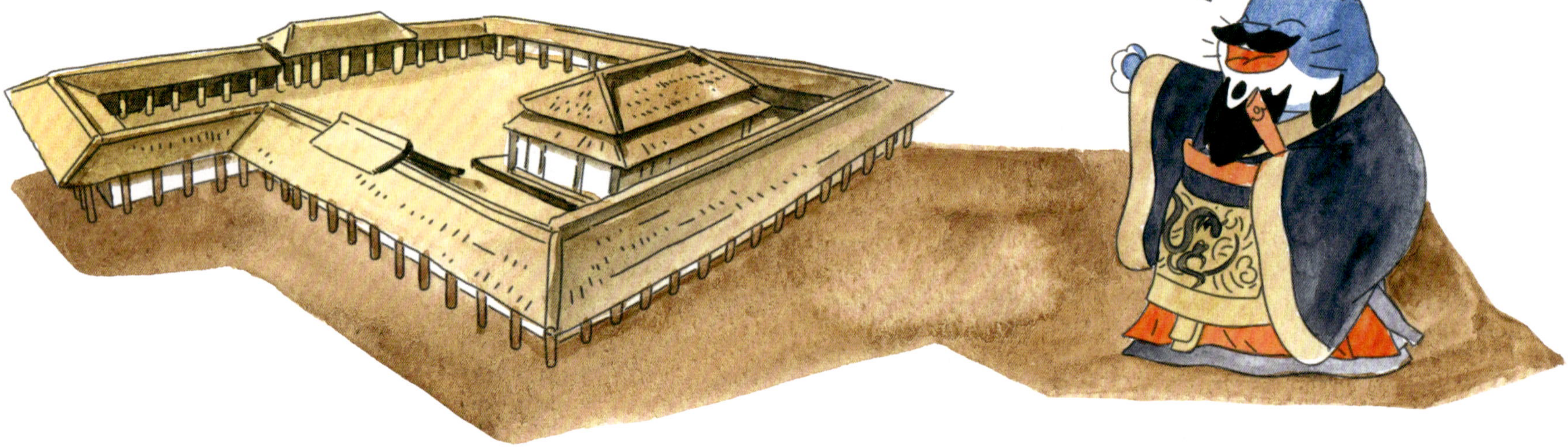

几千年过去，明清紫禁城照样符合这种规律：“前三殿”（太和、中和、保和）加周边区域是外朝，皇帝办公的地方；隔着一道乾清门，“后三宫”（乾清、交泰、坤宁）加周边区域是内廷，皇帝和后妃、子女生活的地方。

民间也差不多，在靠外的厅堂举行重大礼仪活动、招待客人，在更加清静的内室休息。看看《红楼梦》里的相关描写，就能有个大致印象。

另一个是严格遵循礼法，基本中轴对称，内外、尊卑分明。

北京四合院就是典型，东西南北四面的房舍围起来，形成一个“口”字。事实上，这种格局可以追溯到西周（例如陕西岐山凤雏村发现的院落），大江南北都能看到。更加宏大华丽的府邸甚至宫殿，其实也是许多个四合院的叠加。

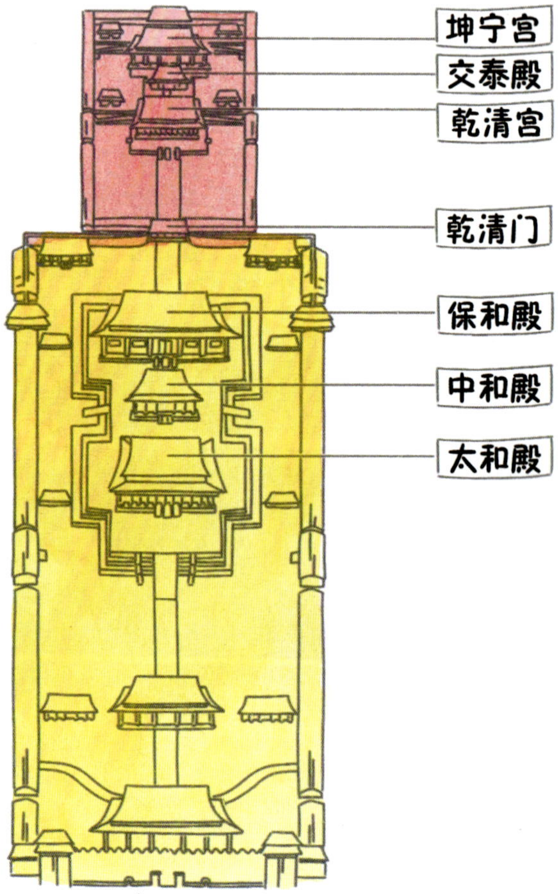

北京四合院通常坐北朝南，大门开在东南角，进来西拐是外院，那里靠南的一排屋子叫“倒座”，光照不理想，大多是外客厅、账房、私塾、男仆的住处。

隔着一堵墙，就是内院。墙上开“垂花门”，因为上面的檐柱不落地，常常装饰着精美的木雕，悬在半空中，所以叫这个名字。

司马光在家规里说：“男治外事，女治内事；男子昼无故不处私室，妇人无故不窥中门”。“中门”和“大门不出二门不迈”里的“二门”，指的都是这道分隔内外的垂花门。

内院北边是正房，也叫上房，最高大，也最舒适敞亮，是长辈的住处。晚辈只能分到两边的厢房，西厢房条件比东厢房好。

过了正房，就是狭窄的后院，那里靠北的一排屋子叫“后罩房”，大多是女眷或女仆的住处，也有当厨房的。

值得一提的是，固定的餐厅很晚才出现，之前通常是将饭桌搬到某间还有其他用场的屋子里，吃完再搬走。

## 古人买房也很难吗

和现在差不多，市场供求关系决定价格，经济越发达、人口密度越高，房子就越贵。想在首都之类的大城市扎根，无论哪朝哪代都不简单。

古人买房直接计算的不是有多少平方米，而是“间”：面阔（指建筑物正面的宽度）方向（指沿宽的方向）每两根柱子之间的距离。一间到底有多大，得看具体情况，没有固定标准。

所以，说一座四合院有“二十七间”，并不是指有二十七个房间，连在一起的正房可能就占了三到五间。

白居易五十岁左右才在长安买房，离大雁塔不远。他为此写了一首《卜（bǔ）居》：“游宦京都二十春，贫中无处可安贫。长羡蜗牛犹有舍，不如硕鼠解藏身。且求容立锥头地，免似漂流木偶人。但道吾庐心便足，敢辞湫（jiǎo，低洼的意思）隘与嚣尘。”（表达了诗人对稳定生活的渴望）

韩愈也是四十九岁时当到京兆尹兼御史大夫后，才置下一处大宅。尝遍艰辛终于变成“人生赢家”，他高兴地写了一首《示儿》：“始我来京师，止携一束书。辛勤三十年，以有此屋庐……”

可见在唐朝，才华在一定程度上能改变命运，然而不管对谁来说，“长安居”都不会太容易。

北宋时期，房价最高的是“甲第星罗（显贵的宅第像繁星一样密布）、比屋鳞次（又密又整齐）”的首都汴京。权贵的豪华府邸大约要一万贯，上不封顶；中级官员的宅子大约要五千贯；精致的小院大约要五百贯，平民的房子也至少要两百贯。对比一下，宋哲宗在位时，京师官府雇人服役，日薪是两三百文（一贯钱差不多是一千文）；正常年景的米价是每石六七百文。

到了徽宗朝，由于人口持续增长、社会风气奢靡(shē mí)，房子更贵了，苏辙落魄被贬斥（指降职或免官）时，把自己的别业卖了九千余贯。而这时候全国的平均米价已经高达每石两贯半到三贯，通货膨胀极为严重。

明朝中后期，山东临清一处位于繁华地段、“门面二间，到底四层”的房子要120两银子；“门面七间、到底五层（正面一共有八根柱子，整座大宅由相连的五个院子组成）”的官员大宅则要1200两银子。而在当时，米价每石不到一两银子，商铺掌柜的月薪是二两银子左右。

首都以外地皮相对没那么稀缺，房子的价值主要在砖瓦、木料之类的建材上。

清朝的房契（类似购房合同或产权证）有一些保留了下来：乾隆年间，北京城里一处六间瓦房的院子要230两；嘉庆年间，一处前面做生意后面住人的“铺面房”共五间半，要300两。

豪宅就更买不起了。苏州织造李煦（《红楼梦》故事原型之一）的抄家清单上有一处“瓦房二百二十五间、游廊十一间，折银八千零九十四两”。和今天的“法拍房”类似，这种估值会偏低，市场价可能超过一万两。

清朝前期到中期，米价每石自一两银子上升到接近二两，一品大员每年的官方收入不到600两，有“铁杆庄稼（旗兵的月饷）”的旗人每月能领二到四两钱粮不等。

## 古人怎么租房

需要租房的人除了买不起房那些，还有官员、进京考科举的士子、离家做生意的商人……

官员能分到住处的相当少，流动性又相当大，可能换工作部门、外放、父母去世回老家丁忧，不会在一个地方待几十年，加上首都房价高，所以租反倒比买更灵活。

北宋名臣韩琦（qí）表示，“自来政府臣僚，在京僦（jiù，租的意思）官私舍宇居止，比比皆是”。南宋理学家朱熹也说，“且如祖宗朝，百官都无屋住，虽宰执亦是赁（lìn）屋”（指做到宰相也买不起房）。

古人能租的房子大致有以下几种：寺观、会馆、官屋、民房。

许多大小寺观都有客房，元杂剧《西厢记》里，张生和崔莺莺正是由于在普救寺暂居，才碰巧相识，终成眷属。遇到天灾人祸、百姓流离失所的情况下，寺观常常也要负起社会责任来，让他们临时租住。

会馆出现于明朝，同乡或同行凑一笔钱，在大城市置办房产，不光可以聚会谈事、演戏敬神，还可以让“自己人”落脚，有互助性质，所以租金通常不高。鲁迅来北京以后，就在绍兴会馆住了七年多。

官屋在宋朝比较多，大城市几乎都会设立“楼店务”（在汴京的又叫“店宅务”），专门经管国有房地资产，收益相当丰厚。宋真宗天禧年间，店宅务（官署名，负责管理和维修国有房产，并向租住公房的人收取租金）账上有二万三千三百间“公租房”，每年能拿到十四万贯出头。

在寸土寸金的汴京，最赚钱的行当之一就是房屋租赁，无论官民都积极参与，甚至有借钱买房出租的。

官屋会控制租金，免得上涨太快影响民生。遇到节庆、极端天气、水火灾害、疫情等等，皇帝都会下旨减免官屋的租金，来安抚百姓。

晚清名臣曾国藩的租房经历，就是个很有趣也很能说明问题的例子。刚到北京时，他先在长沙会馆住了几天，然后在菜市口附近的千佛庵找了四间屋子，月租四千文。正式当上翰林、接来妻儿以后，他开始在宣南租住民房，官越来越大、家里人口也越来越多，十三年间搬了八次家，条件越来越好，月租也由八千文上涨到三十千文。

明清时期还可以“典房”：一次性押上笔钱，在约定的时间内就不用交租金了，到期以后，房主会把那笔钱全额退回，相当于拿房子的居住权换无息贷款。然而行情好的话，房主只会租不会典，因为这样能赚到更多。

## 古时候的家具是什么样子（上）

先秦到唐朝中叶，桌椅之类的高足家具都还没出现或不普及，人们主要在地面上起居，所以室内陈设、生活习惯都和后来很不一样。

当时先在室内地面上打白灰（生石灰或草木灰，可用于防潮、防虫鼠），然后铺席。席不止一层，垫在下面的叫“筵（yán）”，稍长一些，不像上面的草席或竹席（又叫簟，diàn）那么精致。后来“筵席”成了一个词，指酒宴。

席并不会覆盖所有地面，如果要表示恭敬或歉意，就“避席伏地”（离开坐席而伏地）。根据《论语·乡党》，“席不正不坐”，这算是守礼之人的基本修养。

上古的“坐”接近现在的跪，两膝着地，重心落在脚跟上，脚背压平。跪也叫“危坐”，直起身子，臀部不落在脚跟上。如果更加紧绷，“耸身挺腰”，就是跽（jì），显得更加恭谨，随时可以站起来。

作为一种礼节，“跪”在先秦没那么隆重，从坐姿稍一起身就可以了。秦王政对不辱使命的唐雎（jū）就“长跪而谢之”，而后世“跪”是大礼，相当于先站着再屈膝，君臣尊卑越来越悬殊的情况下，以君跪臣是难以想象的。

这些姿势都相当辛苦，腿很容易酸、疼、麻，看看今天的日本和韩国就知道。然而，伸开两腿坐在地面上叫“箕踞（jī jù）”，像簸箕（bò ji）一样，虽说自在，却是很不礼貌的做法，经常用来表示轻蔑（miè）。

所以古人发明了凭几，手肘搁上去，身体多了一个支点，腿就没那么难受了。到了冬天，凭几面上还会加铺软垫。

为了不移位或卷起来，席的四角会用东西压住，叫“镇”，材质有石、玉、金、青铜等等。汉朝的镇不少做成动物模样，是活灵活现的艺术品，比如说满城汉墓出土的这对红眼睛错金银小豹子。

古时候“床”的概念比现在宽泛，只要上有面板、下有足撑，不管用来放东西、坐人还是睡觉，都可以叫这个名字。

作为坐具，床比席更加尊贵，搁在堂上的显著位置，身份比较高的人才可以享受。

盛食物的矮脚漆木托盘叫“案”，东汉隐士梁鸿的妻子非常敬爱他，在送饭时“举案齐眉”。后来，长方形的小桌子也叫“案”，上面可以放各种东西，如果细分，有食案、书案、奏案、供案等等。

古时候家具虽说简单，却方便灵活布置，房间分隔不用墙，用可以随时移动的帘幕、帷帐和屏风（有种叫扆，设在门窗之间；扆，yǐ）一隔，室内格局就能根据需要轻松改变。

## 古时候的家具是什么样子（下）

自唐到宋，席地而坐被垂足而坐取代了。这不光是家具发展史上的关键变革，也影响着社会生活的方方面面：风俗、礼仪、观念……

高足家具之所以慢慢传开，有两个源头：佛教和游牧民族。

佛教在汉朝时进入中原，佛像里有不少“倚像”，也就是倚靠着比较高的家具，垂足而坐。所以僧侣也学会了这种姿势，“踞坐，双足蹋（tà）地”。在南朝，谨守礼仪的士人很是看不惯僧侣的做派，认为他们不顾华夏传统，模仿“夷俗”，骂得相当难听。

后来西域的胡床进入人们的视线，它是通过游牧民族传入中国的，它和后世的马扎（zhá）差不多，方便携带，打仗时将领常常坐在上面指挥。东汉灵帝喜欢吃胡饼、在胡床上面“胡坐”，一时间京城贵族争着学样。

在考古材料中，也能看到另一种南亚坐具筌（quán）蹄（形似腰鼓，接近后世的藤墩、绣墩）的身影。垂足而坐实在比跪坐舒服太多了，符合人体工学原理，所以哪怕不招待见，照样势不可挡。

大概在唐朝，椅子出现了，早期写作“倚子”，因为可以靠在上面。到了北宋，胡床吸收了圈椅的特点，增加靠背和扶手，变成了“交椅”。“坐头把交椅”就是担任首领的意思，在《水浒传》之类的书里都能看到。

先秦时的床非常矮，离地可能就十几厘米。渐渐地，床腿变高了，好适应垂足而坐的需要。

宴饮时所坐的床跟睡觉用的床没多大区别，都可能有围屏，只是附带的配件不同。看南唐时的《韩熙载夜宴图》就知道，睡觉用的床挂着帷幔，旁边还有衣桁（hánɡ），类似今天的衣架。

到了明清，更加华丽繁复的架子床和拔步床流行开来，一放下帐子，床就成了个封闭的小天地，哪怕室内空旷得有点儿过分，也能给人安全感。

在汉朝，榻自床当中分化出来。它比较小，又窄又矮，却更加轻便灵活。榻同凭几（又叫隐几）的组合，是当时室内陈设的中心，有资格坐在上面的通常是贵客。

到了宋朝，大家习惯“待客坐椅，家居坐榻”。在榻上看书，累了直接躺下休息，别提多自在了。

围着一张桌子吃饭，也是高足家具普及以后才盛行的。之前都是分开上菜，每人面前一张食案。唐朝是分餐制向合餐制的过渡期，到了北宋，桌椅高度和今天已经差不多，合餐制也固定下来。

## 古人是怎么照明的

一开始可能靠篝（gōu）火，后来出现了火把——将树皮、木片、芦苇之类扎成一束，蘸（zhàn）上油脂。《诗经》里提到的“夜未央，庭燎之光”，指的就是它。

这样照明烟尘很大，而且不好控制，容易引起火灾。所以，大家慢慢发明了更加科学的灯具，可以分成两大类：灯盏和烛台。

最简单的油灯，就是在盏子里灌上油，再添一根灯芯，点燃。在商朝，这样的油灯已经出现了。

东汉和之前烧的通常是动物油，凝点低，光线比较昏暗，气味也难闻。到了北魏，贾思勰在《齐民要术》中记载了怎样舂（chōng）捣植物油、拿去点灯。到了隋唐，植物油已经挺好买了：市场上出现了乌桕（jiù）油、芝麻油、桐油、菜籽油、棉籽油……

渐渐地，油灯变成了华丽的装饰品，“附加功能”也越来越多。人们给它加上了罩子，免得风把火苗吹熄，还可以调节亮度。

中国国家博物馆的这盏西汉彩绘雁鱼青铜釭（gāng）灯（下图左一和左二），就相当环保。它是中空的，大雁的长脖子正好是导烟管，让黑烟和废气排进装着清水的肚子里，室内就不会熏得一团糟了。

陆游在《老学庵笔记》里还提到了一种“省油灯”：它是带夹层的瓷灯，流行于四川一带，可以通过壁上的小孔将冷水灌进夹层，油温降低了，就能减少蒸发，算得上古代版的“节能灯”。

两汉魏晋时期已经开始点蜡烛了，但它是不折不扣的奢侈品。西晋石崇“炫富”的表现之一，就是拿蜡烛当柴火做饭。

这时候的蜡烛也叫“蜜烛”，原料是俗称“黄蜡”的蜂蜡，它熔点低、爱软化变形，所以只能做成粗短的圆柱体，或蜡块（用法和油脂差不多，先加热熔化，再拿去点灯）。

唐宋时期，大家开始养殖白蜡虫，才出现了模样和今天差不多的蜡烛——细长的管状。白蜡的熔点比蜂蜡高，可塑性和硬度也不错。

蜡烛虽然携带方便、燃烧时间和亮度都更理想，但却比油灯“烧钱”得多。在宋朝，皇室和官员用的高档蜡烛一根 150 到 400 文；普通蜡烛一根不到 20 文，而彻夜点灯的成本只有四五文。

对贫穷人家来说，照明这笔费用没必要出，所以普遍“日出而作日入而息”，想抓紧时间念书的话，就只好“凿壁偷光”或“囊（náng）萤映雪”了。

“何当共剪西窗烛”“夜阑（lán）犹剪灯花弄”是怎么回事？

不管是蜡烛还是油灯，中间都有芯。它是灯芯草或棉线做的，立在火焰中心，没法烧尽，会炭化，时间一长光线就没那么明亮了，所以要剪掉。

## 古人喜欢旅游吗

一开始不见得！

很多人不情愿离开家乡，《论语》里也说：“父母在，不远游，游必有方”。

而且，古时候基础建设远不如今天，出远门“烧钱”多了，也辛苦多了，是个不折不扣的体力活。哪怕贵为帝王，面对颠簸（diān bǒ）的车马和艰险的自然环境，都不会太舒服。

所以，古人的旅游常常是有正事要办时顺路逛一逛，像官员的“宦游”、读书人的“游学”、僧道的“云游”。

如果完全没有实用性目的，仅仅为了寻开心，是要被批评的。汉武帝、隋炀帝、乾隆皇帝四处巡游，都有政治动机，不光是休闲娱乐，却还是因奢华浪费、劳民伤财而被骂了不知多少回。

不过，文人士大夫也会争取“读万卷书，行万里路”。荀子就指出：“不登高山，不知天之高也；不临深溪，不知地之厚也”。明末清初学者张履（lǚ）祥说，旅游有“三乐”：“一者尽交其地所产贤人，一者多购其地所传典书，一者登览其地山川奇丽，与夫古人往迹”。

在这方面，明朝地理学家、探险家徐霞客做到了极致。自 20 岁到 54 岁，他几乎一直在“穷游”，去过现今的江苏、浙江、安徽、江西、福建、广东、山东、河南、河北、山西、陕西、湖北、湖南、广西、贵州、云南 16 个省区，可能还有四川，留下了 60 多万字的《徐霞客游记》。

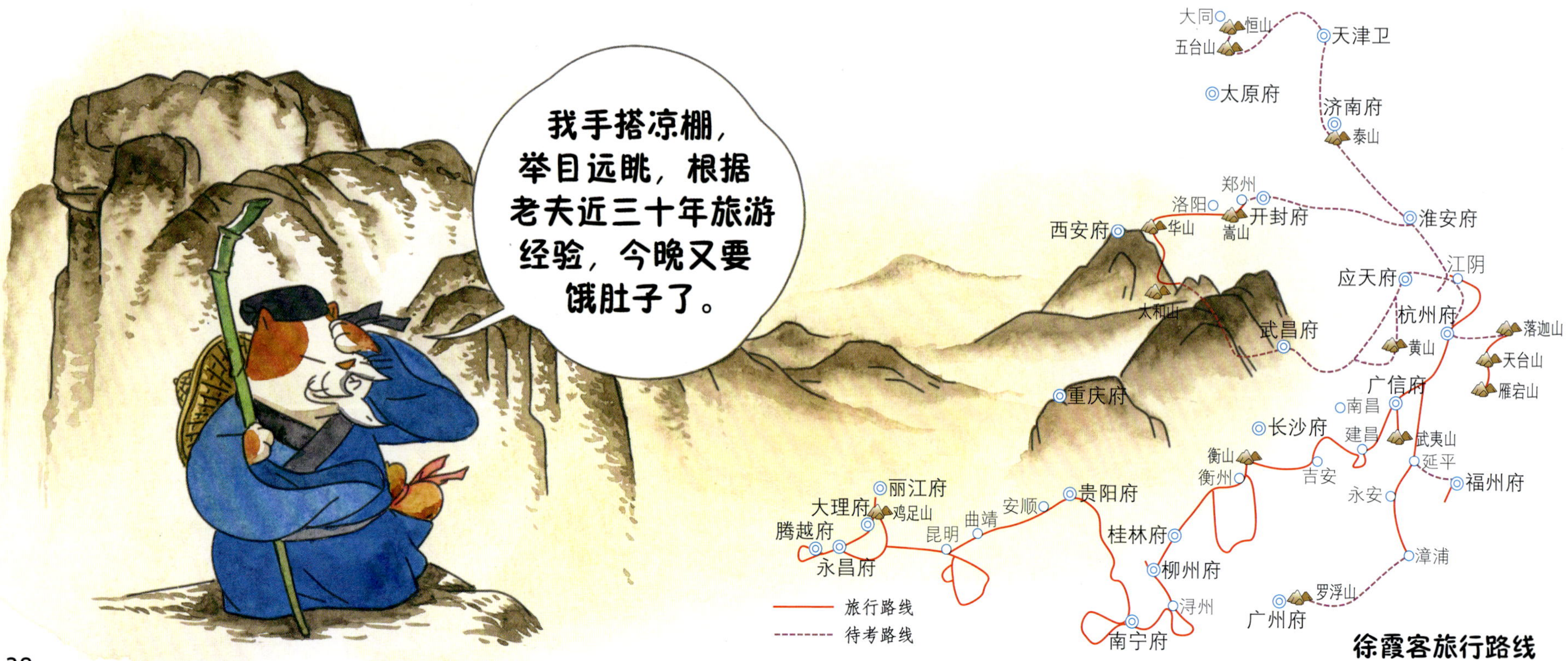


徐霞客旅行路线

直到明朝中后期，有条件旅游的人才多起来，出现了一大堆受欢迎的景点——杭州西湖，北京西山，苏州虎丘、山塘、著名园林，泰山碧霞元君祠……

有些女子也走出了深闺，节日或天气合适时，打扮得漂漂亮亮的，踏青、烧香、坐着画舫吃吃喝喝，非常尽兴。

然而，不少官员看旅游不顺眼，觉得这是好逸恶劳的表现，会让百姓存不下钱来，抗风险能力变低。女子“抛头露面”更是违反礼教，伤风败俗。所以，他们反复下令禁止或限制旅游，却没什么效果。靠景点谋生的那些人（抬轿子的、卖小吃的等等）要是全丢了饭碗，也是非常麻烦的问题。到后来，官府只好睁一眼闭一眼，不跟旅游过不去了。

毕竟只要社会稳定、大家手里有余钱，出去玩就算得上“刚需”，还能拉动经济，这可是两全其美的事。

## 古时候的旅馆是什么样子

大致可以分成两类——

有官营的，主要包括“驿”和“馆”，还有“亭”“传”“邮舍”“郡邸”之类，不同朝代称呼也不同。

驿可以传递情报、公文和贡物，杨贵妃吃的鲜荔枝就是这么送到长安的。它还可以让使臣、御史、监军等有皇命在身的人歇（xiē）宿，提供饮食、马匹之类的交通工具、草料，待遇和级别挂钩，自己不用出钱。

要住到驿里，通常必须有正式的符券，其他“官客”就由馆招待。其中专门负责少数民族、外邦使臣的，叫“鸿胪馆”或“四方馆”。

也有私营的，通常设在道路两旁或城郭内，名字非常多，像“逆旅”“邸（dǐ）店”“下处”“客栈”“旅舍”“村店”……

在唐朝，这类旅馆已经相当兴盛，成了不少传奇里的关键场景：卢生在邯郸（hán dān）客店碰见道士吕翁，用他给的瓷枕做了场“黄粱梦”；遇到月下老人的韦固也在宋城南店投宿，那里后来被称作“定婚店”。

除了住宿，旅馆提供的服务可多可少，像包餐、烧热水、出租驴马、售卖各种商品、安排歌舞或戏曲演出之类，取决于价钱、时代、地区等因素。整体而言，官营的平均水准高一些。

条件好的，就像苏轼《凤鸣驿记》里的描写：“如官府，如庙观，如数世富人之宅，四方之至者如归其家，皆乐而忘去”（指住宿的人，就像回到了自己家中一样，舍不得离开）。有些大旅馆还兼营寄存货物、兑换银钱业务，对客商来说非常方便。

条件差的，就像清朝文人蒋士铨（quán）的这首诗：“牛宫豕（shǐ）栅略相似，禾秆黍秸（shǔ jiē）谁与致？鸡毛作茵厚铺地，还用鸡毛织成被。纵横枕藉鼾齁（hōu，打呼噜）满，秽气熏天人气暖”（形容住店环境差，又吵又不卫生）。民国著名报人包天笑回忆说，客栈大多只有床架，铺盖、便桶、脸盆、手巾这些都不提供，所以住店之人需要携带很多东西，行李非常沉重。

在安土重迁的“熟人社会”里，陌生的旅馆意味着巨大的不确定性，所以关于“黑店”的传闻相当多，看看《夷坚志》和《水

浒传》就知道。当时没有“天网”，通讯也不发达，要是对旅馆疏于管理，真可能出现杀人越货（指抢劫财物）还逍遥法外的情形。

## 古人出远门怎么解决吃饭问题

对现代人来说，根本没什么好发愁的！方便食品简直挑花眼，高铁上都能订外卖了，在车站或机场顺道吃个快餐也行。然而哪怕几十年前，这都是必须认真对待的大事。

由于交通条件限制，古人要是出远门，在路上的时间比现在不知长多少。例如，林则徐以钦差大臣身份南下主持禁烟，自北京到广州花了两个多月。

经过的如果是热闹的城镇，一切好说——地方官可能按站送酒席给“贵客”，有些旅馆提供餐饮或炊具，到其他店铺吃也没问题。然而如果在偏僻的小村庄甚至荒郊野外过夜，条件就堪忧了，哪怕有钱、有厨子、行李包括锅碗瓢盆，也买不到什么东西。

“自带干粮”在古代相当普遍，米麦之类的谷物炒熟以后叫“糗（qiǔ）”，也叫“糇（hóu）粮”，出征或赶路时可以啃。《诗经·大雅·公刘》就写道：“廼（nǎi）裹糇粮，于橐（tuó，口袋）于囊”，意思是大包小包都塞满了。而《庄子·逍遥游》说：“适千里者，三月聚粮”。抗美援朝时期，志愿军和着雪吞下去的炒面也跟这类似，口感相当粗糙。

光有主食不够的，得搭配得丰富点才行。古人可能揣上些不容易坏的鱼干、肉脯之类，后来又出现了更加精致的“路菜”。它要满足几个条件：保质期别太短、方便携带、汤汁不多、可以冷吃、最好有荤腥（hūn xīng）保证营养……

一旦计划远行，就要忙着准备“路菜”了，不光自家做，亲朋好友也会送，算是约定俗成的社交礼仪。古时候盛油、酒的容器和“路菜”的容器挺像，小口大肚的篓（lǒu）子，用细柳条或竹丝编成，里子是绵纸糊的，内外都要刷桐油，不怕漏也不怕雨淋，而且坚韧有弹性，不怕碰撞。带上“路菜”，途中打尖时做点粥饭或买点馒头饼子就可以，不用煎炒烹（pēng）炸，省事多了。

肉松、咸鸭蛋、油焖笋都是常见的“路菜”，再复杂的还有肉丁炒辣酱、各种咸菜丝炒肉丝或干丝等等，不少出现在交通枢纽的特色小吃（举个例子，德州扒鸡）原本也是“路菜”，跟着旅人去了五湖四海。用腌、腊、糟、醉、熏等做法保存的食物大多能派上这个用场，它们通常油盐比较重，适合下饭。学者邓云乡说，《红楼梦》里那道异常麻烦的“茄鲞（xiǎng）”可能就属于“路菜”。

## 轿子是怎么回事

它是由车演变而来的，去掉轮子，改由人抬，也可以扛在骡、象之类的动物背上。“轿子”这个称呼，据说是宋朝出现的，之前通常叫“肩舆（yú）”或“步辇（niǎn）”，“舆”和“辇”都是车的意思。东晋顾恺（kǎi）之的《女史箴（zhēn）图》里，就描绘了班婕妤（jié yú，妃嫔的“职称”）推辞和汉成帝同乘步辇来表现她的贤德的故事。

轿子的优势是舒服和灵活。古时候路况比现在差多了，骑马、坐车都难免颠簸，而轿子不用沾地，自然稳当。车马过不去的崎岖山路或泥泞小道，轻便的轿子也可以通行。

谴（qiǎn）责轿子的人却也挺多：一方面是觉得它“以人代畜”不合道德，北宋时期的王安石跟司马光都拒绝坐轿子；另一方面，坐轿子被当成贪图安逸享乐的表现，老弱妇孺也就算了，年轻力壮的人如此就说不过去了。明清两朝都反复下诏禁止武官坐轿子，要求一律骑马。

然而到了南宋，轿子开始流行，明朝中叶以后由于社会风气“浮华僭（jiàn）越”，更是随处可见。它不再是官员的特权，平民甚至优伶（古时以乐舞、逗趣话为业的艺人，后指戏曲演员）都可以坐，许多“老古董”痛心疾首，却一点儿办法都没有。

临时租一乘轿子还好，如果自家常备，就很烧钱了。清朝重臣选择坐轿子的话，一年要花八百两银子，因为必须雇两班甚至三班轿夫，一班干活，其余的乘大板车跟在后面，准备轮换。所以不少人为了省钱，选择坐车。

轿子的“品种”各式各样：

有帷子的叫暗轿或暖轿，没有的叫凉轿或亮轿、显轿。再简单些就是“滑竿”了——躺椅或坐兜加两根长竹竿，适合上下山。

抬轿子的人数越多，就越尊贵。民间最常见的是“二人小轿”，四抬或八抬的“官轿”级别已经相当可以，十抬以上就过分“拉风”了，大多属于公然违制。

轿子的装饰也和身份挂钩，比如说，皇家的帷子可以用明黄、鹅黄之类，官员可以用蓝呢（ní）、绿呢，百姓就只能用暗淡的颜色。

将轿子“打扮”得红红火火、华丽吉祥，用来迎亲，就是“花轿”。南方的花轿大多是“硬衣式”，像座小宝塔，整个儿是木结构；而北方的大多是“软衣式”，在框架外罩上精美的绣花帷子。

## 参考文献


[1] 孙机．中国古代物质文化 [M]. 北京：中华书局，2014.

[2] 赵冬梅．人间烟火：掩埋在历史里的日常与人生 [M]. 北京：中信出版集团，2021.

[3] 崔凯．谷物的故事：读解大国文明的生存密码 [M]. 上海：上海三联书店，2022.

[4] 袁靖．动物寻古：在生肖中发现中国 [M]. 桂林：广西师范大学出版社，2023.

[5] 巫仁恕．优游坊厢：明清江南城市的休闲消费与空间变迁 [M]. 北京：中华书局，2017.

[6] 扬之水．唐宋家具寻微 [M]. 北京：人民美术出版社，2015.

[7] 张宏杰．给曾国藩算算账：一个清代高官的收与支（京宫时期）[M]. 北京：中华书局，2015.

# 喵懂文化常识

教育选拔卷

文字撰写　王宸 叶金辔
编　　制　星球地图出版社

星球地图出版社
STAR MAP PRESS
国家一级出版社
全国百佳图书出版单位

**图书在版编目（CIP）数据**

喵懂文化常识．教育选拔卷 / 王宸，叶金辔撰．
北京：星球地图出版社，2025. -- ISBN 978-7-5471
-3010-0

Ⅰ．G634.303

中国国家版本馆 CIP 数据核字第 2024S51783 号

**策　　划** 王俊友 樊羽菲
**责任编辑** 马丽娜 高　帅
**图书编辑** 高　帅
**地图制作** 高　芳 李佳期
**文字撰写** 王　宸 叶金辔
**封面设计** 王　静
**插画绘制** 谢步平 王少波 程建新 支少卿 潘艺晶 周　磊
**出版审订** 郝　刚 左　伟

**喵懂文化常识（教育选拔卷）**

出版发行 星球地图出版社
地址邮编 北京市海淀区北三环中路 69 号 100088
网　　址 www.starmap.com.cn
印　　刷 北京印刷集团有限责任公司
经　　销 新华书店
开　　本 285 毫米 × 285 毫米　12 开
版　　次 2025 年 1 月第 1 版
印　　次 2025 年 1 月第 1 次印刷
审 图 号 GS (2024)4153 号
定　　价 199.00 元

**联系电话：010–82028269（发行）、010–62272347（编辑）**

# 目录

## 官学和私学有什么区别

官学出现得更早。

西周时期“学在官府”，“私门无著述文字”。不管是书册还是礼、乐、舞、射要用的器物，民间都很难接触到。知识在非常小的圈子里传承，平民几乎没有受教育的权利。

贵族子弟在八到十五岁进入“小学”，政治地位越高，念书就越早。在这里，他们要接受道德教育、学习“六艺”（指古代教育的六种科目：礼、乐、射、御、书、数）。

大概七年后，少数符合资格的人可以继续进修。根据《礼记·王制》记载，“大学在郊，天子曰辟雍（pì yōng），诸侯曰泮（pàn）宫”，也就是说，办学者地位不同，“大学”的名字也不同，它们四周通常有水环绕。

大学的目标是培养统治者，因此主要科目是礼乐和射御，早早把功夫下到位了，以后处理“祀”和“戎”这两类国家大事，就能得心应手。

“小学”和“大学”都设在都城，统称“国学”；而设在各地的学校，统称“乡学”。《礼记》里说：“古之教者，家有塾，党（古代的社会基层组织，五百户人家为一党）有庠（xiáng），州有序”，所以后世也用“庠序”来指代学校。

根据周礼，“乡学”由负责民政的司徒管理，教育内容在“六艺”之外，还有“六德”，即知（智）、仁、圣、义、忠、和，以及“六行”，即孝、友、睦、姻、任（有担当，讲信用）、恤（体恤，救济）。

春秋时期，官学衰落了，原因有很多——

周天子不能维持共主地位，没权也没钱，旧的礼制崩塌，原先的部分学习内容跟不上时代变化。

贵族靠世袭就能安享荣华，没必要刻苦学习。

社会动荡，原先的文化垄断被打破了，学术人才各寻出路，流落四方，知识传入民间。

……

这时，由个人开办的私学抓住机会，后来居上。同“官师合一”（指教师都由国家的官吏来担任）、政治和教育密不可分的官学相比，它自由得多，不会将平民拒之门外，传授的内容也更丰富、更切合实际。

孔子未必是私学的创立者，在他之前已经有人开始收徒了。不过孔门弟子三千，规模最大、教学经验最丰富、培养人才也最多，对后世影响深远。

战国时期，齐国的稷下学宫很有名气。它是官办的，却由私家主持。学者无论哪国哪派，只要乐意来这里著书讲课，齐王就会以礼相待。所以，儒家（孟子和荀子）、道家、法家、名家、阴阳家（邹衍）都在稷下学宫占了一席之地，切磋争鸣，让这里变成了文化、教育、学术中心。

秦始皇统一六国以后，下令“焚书”，严厉禁止私学。如果想念书，只能去政府机关附设的“学室”，“以吏为师”，传授的内容除了读写就是法律条文。

## 自汉朝起，官学是什么样子

官学可以分成中央、地方两大类。

元朔五年（公元前 124 年），汉武帝听取董仲舒的建议，“为五经博士置弟子”，正式设立了太学。它归“九卿之首”太常（古代朝廷掌宗庙礼仪之官）管理，传授儒家学说。太学生要是通晓一经或以上、考试成绩好，就可以直接当官。

各郡国也会兴办学校，目的主要有两个——培养在本地干活的官吏、将特别优秀的学生推荐给朝廷；定期在学校里举行“乡饮酒礼”“乡射礼”之类的活动，对百姓开展道德教化。

东汉时期，官学欣欣向荣，班固在《两都赋》中就说：“四海之内，学校如林，庠序盈门”。

到了魏晋南北朝时期，官学总的来说“半死不活”。这一方面是由于社会实在太动荡了，政权也大多短命，没什么条件推广教育；另一方面，那时候“九品中正制”占主流，当官得看出身，光靠读书改变命运太难了，所以大家进官学读书的积极性不高，世家大族垄断教育资源，知识在家族内部传承。

### 乡饮酒礼

### 乡射礼

唐朝建立以后重视教育，形成了完整的官学体系——不同层次相互衔接，培养各类专门人才。在贞观、开元这样的盛世，官学也跟着辉煌了一把。

国子监是最高学府，也是教育行政机构。它的长官叫国子祭酒，副长官叫国子司业。

中央官学里，国子学、太学、四门学传授的都是儒家经典，区别在于入学门槛：国子学收的是文武官三品以上子孙，太学收的是五品以上子孙，四门学收的是七品以上子孙和通过了考试的平民子弟。

此外还有教律令的律学、教书法的书学、教算术的算学。它们收的都是八品以下文武官的儿子，和有一定基础的平民子弟。

州县两级都会兴办地方官学，分成三类：经学、医学、崇玄学（玄宗下令设立的，主要传授道教经典）。学生要是表现出色，就有机会升入四门学，或者以“乡贡”（没上官学的读书人，他们需要向州县报名考试，获得“解状”后，才会被贡送到尚书省参加省试）身份去长安考科举。

范仲淹、王安石等北宋名臣意识到，光靠科举是不够的，还得认认真真办学校。在他们看来，科举可能有重才不重德、一考定终身的问题，选拔时要是加上平日成绩，就不容易看走眼了。

王安石的新政就包括“三舍法”：将太学分成外舍、内舍、上舍三个等级，要是考试成绩好、平日表现也靠谱，外舍可以升到内舍，内舍可以升到上舍。上舍生“毕业”以后，出色的可以直接当官，中等的可以直接参加殿试，最一般的也可以直接参加礼部试。

## 私塾是怎么回事

它又叫“馆”，所以找教书的工作叫“寻馆”，推荐别人去当老师叫“荐馆”，开课带学生叫“坐馆”，和东家维持好关系叫“处馆”，不愿再教另谋出路叫“辞馆”，丢了这份差事叫“失馆”。

塾师（私塾的老师）水平参差不齐，大多是一直没考中举人的潦倒秀才，或老童生（尚未通过科举考试取得秀才资格的读书人）。他们念了许多年书，却无法及第（科举考试中选）当官，只好这样混口饭吃。

私塾大概可以分成几大类。

一是家塾，富贵人家专门请先生教导子女，不光工资优厚还包吃住，类似“一对一”或小班制教学，最晚在宋朝已经相当普遍。昆曲《牡丹亭》里的名场面“春香闹学”，就发生在教导小姐的闺塾当中。

对先生的尊称是“西席”，原因是古时候主位在东，宾位在西。他们通常也要陪男主人谈诗论文，甚至帮忙处理公务，地位接近“清客”。

二是义塾，具有公益性质，经费来源是田产或捐助。贫苦子弟来上学不用交钱，甚至可以领到饭钱、纸笔钱之类的补贴。

这当中很重要的一类是族塾，经常设在祠堂之类的地方，属于宗族内部办学，不招收没有亲戚关系的孩子。《红楼梦》里的贾氏义学就是典型代表，它“原系当日始祖所立，恐族中子弟有力不能延师者，即入此中读书。凡族中为官者，皆有帮助银两，以为学中膏火之费（灯油钱，指念书的花销）”（办学是为了贾氏家族的未来，给族里读不起书的人提供便利，族中为官者会担负一些花销）。

三是由老师自行开班招生，又叫“设帐”，用的是东汉经学大师马融的典故：他上课时“施绛纱帐，前授生徒，后列女乐”。

没有统一标准的入学考试，老师乐意收就可以。鲁迅小时候上的三味书屋，就是这种性质。

学生交的费用叫“束脩（xiū）”，意思是一捆（十条）肉干，具体数额因人而异。整体而言，明清时期普通塾师的收入相当于中等农家。

孔子算是中国最早的“私塾先生”之一，他说：“自行束脩以上，吾未尝无诲焉”（主动给我十条干肉以上当见面礼的，我从没有不给予教诲的），所以后世用这个词指给老师的酬金。

## 古人在私塾里都学什么

我们现在要上多少年学非常清楚，先是六年小学，再是三年初中、三年高中。古时候的私塾却没有这样的区别，坐在同一间教室里的学生可能相差近十岁，功课自然也不一样，是老师分别布置的。

过去几百甚至上千年内，知识分子差不多全是私塾教出来的。明清时期，私塾一方面起到“扫盲”作用，另一方面是“应试能力特训班”。

第一个学习阶段是启蒙。孩子在五六岁到八九岁被送过来，先识方块字、念“三百千”（就是《三字经》《百家姓》《千字文》）之类的入门书、描红（纸上印着红色的字，老师扶着学生的手，把它们描成黑色。练习一阵子，学生就会拿笔了）。

启蒙阶段大约两年，顶多念到“四书”。如果只要求粗通文墨，就不再往下读了，开始去干农活、学手艺、做生意……

第二个学习阶段是读经。教材变成了“五经”（《诗经》《尚书》《礼记》《周易》《春秋》），写字也变成了仿影（老师写好字帖，学生在上面蒙张薄纸，照着透出来的笔画摹一遍）或临帖，大小楷都要练，有了一笔好字，以后考科举时才不会吃亏。还要对对子，从一两个字开始，慢慢往上加，这是写诗的基础。

读经阶段大约四到六年，要看资质，因人而异。

第三个学习阶段是举业，准备考秀才了。学生反复温习“四书五经”，一定得滚瓜烂熟，还要琢磨八股文范本（类似现在的高考满分作文选），反复练习写八股文和试帖诗。他们也会读一些唐宋古文名篇，好让自己的文章更开阔、更有气势。除此之外的内容都算是“杂学”，主流观点认为它们会分散注意力，不提倡在科举及第以前过多接触。

考中了秀才，就没必要上私塾了。如果二三十岁还名落孙山，也不好意思过来了，自己回家用功去。

## 蒙书是怎么回事（上）

蒙书是指对儿童进行启蒙教育的读本，又叫“蒙养书”或“小儿书”，中国古代出现了上千种。它们各有侧重：识字、思想品德教育、文史或自然常识“扫盲”、诗歌……

蒙书的基本目标是，让孩子们学会读写，同时养成良好的生活习惯、遵守那个时代的基本的道德伦理规范、掌握一定量的知识，给后续更深层次学习做好准备。

根据《汉书·艺文志》记载，“《史籀（zhòu）篇》者，周时史官教学童书也”。所以有人说，最早的蒙学课本就是它。不过，它未必是“周宣王太史”的作品，可能要到春秋战国才成书。

秦朝“书同文”以后，丞相李斯、中车府令赵高、太史令胡毋敬分别用小篆编写了《苍颉（jié）篇》（写成“仓颉”也没问题，据说他是黄帝的史官，创造了文字）《爰（yuán）历篇》《博学篇》，“文字多取《史籀篇》”。到了汉朝，“闾里书师”将它们仨合起来，统称《苍颉篇》，继续当识字教材。

《苍颉篇》的特点是“以类相从”：意思差不多的词或同部首的字排在一块儿，四字一句，押韵，所以琅琅上口。

两汉魏晋南北朝也出现了不少蒙书，像司马相如的《凡将篇》、史游的《急就篇》、扬雄的《训纂篇》、贾鲂（fáng）的《滂喜篇》、蔡邕的《劝学篇》、束皙的《发蒙记》、顾恺之的《启蒙记》……它们的形式和《苍颉篇》有共通之处，容易记忆，可惜大多失传了。

其中最著名的，是南朝周兴嗣的《千字文》。梁武帝命他自王羲之的书法里选出1000个不重复的字，编成流畅华丽的韵文。它囊括了许多自然和人文知识，算是部“小百科全书”，却毫无硬凑痕迹。而且，《千字文》是上好的字帖，后世的智永和尚、颜真卿、赵孟頫（fǔ）等大书法家都写过，有兴趣的话可以临摹。

敦煌出土了一大批隋唐蒙书，比如说非常简单的“上大人、丘乙己、化三千、七十士……”和倡导“忠孝、仁爱、修身、勤学”的《太公家教》。诗歌类的蒙书也冒出来了，像晚唐胡曾的《咏史诗》。

李翰编写的《蒙求》影响相当深远。这个名字出自《易经》：“匪我求蒙童，蒙童求我”。它都是两两相对的四字句，几乎“一联一典”，科普了丰富的历史知识。遣唐使将它带回日本，给贵族子弟当汉学入门教材，出现了这样的谚语：“劝学院（外戚兼权臣藤原氏一族的私学）的麻雀也能诵读《蒙求》”。

## 蒙书是怎么回事（下）

在宋朝，蒙书“井喷”。除《千字文》外，家喻户晓的“三百千千”都是这时候出现的。

明朝学者吕坤（他编写了《小儿语》等蒙书）说：“初入社学，八岁以下者，先读《三字经》以习见闻，读《百家姓》以便日用，读《千字文》以明义理。”

《三字经》的作者根据相关史料推测是南宋学者王应麟。它被称作“小纲鉴”（明清人采用朱熹《资治通鉴纲目》格式编写了许多史书，都称作“纲鉴”，往往比较浅显易懂、重点突出），品德教育、文学历史、自然和社会常识无所不包，句子短，像是儿歌，虽然信息量大，却非常容易记忆。

《百家姓》大概是北宋初年在浙江一带成书的，开头的“赵”是皇帝的姓，而第二个“钱”是吴越国王的姓。它囊括了四五百个姓，“周吴郑王”之类的单姓和“上官欧阳”之类的复姓都有。

《千家诗》有很多种，最常见的是将南宋谢枋（fāng）的《重订千家诗》（都是七言）和清朝王相的《五言千家诗》合在一起的版本。它只收格律诗，共 200 多首，大多是唐宋名家名篇。

元明清的蒙书基本延续了宋朝的路子，不过分类更细、内容更多样。

在元朝，图文并茂的蒙书流行开来，比如说《二十四孝》。它直到今天影响都不算小，然而里面离谱的“愚孝”内容一大堆，有些来自佛家苦行故事，未必符合儒家立场。

明朝萧良有的《龙文鞭影》、程登吉的《幼学琼林》都是综合性教科书，发挥着承上启下的作用。它们比“三百千千”更难，念完就可以接上“四书五经”了。

我们熟悉的《朱子家训》和朱熹没有关系！它其实是《朱柏庐治家格言》，明末清初成书。“一粥一饭，当思来处不易；半丝半缕，恒念物力维艰”就出自这里。

专门教音韵格律、好给写诗作对打底子的蒙书也出现了，像明末清初李渔的《笠翁对韵》和清朝车万育的《声律启蒙》。它们同时介绍了许多文化知识，例如天文地理、器物特产、典故风俗……

清朝人孙洙（zhū）觉得《千家诗》良莠不齐，所以编了《唐诗三百首》，署名“蘅塘退士”，把古体诗也收了进来。诗歌选集当中，流传最广的可能就是它。

## 书院是怎么回事

在唐朝，书院隶属于中书省，负责修书、校书、给皇帝讲解经书。不过渐渐地，民间收徒讲授、藏书、研究学问的场所也开始叫这个名字。

书院在宋朝相当兴盛，最著名的有江西庐山的白鹿洞书院、湖南长沙的岳麓（lù）书院、河南商丘的应天府书院（也称睢阳书院。睢，suī。）、湖南衡阳的石鼓书院和河南登封的嵩阳书院等等。可能受了佛寺、道观的启发，它们大多设在山水之间，清静，风景也让人心旷神怡。

书院不算官学，也不算私学，比前者灵活、有人情味，比后者稳定、正规。

它的主持者叫山长或洞主，通常是德才兼备的士大夫，要参与一线教学。管理岗位比官学少得多，而且常常由学生轮流担任，用不着专门指派人手。

书院一般会制定严格全面的规章，好让大家既学知识又学做人，比如说南宋时期朱熹的《白鹿洞书院揭示》和吕祖谦的《丽泽书院学规》。

它传授的内容不光是“四书五经”，还更加丰富多样，这很大程度上取决于主持者的风格。好几座书院都是由于有名师坐镇，才发展起来：如应天府的范仲淹、嵩阳的“二程”和司马光、岳麓的朱熹……

书院是怎么教学的？

主要有两种方式：自修提问和讲演辩论。

它非常重视学生的积极性，不会“填鸭式”死记硬背。学生先自己读书，要是遇到难题，深思以后解决不了，就去请教师长。

“会讲”是书院的一大特色，目的在于兼收并蓄，“有奇共赏，有疑共析”，可能是各方学者（不都是书院的老师）登台阐述见解，也可能是大家畅所欲言。而且，书院主张“门户开放”，哪怕不是这里的学生，想来旁听学术研讨也欢迎。

朝廷对书院，算是“又爱又恨”——

有时候会赐给它牌匾、田产、办学经费，因为它确实培养出了不少有益于国家的人才。

然而，书院自由讲学、大胆讨论的氛围又叫朝廷很不放心，比如说在晚明，江苏无锡的东林书院挂出“风声雨声读书声，声声入耳；家事国事天下事，事事关心”的对联，结党参与政治。

基于这种原因，朝廷也会想办法压制书院。一种是直接让它关门，比如说天启年间拆毁了以东林为首的许多书院；而另一种是让它失去独立自主的个性，只搞应试教育，变得跟官学没什么区别。

清朝末年实行“新政”，下旨将各地书院改成大、中、小学堂。今天有些大学还说，自己的前身是哪座书院。

在先秦，官员是怎么选出来的

战国以前基本是“世卿世禄制”，“龙生龙凤生凤，老鼠生儿会打洞”。贵族按照宗法制，一代代享受官职和封爵、采邑。

出身民间的能人也有登上高位的，协助商朝实现“武丁中兴”的贤臣傅说就“举于版筑之间”，曾是干苦力的刑徒或奴隶。然而这种情形非常少见，可能只是君主一时心血来潮，普通人要想凭借才智当官，几率太低了。

春秋中后期开始，社会剧烈变革，各国之间的竞争越来越残酷，躺在祖辈荣光上的贵族“掉队”了，光靠他们治国必然不行。而且自孔子起，“诸子百家”大办平民教育，培养擅长军事、外交、法令、农耕等等的专业人才。

贵族不再能垄断知识，血缘不再能决定一辈子的走向。哪怕出身平凡，要是拜在名师门下、学到了过硬的本领，就有资格寻找“明主”，凭谋略和忠诚赢得重用。

所以我们看到，战国时期一大堆“士”通过游说诸侯、担任客卿，成功“改命”：身佩六国相印的苏秦、被筑“黄金台”的燕昭王诚恳延揽的乐毅、位极人臣的李斯……

“养士”的风气也相当昌盛，“战国四公子”——齐国孟尝君、赵国平原君、楚国春申君、魏国信陵君——都有许多门客，相当于人才库，随时可以挑着用。自荐的毛遂就是平原君养的“士”，蔺（lìn）相如也当过赵王近臣缪贤的门客。要是没法一上来就有官做，投到贵族门下争取赏识，也是条不错的路。

商鞅在秦国变法，率先打破“世卿世禄制”，根据军功授爵。哪怕是宗室，如果不上战场杀敌，就沾不到关键权力的边。而且政治地位、经济利益、生活待遇都跟爵位挂钩，“有功者显荣，无功者虽富无所芬华”（有军功的显赫荣耀，没有军功的即使富有也不能摆架子铺张）。

秦国的改革相当彻底。东方六国虽然聘用了不少“游士”，最尊贵的国相之位却常常是宗室的。而在秦国，位高权重的张仪、魏冉、范雎（jū）、吕不韦等人都是客卿。秦国之所以能一统天下，“历史包袱”没那么重是个关键因素。

古时候选官，不是“让合适的人去合适的位置上”这么简单。秦国同样使用分配权力、利益的手段，所以未必讲得了公平。要挑出什么样的人才，很大程度上取决于社会结构——想把谁放进统治集团。

## 察举制是怎么回事

秦朝一统天下，“游士”被当成不安定因素打压，官员的主流是熟悉律令的文吏。在当地被“推择为吏”（推举选拔人才为官）以后，如果有功绩和能力、考核结果出色，就可以一步步升迁。

到了汉初，勋贵很受重视，享有“任子”的特权：他们的弟弟、儿孙可以做郎官，负责宿卫宫廷、给皇帝出谋划策；要是获得赏识，就能坐上更有实权的位置。

一段时间以后，人才不够的问题出现了：马上得天下者不一定能治天下，尤其是战争没那么频繁了，凭军功入仕的那些人不一定有处理政务的本事；再加上这个圈子又小又封闭，功臣“抱团”，让皇帝很不放心。

所以，新的选拔制度生根发芽——察举。

它的意思是，朝廷设立科目，规定条件、标准，命令地方和中央各部门长官举荐合格的人才，复试以后授予职务。

他们如果总不举荐，或被举荐者出了严重问题，都要承担责任。

汉文帝两次下诏察举“贤良方正能直言极谏者”，创建了特科（不定期，颁旨寻找急需的人才，比如说“勇猛知兵法”）。

汉武帝元光元年（公元前 134 年）下诏“郡国举孝廉各一人”，创建了岁科（每年都有，对中选者的要求也相对固定）。

察举的科目很多，这两个极为关键——

“孝廉”：孝子和廉吏，不少原先是平民，由郡国推荐，名额和人口数量有关。

“茂才”：西汉叫“秀才”，东汉要避光武帝刘秀的讳，改成这个名字。由州或重臣推荐，主要来自中下层官吏，名额比孝廉少，地位也更高。

要察举的人才是什么样？有四个类别，前两个属于儒生，后两个属于文吏：

“德行高妙，志节贞白”。

“学通行修，经中博士（经学功底足以担任博士）”。

“明晓法令，足以决疑，能案章覆问， 文中御史（文才足以担任御史）”。

“刚毅多略，遭事不惑，明足以照奸，勇足以决断，才任三辅剧令（能力足以治理重要且麻烦的地区）”。

察举的一大好处是增加了社会流动性，就算起点没那么高，攒足了人品、刷够了声望，照样有机会出人头地。而且，选拔官员的范围变大了，被举荐的人才不少体会过民间疾苦，能看到被上层忽略的东西。

然而，在汉朝要当官，不止察举一条路能走！

之前那些渠道依然存在不说，还有很多人当官是通过“征辟”——皇帝点名任用叫“征”，官府聘请（领导选择下属）叫“辟”。被征辟的人有选择权，不去也可以。

## 九品中正制是怎么回事

东汉中后期，察举制慢慢“烂透”了，堕落成变相的世袭制，被推荐上去的几乎都是各路“二代”，不看品德才华，只看亲戚关系、权势、钱财。所以出现了这样的民谣：“举秀才，不知书。察孝廉，父别居。寒素清白浊如泥，高第良将怯如鸡”（选举上来的秀才，孝廉缺、德才寡，或没有学问，或不孝敬父母；所谓清白寒门子弟，不过是些肮脏东西；所谓上等良将，实际上是些胆小如鸡之徒）。

到了“黄巾起义”以后的乱世，基层组织破坏严重，“乡举里选”自然维持不下去了。所以延康元年（220年），在称帝前不久，魏王曹丕采纳吏部尚书陈群的建议，创立了九品中正制。

它又叫九品官人法，由朝廷选择“贤有识鉴（见地和鉴别人才的能力）”的官员，让他们根据籍贯兼任各州郡的中正官，负责定期评议同乡士人——标准是门第、德才，形式是“品”和“状”。“品”自“上上”到“下下”（“上上”近乎圣贤，通常没人能拿到；后三等没资格当官），共分九等；“状”是简短的概括性评语，比如说“德优能少”。吏部根据交上来的“品”和“状”，授予这些士人职务。“品”高的人，能当的官也高。“品”如果后来有升降，职务会跟着调整。

东汉末年，名士的“月旦评”（指品评当代人物或诗文字画等）影响力很大，像许劭（shào）说曹操是“治世之能臣，乱世之奸雄”。九品中正制可能就源于“月旦评”，所以能不能出仕，事实上取决于在士人当中的口碑。朝廷推行九品中正制，也是希望把判别人才的权力拿回自己手上，免得旁落。

创立之初，九品中正制不光拉近了曹魏政权同世家大族的关系，也的确选拔出了一些能做事的人才。可是慢慢地，出身越来越重要，几乎成了唯一标准——“上中”才有资格当中正官，能拿到这么高的“品”，门第、德才缺一不可。他们看重同类、偏袒亲戚，也就不奇怪了。

所以，世家大族完全掌握了选官之权，出现了“上品无寒门，下品无势族”的情形。“寒门”的意思和现在不一样，也属于统治集团，绝对不穷，只是权势没那么大。

在东晋和后来的南朝，研究家谱成了热门学科，也是由于这足以决定一个人的仕途。如果血统尊贵，就能当“清官”，不光让人敬重羡慕，升迁也快；如果出身平常，顶多能当“浊官”，哪怕擅长处理政务、屡立战功，一辈子苦苦奋斗，也未必有资格和什么都不会的高门子弟平起平坐。

## 科举是怎么出现的

实行九品中正制的那段时间里，虽说“世胄蹑高位，英俊沉下僚”（世家子弟能轻松官至高位，有才能的人却被埋没，只能担任下级官职），社会流动却并非完全不存在。“站错队”或在战乱中损失惨重的世家大族会衰落，能打仗的武将有机会升为二流门第。到后来，南北方都出现了“士庶混淆”的状况，中正官逐渐无底线可言，只看金钱，买卖郡望，不辨贤愚。九品中正制走进了死胡同，根本选不出靠谱的人才。

怎么办？还是考试定输赢吧……

科举不是凭空冒出来的！

察举制也会用考试来把关，“诸生试家法（师徒授受的儒家学术观点），文吏试笺奏”（文书写作能力，如书札、奏章）。

南朝宋、齐、西魏、北齐、北周都出现了“不拘门资”（门第和资格）、压缩中正官的荐举权、以考试选拔人才的做法。

隋文帝统一南北以后，把任免地方官员的权力收归中央。这个变化至关重要，之前朝廷直接派出的只有郡守、县令等寥寥（liáo）几位，下面一整套班子都由他们自己配齐，这就给“武断乡曲”（凭借势力在民间横行霸道）的豪族留下了能钻的空子，也容易导致结党营私。而到了隋朝，不管多小的职务都得由吏部授予，中央的控制力明显加强，对人才的需求量也更大了。

大业二年（606 年），隋炀帝下令创立进士科，有学者主张，这是科举的起点。不过也有学者提出，真正的科举要到唐朝才出现——关键在于允许“投牒自进”，主动报名就可以，不用他人推荐。

唐太宗相当看重科举，有一次，他在端门上瞧见新进士鱼贯而出，高兴地说：“天下英雄入吾彀（gòu，弓箭的射程，比喻圈套、牢笼）中矣！”后来，诗人赵嘏（gǔ）感叹道：“太宗皇帝真长策，赚得英雄尽白头”（太宗皇帝用科举考试的办法，笼络天下有学问的人，引诱得英雄们都为之白了头，而无怨言）。

殿试是武则天创立的，载初元年（689 年），她“策问贡人于洛阳殿”。不过，殿试真正变成科举的一级，要到宋太祖开宝六年（973 年）了。

相比之前的那些制度，科举要公平很多，“学而优则仕”（学习优秀的就去做官）不再是一句空话，鼓励读书、积极进取的精神也跟着深入人心，有利于知识、观念向全国普及。

然而，它始终偏向有钱有权者——受教育不可能人人平等，许多望族以“家学”著称，文化素养和人脉都相当深厚；供孩子上学和考试很“烧钱”，印刷术不流行时书籍昂贵，路费对贫寒人家而言也是个天文数字。

不过说到底，它至少给了希望——“书中自有黄金屋，书中自有颜如玉”，哪怕只是无比渺茫的一点点，也有无数人乐意拼上终生。

### 唐朝人为什么诗写得好

因为是考试科目！

唐朝科举有很多类别：秀才、明法、明书、明算、开元礼、道举、史科……

不过最重要的是两个：明经和进士。

明经主要考“帖经”，和现在的填空题差不多，把儒家经典原文用纸糊上几个字，让举子默写出来。还要考经问大义，和时务策三道。

明经侧重死记硬背，所以没那么受重视，及第者除了唐朝著名诗人元稹等极少数，都被分配到基层，升迁也相对缓慢。

唐朝有个说法，“三十老明经、五十少进士”，可见考中进士的难度多么惊人。

明经每年录取一百人左右，进士却只有二十来人。当过宰相的杜佑在《通典》里提到：“开元以后，四海晏清，士无贤不肖，耻不以文章达，其应诏而举者，多则二千人，少犹不减千人，所收百才有一”。

进士这个科目最看重文学才华，杜佑还指出：“进士者时共贵之，主司（考官）褒贬，实在诗赋”。

这里的“诗”，指试帖诗：大多是五言六韵十二句，必须遵守格律。

试帖诗的题目取材广泛，经史、时政、景物、传说都有可能，肚子里要是没点墨水，根本写不出像样的东西。通过短短六十字，知识面的宽窄、审题发挥的能力、政治敏感度，甚至性格和气质，都可以瞧个大概。然而限制实在太多，出现传诵千古的“神作”也难。

最著名的一首试帖诗，应该是天宝十载（751年）进士第六名钱起的《湘灵鼓瑟》，题目出自屈原的《远游》：“使湘灵鼓瑟兮，令海若（传说中的海神）舞冯夷”（中国传统神话中的黄河水神）。

我们来看看这篇“高分作文”吧：

“善鼓云和瑟，常闻帝子灵。冯夷空自舞，楚客不堪听。苦调凄金石，清音入杳冥。苍梧来怨慕，白芷动芳馨。流水传潇浦，悲风过洞庭。曲终人不见，江上数峰青。（描述了娥皇和女英寻夫不遇鼓瑟所弹奏的苦调清音，表现了二妃对爱情生死不渝的忠贞和对驾崩于苍梧的舜帝的哀怨和思慕之情）”

“云和”出自《周礼·春官》，“冯夷”呼应了楚辞原文，不管是用典还是扣题，都相当周到。然而最不得了的还是尾联，应试之作能和对景抒情一样灵动自然，称得上“绝唱”。所以钱起及第以后，竟传出了这样一个故事：最后两句诗其实是他考前在一个月夜听到的“鬼谣”。

现在的“高考满分作文”当中，会有像《湘灵鼓瑟》一样长久流传的吗？

## 进士及第以后就能直接当官吗

在唐朝，并不是！

登科只是获得了入仕的资格，能不能真有官当，是另一回事。

而且，想当官的话不止科举一条路能走，还有门荫（官N代靠长辈）、军功、重臣贵戚举荐（李白和孟浩然都想这样，可惜结果不尽如人意）、流外入流（小吏干得好，被提拔，九品以内叫“流内官”，九品以外叫“流外官”）等等。职位数量可没法无限制膨胀，朝廷养不起，于是僧多粥少，竞争越来越激烈。

新进士想当官，还要去吏部接着考。这叫“释褐（hè）试”或“关试”，通常在春天，分成笔试和口试两个阶段，都合格才可以。如果不合格，再等三年才能来考。

先考笔试，科目是“书”和“判”，也就是字体漂亮，还能写出精通法理、语言优美的判决书。再考口试，科目是“身”和“言”，也就是相貌堂堂、谈吐流畅出色。

会写诗的人不一定会干活，当时行政和司法不分家，官员的重要任务就是断案。“身、言、书、判”这“四才”都具备了，在实际工作中才能游刃有余，不至于闹笑话。

上面介绍的叫“常选”，一般年年举行，例外情况下三年一次。吏部还有一大类考试叫“科目选”，最著名的科目是博学宏词、书判拔萃，前者的内容是诗、赋、议论各一篇，而后者是写三条判。

“常选”需要排队熬年头，难度更高的“科目选”却不受这种限制，只要过了，立刻就能当官，通常是校书郎或正字（负责校对典籍文章的官职，类似后世的翰林，相对清闲），不光清贵，升迁相对也快。

白居易比较顺利，贞元十六年（800 年）考中第四名进士，三年后又拿下书判拔萃科甲等。韩愈却坎坷得多，“四举于礼部乃一得，三选于吏部卒无成”（考了四次礼部的“省试”才考上进士，考了吏部三次“铨选”都没有录取），耽误了十余年，不得不去给节度使当幕僚，好养家糊口。

皇帝也可能临时下诏，亲自选拔特殊人才，相当于给常规科举“打补丁“，将遗漏或急需的人才挑出来。这叫“制科”或“制举”，淘汰率非常高，科目也非常多，有文词秀逸、武足安边、军谋宏远堪任将帅、才识兼茂明于体用、学综古今、精通经史、草泽遗才、贤良方正能直言极谏等等。一旦合格，就是“天子门生”，马上授予职位，已经当上官的可以升迁。

对唐朝读书人来说，进士及第不过是“万里长征第一步”，要想让大家都羡慕的美差落到自己头上，就几乎得“学到老、考到老”。

## 宋朝科举考什么

自察举和九品中正制过渡到科举，可以说是由“以德选人”变成了“以才选人”。不过需要的到底是哪种“才”，一直是个纠结的难题。

北宋前期，进士科要考诗赋、策论和帖经、墨义（默写经书原文和注疏），不过实际上主要看诗赋，特别是赋，所以诗不像在唐朝那么风光了。

许多名臣虽然是文学大家，却没少吐槽这种对他们来说毫不吃亏的规定。范仲淹指出，“专以辞赋取进士，以墨义取诸科”会导致“士皆舍大方而趋小道，虽济济盈庭，求有才有识者十无一二”（士子都投机取巧，一大堆人里面，有才学见识的占比相当低）。欧阳修也表示，“有司取人先诗赋而后策论”会“使学者不根经术，不本道理，但能诵诗赋，节抄《六帖》《初学记》之类者，便可剽盗偶俪，以应试格”（读书人都不肯下苦功夫，背点儿浅显的诗赋和类书，就能七拼八凑去考试了）。

他们开出的“药方”有两条——

一条是取消刻板简单的帖经、墨义，改考大义：不用把经书背得一字不差，然而要在吃透圣贤教诲的基础上旁征博引，给出自己的观点，对文采也有要求。

另一条是重视策论。

皇帝或大臣提出问题，应试者拟定解决方案，叫“对策”。策论，指的是议论当前政治疑难、向朝廷献计的文章。这种形式在西汉就有了，贾谊、晁（cháo）错、董仲舒都是策论高手。

宋朝科举的整体趋势就是朝这两个方向转变，“庆历新政”和王安石变法都主张以策论定去留，降低诗赋的比重，甚至干脆不考。王安石还提出加试律义，好让举子们熟悉法令和断案，尽快“进入状态”，免得当官以后两眼一抹黑，只能听胥吏的。

然而在党争严重的大背景下，什么都被强加了政治意义，就事论事几乎不可能，反复拉锯成了常态：改革派失势、保守派掌权时，“华而不实”的诗赋就又会抬头。

同“不近治道”的诗赋相比，策论确实有利于选拔能够“经世致用”的人才，让大家关心历史经验和时事、脚踏实地、不死读书。

可是，它同样有不够理想的地方：批阅没那么方便（诗赋声律出了问题或对偶不工整，直接就能刷掉，需要认真看的卷子其实不很多，而策论可能出现东拉西扯“水字数”的现象）；“套路”难以杜绝，事先押题背范文成风，甚至出现雷同答案；标准不好确定，容易鼓励举子猜测考官心思、投机取巧，王安石用自己主持编纂的《三经新义》当教材，也被批评成党同伐异（指结帮分派，偏向同伙，打击不同意见的人）、固化思想、败坏学风。

总之，不管古今，“学非所用、用非所学”都是普遍现象。通过考试选拔出百分百符合社会需要的人才，也许是个完不成的任务。

## 八股文是怎么回事

它又叫制艺、制义、时艺、时文、八比文、四书文，是明清科举考试的规定文体。能不能及第，几乎全看八股文的好坏。

八股文源自宋元时期的经义，到了明朝成化年间基本定型。它的格式要求非常死板，字数在三百到七百之间，题目出自“四书五经”，是代圣贤立言，内容要根据朱熹的《四书章句集注》等书撰写，不准自说自话、任意发挥。

它由以下几部分组成：

首先是“破题”，就是两句剖析题目的话，非常关键，后面的议论都围绕着它展开，需要尽量精炼深刻。

下面是“承题”，承接“破题”的要点，进一步补充说明，让观点更加清晰圆满。

然后是“起讲”，需要模拟圣贤的语气。

接着是“入题”，自上文引到本题。

随后是“起股”“中股”“后股”“束股”（也叫起比、中比、后比、束比），每部分都要有两股排比对偶的文字，“八股”的名字就是这么来的。

明朝八股文还有“大结”，字数比较多，有一定的发挥余地，由于其中可能提到时事，清朝禁止再写。

八股文的命题范围有限，为了避免重复和猜题，意义明白完整的原句考得差不多了，就冒出了各种怪题，让考生相当头疼。

有的是断章取义，像“顾鸿”“十尺汤”之类的题目，都是割裂《孟子》（原句分别是“顾鸿雁麋鹿”“交闻文王十尺，汤九尺”，麋，mí）一书中的内容，单看简直不知所云。

有的是截搭，故意胡乱断句，把不相干的内容硬凑到一起。陈独秀去考科举时，碰到的题目就是“鱼鳖（biē）不可胜食也材木”（原句其实是“谷与鱼鳖不可胜食，材木不可胜用，是使民养生丧死无憾也”）。

一定程度上，八股文是对思维能力的严格训练，要想写好，集中性、敏锐性、全面性、辩证性一个都不能少，难度比今天的公务员申论只高不低，所以确实选拔出了不少人才。

然而，八股文内容严重脱离实际、空洞狭窄，无数读书人把大好年华都砸在这上面，当然是一种浪费。明末思想家顾炎武就说：“八股之害，等于焚书”；清朝也有人讽刺道：“国家本为求才计，谁知变作了欺人技。……就教骗得高官，也是百姓朝廷的晦气”！

所以，要不要取缔八股文的争论出现过好几次，可是找不到更合适的替代品，只能沿用。直到光绪末年改考时务策论、1905 年朝廷下诏废除科举制，才没人再学这种麻烦的文体了。

## 匿名阅卷是什么时候开始的

“密封线内不准答题”，这行字我们都不陌生。考试结束后，卷子一装订，姓名、班级、学号就给藏了起来，不让负责批改的老师看见。

这种匿名阅卷的做法，古时候叫“糊名”或“弥封”。

唐朝科举是不糊名的，考生信息都大大咧咧露在外面。所以不管临场发挥是好是坏，只要事先赢得权贵或考官的欣赏，就会被录取。大诗人王维之所以能拿下状元，离不开唐玄宗亲妹妹玉真公主的推荐。

既然“功夫在场外”，大家就八仙过海各显神通。当时有“行卷”的风气，将自己的得意之作写成卷轴，投献到足以影响考试结果的大人物那里，看能不能加点“印象分”。白居易那首著名的《赋得古原草送别》，就是给名士顾况的行卷。

考生信息一览无遗，确实能避免漏掉人才，不过也存在很严重的问题——高门士族太占便宜，要是考官偏心，甚至枉法受贿，寒门举子就完全没有出头之日。

唐朝的吏部试和制科已经糊名，不过时断时续，没有形成制度。到了北宋，太宗淳化三年（992 年）有人击登闻鼓投诉阅卷不公，又有人上疏指出，行卷有让举子“争习浮华”（指争着学习内容表面华丽动人、而实际空虚无用的文章）的坏处，糊名才变成殿试的定例，后来又逐步推广到各级常科考试当中。

光是糊名，还没法完全杜绝勾结舞弊。如果认识考生的字迹或在卷面上留下的暗号，考官照样能给他们送人情。所以真宗景德二年（1005 年）起采用了誊（téng）录法：又叫“易书”，将所有卷子找人另抄一遍，考官拿去的只是副本。

这种规定一直延续到清末，越来越严谨，出现了“五色笔”：原卷用墨笔，誊录用朱笔，对读（纠正抄错或自作主张改动的地方）用赭（zhě）黄笔，负责监督、协调、整理卷子的人用紫笔，同考官批改用蓝笔，正副主考又用墨笔，绝对不能弄混，否则要追责。

糊名易书果然能一定程度上保证公平，想走后门没那么容易了，还出现了不少“认错人”的八卦——

苏轼参加科举时，主考是欧阳修。他非常欣赏苏轼那篇文章，却疑心作者是自己的得意门生曾巩，为避嫌只给了第二，拆封以后觉得委屈了苏轼，相当懊悔。

## 秀才是怎么回事

这几篇里介绍的，主要是明清时期的状况。

读书人要想取得参加正式科举的资格，必须先去考童试，通过了就是秀才，也叫“生员”。

按照《明史》的说法，“士子未入学者，通谓之童生”，或者“儒童”“文童”。这里的“入学”又称“进学”，特指考中秀才，并不是广义上的去学校学习。

根据《儒林外史》记载，明朝士大夫叫秀才是“朋友”或“老友”，叫童生是“小友”。所以，秀才哪怕十几岁也是“老”，童生哪怕八十岁也是“小”。

童试共分三轮，内容主要是八股文和试帖诗：

由知县主持的县试，一般在农历二月；由知府主持的府试，一般在农历四月；由学政主持的院试，每三年两次。这三轮都是淘汰性的，及格了才能参加下一轮，第一名叫“案首”。

学政是“提督学政”的简称，掌管教育行政、各省学校生员的考课升降之类事务，自进士出身的官员中选派，任期三年，又叫“大宗师”“学道”“学台”“文宗”。

秀才的录取率不过 1% 左右，竞争非常激烈。大约 5% 的秀才能考中举人，20% 的举人能考中进士。明清时期进士占全国人口的比例，平均不过十万分之五。

“进学”了并不意味着可以松口气！且不说继续往上考的压力，秀才必须参加每三年一次的岁试，通常在农历丑、未、辰、戌年，由学政主持，成绩共分六等，好的有奖，差的被罚。连续三次无故缺席，就取消生员头衔。如果荒废了学业，“考”到临头当然要挠墙，所以当时有句谚语：“讨饭怕狗咬，秀才怕岁考”。

秀才共分三类：廪（lǐn，米仓的意思）膳生员（简称廪生，国家发给钱米）、增广生员（简称增生，廪膳生员出现空缺可以递补）、附学生员（简称附生），根据成绩升降。

秀才有“功名”在身，算是下层士绅，享有免除差役和徭役、见知县不用下跪、官员不能随意对他们用刑等特权，小吏和衙役通常也不敢欺负他们。所以，不少“乡贤”就是秀才，地位介于官民之间，比较受尊敬，会调解纠纷、包揽词讼（诉讼）、帮人说情，靠这些给自己谋利。

## 举人是怎么回事

秀才参加本省学政巡回举行的科试，如果成绩优良，就获得了乡试资格。在国子监就读（常常只是挂名，未必真去上学）的贡生、监生之类如果通过了科试，也可以应考。

乡试是正式科举的第一级，三年一考，农历子、午、卯、酉（yǒu）年（叫“大比之年”）在南北两京和各省城举行，考场叫“贡院”，时间通常是八月，所以叫“秋闱（wéi）”。遇到皇帝生日、登基之类的喜事，也可能加开乡试，叫“恩科”。

正副主考都由皇帝任命，自在京的翰林、进士出身的部院（中央六部、都察院的合称）官当中选拔。同考官负责分房阅卷，又叫“房官”或“房师”，由各省内科甲出身的官员担任，卷子先由他们过目，如果有欣赏的就加上批语，推荐给主考，主考再综合评估是否录取。

乡试如果考过了，就叫“举人”，又叫“乙榜”，俗称“老爷”，雅称“孝廉”。中举也叫“发解”或“发达”。

第一名叫“解（jiè）元”或“解头”，第二名叫“亚元”，前五名（也有说法是第二到六名）叫“五魁”。拆封填榜的顺序是先从第六名到最后，再往前倒，揭晓第五、四、三、二、一名。公布结果的那天，如果迟迟等不来自己中举的消息，可能是落榜了，也可能是名次特别高。

九月张榜，正好是桂花飘香的时节，所以乡试录取名单又叫“桂榜”。各省巡抚会出面张罗鹿鸣宴，招待新科举人、众位考官。

举人已经初步具备了做官资格，有免税的特权，比秀才金贵得多。《儒林外史》里，穷书生范进虽然是秀才，却照样被亲戚邻里看不起。然而他一中举，自己高兴得差点疯了不说，别人也立马将他看成“文曲星下凡”，百般奉承，送东送西讨好他。

乾隆年间规定，三科以上会试不中，就有机会通过“大挑”去当知县或教职。“大挑”每六年一次，主要看脸，如果体貌端正、口齿清晰，入选的希望就大一些。

## 进士是怎么回事

乡试以后的第二年春天，举人们要进京会试，国子监监生也可以参加。它由礼部主持，通常在农历丑、未、辰、戌年二月或三月进行，所以又叫“礼闱”或“春闱”。

在汉朝，士人被征召上京应试都用公家车马接送，所以后世用“公车”指代来考会试的举人。光绪二十一年（1895 年），康有为、梁启超等一千两百位举人联名上书，反对清政府签订丧权辱国的《马关条约》，这个事件史称“公车上书”。

如果通过了会试，身份就变成了“贡士”，第一名叫“会元”。由于张榜时杏花盛开，所以录取名单又叫“杏榜”。

会试以后要举行复试，通常不会有人落第。过了这一关，就可以参加殿试了。

殿试也叫“廷试”，由皇帝亲自主持，一般在农历四月，地点是紫禁城太和殿。考的是策问，总算不用再写八股文和试帖诗了。

殿试阅卷很大程度上看书法好坏，重要性甚至超过了内容。最吃香的字体明朝叫“台阁体”，清朝改称“馆阁体”，又叫“干禄体”，就是靠这个猎取功名的意思。

这种字体是一种非常工整严谨的楷书，讲究“黑大光圆”，号称“欧底赵面”，模仿著名书法家欧阳询和赵孟頫，没多少生气和个性。清朝文学家龚自珍很有才华和见识，却由于不擅长“馆阁体”，科举之路相当坎坷。一气之下，他让全家女眷都练习这种字体，吐槽说：“吾家妇人，无一不可入翰林！”

殿试同样不淘汰考生，只排名次。前三名是一甲，赐进士及第，合称“三鼎甲”；接下来是二甲，赐进士出身；最后是三甲，赐同进士出身。

一、二、三甲统称“进士”，对读书人来说，这是梦寐以求的最高功名。清朝文学家袁枚在《祭妹文》里写道：“予披宫锦还家”，意思就是考中进士，衣锦还乡。

录取名单又叫“甲榜”，用黄纸书写，“金榜题名”的说法就是这么来的。如果先是举人再是进士，叫“两榜出身”，算做官的正途，升迁会相对顺利。

## 状元、榜眼、探花是怎么回事

进士一甲第一名叫“状元”，第二名叫“榜眼”，第三名叫“探花”。它们是民间的习惯说法，并不会在官方文件上出现。

在唐朝和五代，第一名叫“状头”。礼部主持完考试以后，要把录取档案交到门下省，写成状子呈报给皇帝，第一名排在最前面，所以这样称呼。还有种观点是，士子进京参加省试，都需要投状（填有三代姓名、本人乡贯和年甲之类信息的家状）。谁成绩最好，整理材料上交时他的就会被排在最前面。

“元”有“首、头”的意思，大概到了宋朝，如果大魁天下（指科举考试殿试得居首选），就会被称作“状元”。状元的别称还有“榜首”“殿元”“殿魁”“鼎元”“龙头”等等。

如果一路都大出风头，先当解元再当会元、状元，就叫“连中三元”。这既需要才华又需要运气，历代加起来不过寥寥十几位。

根据《称谓录》记载，“榜眼名目，始于北宋。古者原以第二、三两名为一榜眉眼，眼必有二，故第二、第三皆为榜眼，后以第三为探花，遂专以第二为榜眼”。宋朝有个叫陈若拙的人，没什么文才却中了榜眼，于是被讽刺成“瞎榜”。

“探花”出现在唐朝，然而和名次无关。那时候在春天公布结果，新科进士会举行盛大的庆祝活动，饮酒作乐，叫“杏园宴”，红杏也多了个别名“及第花”。

新科进士当中，最年轻帅气的两个要担任“探花郎”，遍游长安名园，寻找鲜花。如果他们没有比别人早折到花，或者折到的花不够好，都要受罚。

大概到了宋朝，“探花”才变成第三名的专属称呼。

二甲和三甲第一名都叫“传胪（lú）”，“胪”在古代是上传语告下的意思。殿试结果揭晓那天，要举行唱名仪式，皇帝宣布以后，由阁门承接，传于阶下，卫士齐声高呼，场面非常隆重。

在清朝，一甲立刻有官做，状元授翰林院修撰（从六品），榜眼、探花授翰林院编修（正七品）。二甲和三甲还要经过朝考，内容是论、奏议、诗、赋等，成绩好的进翰林院当庶吉士（又叫庶常，再学习三年后考试，成绩好的留在翰林院当编修等官，其他的去当给事中、御史、州县官），剩下的去当六部主事或知县。

## 武举是怎么回事

它是选拔军事人才的科举，武则天在位时创立，由兵部主管，根据《唐六典》（唐代官修的行政性质法典）记载，有这些项目：射长垛（远距离的箭靶）、骑射、马枪（骑在马上，用枪刺木人）、步射（靶子是草人）、才貌（身长六尺以上才好）、言语（需要“有神采、堪统领”）、举重。

宋、明、清都有武举，增加了对军事理论的考试：先是兵书大义、策问，后来改为默写一段“武经七书”——《孙子兵法》《吴子兵法》《六韬》《司马法》《三略》《尉缭子》《李卫公问对》，这些书自北宋起成了官方认可的教材。

渐渐地，武举发展为同“文举”相对应的体系，自童生、秀才到举人、进士、状元，名号都一样，只是在前面加个“武”字。

唐朝参照文庙，也建起了武庙——供奉的是姜太公，和尊孔子为“文宣王”一样，给了他“武成王”的封号。

多少名臣是“两榜出身”，不用说也知道。武举就尴尬多了，除了平定“安史之乱”，“功盖一代而主不疑”的郭子仪，几乎没有哪位名将是这样崭露头角的。

为什么呢？

武举的录取人数一直很少，在军队里的占比自然小，影响力也弱。而且，武官有稳定的升迁渠道——靠祖辈恩荫或军功、资历，去考武举并不划算。许多大头兵目不识丁，要让他们“写小作文”，简直是存心难为人。

安史之乱

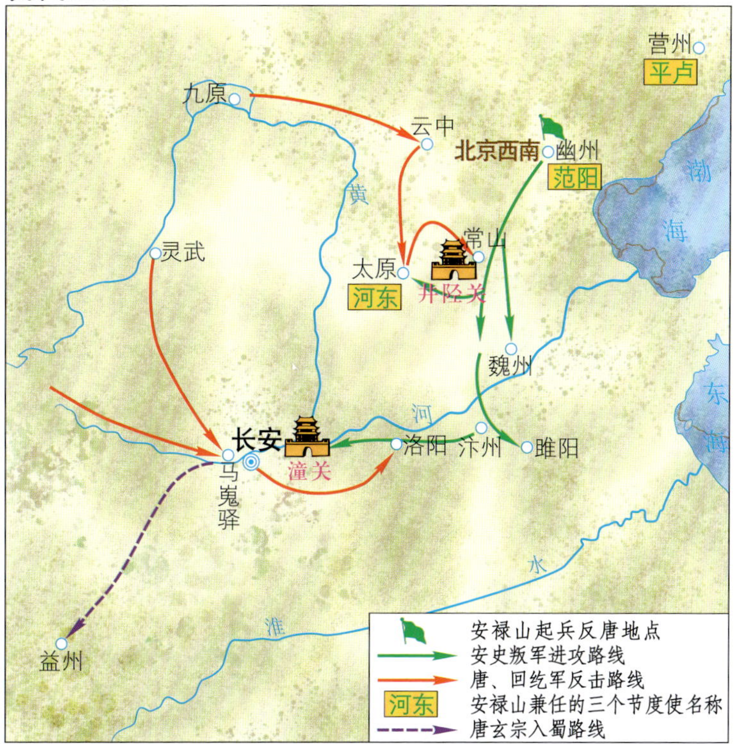


宋朝重文轻武、以文制武，武举几乎成了落第文人的“备胎”，“文举”没希望了就开始看兵法、练骑射，临时抱佛脚。由于要选拔的其实是符合文官理想的武官，同出身行伍的那些“粗人”相比，他们沾大光了。

哪怕已经当了武官，他们照样积极去考进士，想转回文官，免得被之前的老师和同学瞧不起。这么“身在曹营心在汉”，能带好兵吗？

武举的考试内容和实际需要明显脱节，一上战场，原形毕露。对“文举”来说，这个问题也存在，却不会表现得那么直接、惨烈。

设立武举是为了选拔“将帅”，也就是未来的指挥官，然而很多关键素质并不能通过考试看出来——武艺出众，可能是匹夫之勇；满腹韬略，也可能是纸上谈兵。

到了清朝，火器在世界上早就成为主流，武举项目却还是射箭、舞刀、掇（duō，举起）石之类，当然派不上用场。

## 古时候女子有机会受教育吗

有，但是限制比男子多得多，通常不让出门，只能在家里由长辈或请来的老师指导。

她们学的东西大致有以下几方面——

首先是生活技能，不管出身高低都会接触到，要用什么就学什么，像养蚕、纺织、剪裁、刺绣、下厨、记账、往来应酬……

古时候的“女主内”，不光是料理杂事！士大夫家庭当中，男子埋头读书准备科举、外出游历、忙着做官是常态，掌管财产、组织婢仆干活是主妇的权利也是责任，实际上相当于“CEO”（首席执行官）。

品德教育也很受重视，核心内容是“三从四德”：

未嫁从父，既嫁从夫，夫死从子。

妇德（不必才明绝异，而要清闲贞静、守节整齐、行己有耻、动静有法），妇言（不必辩口利辞，而要择辞而说、不道恶语、时然后言、不厌于人），妇容（不必颜色美丽，而要盥浣尘秽、服饰鲜洁、沐浴以时、身不垢辱。盥浣，guàn huàn，指洗涤。），妇功（不必工巧过人，而要专心纺绩、不好戏笑、洁齐酒食、以奉宾客）。

她们用的教材，是“女四书”：

指东汉班昭的《女诫》（上面提到的“四德”就出自这里）、唐朝女官宋若莘和宋若昭的《女论语》、明成祖徐皇后的《内训》、明末学者王相之母刘氏的《女范捷录》（也有种版本是用唐朝侯莫陈邈之妻郑氏的《女孝经》代替。邈，miǎo）。

文化知识教育就是读书人家的“专利”了，具体学什么却不一定。

掌握儒家经典通常谁都不会反对，母亲如果素质过硬，子女的教育就更有保证。比如说，元稹和欧阳修的父亲都早早去世了，家境也不好，要是没有母亲的启蒙，他们怎么可能取得后面的成就？

要不要让女儿学诗词，争议就大了。有人觉得，这些东西看多了会滋生杂念，对培养品德一点儿好处都没有；也有人觉得，家里出了“才女”是相当值得炫耀的事情。特别是在明清时期的江南，闺秀诗人纷纷结社，甚至拜袁枚之类的著名文人为师。《红楼梦》中的大观园诗社，灵感可能就来自这里。

学习专业技能，然后靠这谋生的女子也不算少：歌舞、乐器、烹饪、书画、行医开药……

总的来说，古时候女子受的教育是为了让她们“打辅助”，变成相夫教子的贤妻良母，而不是做独立的、能闯出一片天地的人。

## 参考文献


[1] 金滢坤，张希清，武玉环，等．中国科举制度通史 [M]. 上海：上海人民出版社，2015.
[2] 孙培青，杜成宪．中国教育史 [M]. 上海：华东师范大学出版社，2019.
[3] 阎步克．波峰与波谷：秦汉魏晋南北朝的政治文明 [M]. 北京：北京大学出版社，2017.
[4] 邓云乡．清代八股文 [M]. 石家庄：河北教育出版社，2004.
[5] 吴宗国．中国古代官僚政治制度研究 [M]. 北京：北京大学出版社，2004.
[6] 刘勃，萧桓．知道几句三字经 [M]. 上海：上海人民出版社，2022.
[7] 傅璇琮．唐代科举与文学 [M]. 北京：中华书局，2020.

# 喵懂文化常识

学术卷


文字撰写　王宸 叶金辔

编　　制　星球地图出版社

星球地图出版社 STAR MAP PRESS | 国 家 一 级 出 版 社 全国百佳图书出版单位

图书在版编目（CIP）数据

喵懂文化常识. 学术卷 / 王宸，叶金辔撰. -- 北京：星球地图出版社，2025. -- ISBN 978-7-5471-3010-0

Ⅰ. G634.303

中国国家版本馆 CIP 数据核字第 20242AQ956 号

策　　划 王俊友 樊羽菲
责任编辑 马丽娜 高　帅
图书编辑 高　帅
地图制作 高　芳 李佳期
文字撰写 王　宸 叶金辔
封面设计 王　静
插画绘制 谢步平 王少波 程建新 支少卿 潘艺晶 周　磊
出版审订 郝　刚 左　伟

喵懂文化常识（学术卷）

出版发行 星球地图出版社
地址邮编 北京市海淀区北三环中路 69 号 100088
网　　址 www.starmap.com.cn
印　　刷 北京印刷集团有限责任公司
经　　销 新华书店
开　　本 285 毫米 ×285 毫米　12 开
版　　次 2025 年 1 月第 1 版
印　　次 2025 年 1 月第 1 次印刷
审 图 号 GS (2024)4153 号
定　　价 199.00 元

联系电话：010-82028269（发行）、010-62272347（编辑）

# 目录

## 古人怎么给书分类

你是怎么给自己架子上的书分类的?

按内容，按作者，按国家，按开本大小，按……封面颜色?

形容书多，古人会用“汗牛充栋”这个词，也就是说牛运输它们时累得直出汗；书塞满了屋子，顶到栋梁。

这种情况下，不分类的话，想找哪本书就太麻烦了，简直是大海捞针。

中国第一次大规模的古籍整理，是西汉成帝时由刘向、刘歆(xīn)父子先后主持的，最终成果是《七略》，称得上最早的“国家图书馆目录”。

它将古籍分成六艺、诸子、兵书、数术、方技、诗赋六大类，虽然早就失传了，但幸好基本内容都保存在了《汉书·艺文志》里。

西晋早期，秘书监荀勖（xù）将当时的书分成甲乙丙丁四大类，清朝史学家钱大昕（xīn）认为，“四部之分，实始于此”。

自隋唐起，经史子集分类法基本定型，沿用一千余年。

经部主要收录儒家经典，包括易类、书类、诗类、礼类、春秋类、孝经类、五经总义类、四书类、乐类、小学类（具体解释见下面几篇）。

史部收录历史著作，包括正史类、编年类、纪事本末类、杂史类（只记一事始末、一时见闻，或只是一家私记、带有掌故性质）、别史类（介于正史与杂史之间）、诏令奏议类、传记类、史钞类（摘抄一史或合抄众史的书）、载记类（不属于正统王朝的割据政权事迹）、时令类（主要是农事）、地理类、职官类、政书类（记载典章制度）、目录类（包括经籍和金石）、史评类。

子部收录诸子百家著作和类书，包括儒家类、兵家类、法家类、农家类、医家类、天文算法类、术数类（包括阴阳五行、占卜、命书相书等）、艺术类（包括书画、琴谱、篆刻等）、谱录类（包括器物、食谱、草木鸟兽虫鱼）、杂家类、类书类（按门类编排资料以便查找的工具书）、小说家类、释家类（佛教相关）、道家类。

集部收录诗文词曲集子，包括楚辞、别集（一个人的作品）、总集（许多人的作品合编）、诗文评、词曲。

中国现存规模最大的一部丛书《四库全书》就遵照了这种分类法，经部封面是绿色，象征春天；史部是红色，象征夏天；子部是月白色（一种浅蓝），象征秋天；集部是灰黑色或黄褐色，象征冬天。

## “十三经”是怎么回事

先秦时期，普遍认可的“六经”是《易》《诗》《书》《礼》《乐》《春秋》，都是由孔子编订的，《汉书·艺文志》也叫它们“六艺”。

对“六艺”的另一种解释是，儒家弟子要掌握的礼、乐、射（射箭）、御（驾车）、书、数（计算）六种技能。孔子有三千门徒，然而“身通六艺者”只有七十二人。要是“六艺”都掌握了，说是全才也不夸张。类比一下今天，就是不光文化课过硬，还会乐器、枪法好、有驾照。

后来，《乐》失传了（不过《礼》中的《乐记》可能和它有一定关联）。到了西汉，武帝“罢黜百家”以后，列为官学的只剩下“五经”。

到了唐朝，“九经”出现了：《诗经》《尚书》《易经》“三礼”“春秋三传”，相当于《礼》和《春秋》都变成了三部。“三礼”是《仪礼》《礼记》《周礼》的统称。

《礼》后世又称《仪礼》，主要记载周朝士阶层的冠、婚、丧、祭等各种仪式，内容深奥，很难理解。所以，儒家弟子在习礼的过程中撰写了很多解释经义的论文，总称为“记”。

《礼记》又称《小戴礼记》，是西汉礼学家戴圣根据流传下来的“记”编定的，共四十九篇。东汉著名经学家郑玄给它作了注，它因此摆脱了从属于《仪礼》的地位，独立成书。还有一部《大戴礼记》，据相关资料记载是戴圣的叔父戴德编定的，共八十五篇，流传过程中散失不少。

《周礼》又称《周官》，通过设定官制来表达政治理想。有学者主张，它是周公旦所著，然而普遍认为成书时间不早于战国，其中介绍的官制虽说在周朝并没有真正实行，历代王朝却经常“借梗”，套用里面的规定，来让自己看上去更加有理有据、冠冕堂皇。

唐文宗开成年间，把儒家经典刻在石头上，安放在国子学，成为天下读书人都需要参考的权威版本，史称“开成石经”。这时候又加上了《论语》《孝经》《尔雅》（中国最早的词典），统计起来共十二部。

《论语》和《孝经》虽说不属于“九经”，然而在东汉就和“五经”一道，被称作“七经”。这两部经典相对而言篇幅短、难度小，识字以后通常会先学，给掌握“五经”打基础。在唐朝，《论语》和《孝经》叫“兼经”，是天下读书人的必修课。《孝经》的权威版本还是玄宗亲自作注的，来体现“以孝治天下”。

南宋理学家朱熹把《孟子》作为“四书”之一，它加进来以后，“十三经”正式形成。

## “四书五经”是怎么回事

“五经”前面已经介绍过了。值得一提的是，不管是做学问还是考科举，能通两经及以上的比较罕见，正常情况下都是专治一经。

清朝学者章学诚提出，“六经皆史也”。龚自珍也说，“六经者，周史之宗子也”，属于“嫡传”；相应地，诸子就是旁支小宗。换言之，在古人看来，儒家经典是至关重要的史书。

上古时期“左史记言，右史记事”，《尚书》是记言之史，《春秋》是记事之史；“三礼”记载典章，是制度史；《诗经》里的《风》是各地民俗史，《雅》和《颂》的某些篇目有史诗性质，讲述商周时期的重大事件；《易经》是卜筮（shì）之书，算宗教史和思想史材料，也提到了当时的传说和历史片段。所以，做研究时能参考的史料不光是以正史为代表的史书，只要方法对了，什么东西都能派上用场。

《大学》《中庸》《论语》《孟子》这“四书”是朱熹确定的。可以说，汉唐是“五经”时代，南宋往后是“四书”时代。

《大学》和《中庸》是《礼记》里的两篇，北宋道学家程颐、程颢（hào）非常推崇，朱熹也相当欣赏，所以抽出来，独立成书。

《大学》被列为“四书之首”，相传作者是曾子，其内容可能要到秦汉才定型。其中的“三纲领”（明明德、亲民、止于至善）和“八条目”（格物、致知、诚意、正心、修身、齐家、治国、平天下）影响十分深远。

学术界认为，《中庸》的作者是子思，姓孔名伋（jí），是孔子的孙子，被尊称为“述圣”；他在儒家传承中处在承上启下的位置，老师是曾子，再传弟子是孟子，所以有“思孟学派”的说法。

《汉书·艺文志》将《孟子》归入诸子，到唐朝依然如此。有趣的是，朱熹编纂的《四书章句集注》成了权威教科书以后，明太祖看到《孟子》里“民贵君轻”“君之视臣如土芥，则臣视君如寇雠（chóu）”之类的观点，大发雷霆，下诏把孟子的牌位扔出孔庙，还弄出了《孟子节文》，科举题目只许在这个范围内找，删掉了近一半“犯忌讳”的内容。不过十几年后，《孟子节文》就被明成祖废止了。

## 注疏是什么意思

各种经典不少是先秦时期成书的，到了汉朝，由于语言文字变迁、流传过程中出现错误、史料散佚等等原因，已经相当晦涩难懂了。所以，学者开始为这些古籍作注，来方便大家理解。

注又叫传（zhuàn）、笺、章句，各有侧重点。

“传”是把老师教诲讲给更多人听的意思，指阐明经义。

“笺”是为了说明古人（原作者）的用心，把简略隐晦的地方清清楚楚点出来，或“断以己意”，对原文进行补充和订正，比如郑玄的《〈毛诗传〉笺》，后世用“郑笺”来泛指古籍笺注。

“章句”是分析原文的章节和句读（dòu，古书没有标点符号，语意完足的叫“句”；语意未完却可以稍微停顿的叫“读”，分别用圈和点来标记）。

几百年过去，到了唐朝，汉朝学者留下的这些注也显得晦涩难懂，于是出现了“疏”，又叫“正义”，古籍原文和前人的注都要解释，整体进行疏通。

注疏的内容几乎无所不包，例如词语的读音和含义、引文和典故的出处、对具体细节（人名、地名、年代之类）的考证、串讲章节大意等等。

注疏大致有两种路子：“我注六经”和“六经注我”。前一种是以经典为中心展开的，根据自己的知识储备，试着去理解原文的本意。后一种是用经典来给自己的观点“背书”，旧瓶装新酒。例如，北魏时期郦道元的《水经注》虽说是对《水经》的注解，字数却是原文的20倍，借用《水经》的框架，增加了许多实地考察和整理资料得来的新成果。

注和疏一开始是分成两本书的，到宋朝才合起来出版，原文在最前面，接下去先注后疏。

最出名的要数《十三经注疏》，它形成于南宋时期，把“十三经”和比较权威的注疏整理汇总。后世有很多版本，最靠谱的是清朝著名学者阮元在嘉庆年间主持重刻的。

## “小学”是什么意思

在古书上要是看到这个词，说的可不是初等教育！

它最早确实指西周贵族子弟念的启蒙学校，不过后来意思慢慢变成了中国传统语言文字学。这功课对小学生来说，真的太难了……

“小学”可以分成三大类：分析字形的文字学、关注字音的音韵学、解释字义的训诂（gǔ）学。

之前学者认为，“小学”不过是读经的工具，掌握了它，才能更准确地理解“圣人之言”；编纂《四库全书》时，也将属于“小学”的书放在经部末尾；而现在，它成了单独的学问，更是帮我们走遍古代世界的“拐杖”。

文字学研究的是汉字的起源、造字规律、形体演变、形体与音义的关系等等。

考古出土的甲骨文、金文之类，虽说看起来奇奇怪怪，如同天书，不过通过文字学知识，就能破解这些深奥的“密码”。

我们熟悉的这些字是怎么来的？古人概括说，方法有六种，统称“六书”：

指事：用象征性的符号来表示意义，像“刃”“本”“上”“下”。

象形：类似简笔画，像“火”“龟”。

形声：形旁指示字的意思，声旁指示发音，像“樱”。

会意：把几个独体字组合起来，表示一种状态或事件，像“解”“森”。

转注：同部首的两个字意思接近，可以互相解释，像“柱”和“楹（yíng）”“窍”和“空”。某个字意思改变以后，有些情况下会另找一个字，来体现它原本的意思。

假借：有些意思比较抽象，很难靠前四种方法造字来体现，就借用一个已经存在且发音差不多的字来表达。像虚词当中的“其”，原本是簸箕的意思；第三人称代词“它”，原本是蛇的意思。

音韵学研究的是古代汉语各个时期的声、韵、调系统和演变规律。

有些唐诗现在好像不押韵了，就是由于一千余年过去，字音发生了变化。比如说，杜牧《山行》第一句末尾的“斜”，当时念“xiá”。

《说文解字》里对“训”的定义是“说教也”，对“诂”的定义是“训故言也”。训诂学又叫文献语义学，也就是用通俗的话把古代典籍当中字词的意思讲清楚。这里头门道可大了，器物、典章、礼仪……方方面面都得懂。

“百足之虫，死而不僵”这句话，我们可能觉得没什么难理解的。然而上古时期，“僵”只指“仆倒”，“僵硬”的意思出现得比较晚。所以再脑补一下，冒出来的画面是不是变样了？

### “春秋三传”是怎么回事

《春秋》是鲁国的史书，记载了自隐公元年（公元前 722 年）到哀公十四年（公元前 481 年）的大事，经过孔子的修订，成为“五经”之一。

先秦时期，春秋两季要朝聘（诸侯亲自或派遣使臣拜见）周天子、“以礼会民”，所以很受重视，便用这两个季节来代指一整年。

晋国的史书叫《乘》，楚国的史书叫《梼杌（táo wù）》。后来，《春秋》成为史书的通称。

孟子说：“孔子作《春秋》而乱臣贼子惧”。《文心雕龙》也赞叹道，它“褒见一字，贵逾轩冕（官位爵禄）；贬在片言，诛深斧钺（yuè）”。也就是说，被《春秋》表扬或者批评，哪怕不过是只字片语，也比现实中得到厚赏或严厉惩罚要紧。这就是历史记载的力量，有了对“盖棺论定”的敬畏，就会多一重自我约束，不至于太肆无忌惮。

“春秋笔法”是怎么回事？

它又叫“微言大义”：行文中虽然不直接阐述对人物和事件的评价，却“每用一字，必寓褒贬”，通过细节描写、遣词造句、材料筛选等等，委婉地表达主观意图。比如说，同样是出兵打别国，上对下、有道对无道叫“征”，诸侯之间公开宣战叫“伐”，不打招呼就对他国动手叫“侵”。再比如说，吴国和楚国的君主都自称“王”，而《春秋》对他们的称呼照样是低级爵位“子”。

它在后世争议不小。不过欧阳修就推崇这种叙述方法，编纂《新五代史》时也借鉴了。也有人觉得，孔子“为尊者讳、为亲者讳、为贤者讳”的原则，不符合史官“秉笔直书”的道德要求；用词接近文字游戏，门槛太高了，要是对不上“暗号”，就会一头雾水。

《春秋》写了242年的历史，却不到两万字，记事是粗线条的，只有个大致轮廓。

例如，我们熟悉的“曹刿（guì）论战”不过占了一行：“十年春，王正月，公败齐师于长勺。”干巴巴的，那些斗智斗勇、意气风发，一点儿都看不到。

《春秋》的文字实在太简短了，后世读不明白，因此需要用各种“传”来解释。

根据《汉书·艺文志》记载，为《春秋》写传的有五家。《邹氏传》和《夹氏传》散失了，保留到今天的只有《左氏传》《公羊传》《穀（gǔ）梁传》，并称“春秋三传”。

《左氏传》又叫《左传》，作者据说是和孔子同时代的鲁国史官左丘明。司马迁《报任安书》里的“左丘失明，厥有《国语》”，指的就是他。

《左传》比《春秋》内容生动丰富得多，把原书写错的纠正过来并说明原因，没记的大事也补上了，所以里面的某些段落是“无经之传”。

而《公羊传》《穀梁传》是另一个门路：注重“微言大义”和意识形态，试着破解孔子藏在《春秋》里的“密码”。

《公羊传》的作者据史料推测是子夏（孔子晚年得意门生）的弟子、战国时期齐国人公羊高；《穀梁传》的作者是子夏的另一位弟子、战国时期鲁国人穀梁赤。

《左传》以史事解经，要想知道发生了什么，读它最靠谱。不过某种意义上，《公羊传》和《穀梁传》更“好用”，阐述的“春秋大义”在后世对现实政治影响深远。至于具体如何，请听后面分解。

## 今文经学和古文经学有什么区别

这要从秦始皇焚书说起……

写在简帛上的典籍都被烧掉了，所以西汉建立、文化政策宽松以后，想找回这些内容，就只能让老儒靠着记忆，将它们口述或默写出来。由于用的是当时流行的隶书，所以叫“今文经”。

伏生的故事，就是个很好的例子；他曾是秦朝博士，偷偷将《尚书》藏在墙壁里，战乱结束以后再取出来，可惜损毁严重，只剩下二十几篇。齐鲁一带的儒家弟子纷纷拜伏生为师，文帝也想召见，然而他已经 90 多岁了，只能派后来成为名臣的晁错过去学习。伏生的功绩很受敬重：“汉无伏生，则《尚书》不传；传而无伏生，亦不明其意”。

后来，用先秦籀（zhòu，大篆）文写成的“古文经”出现了，很难看懂。它们可能是秦朝儒生冒死藏下的，也可能更早。

景帝的儿子鲁恭王刘馀（yú）准备扩建宫殿，拆毁了孔子旧宅，结果在墙壁里发现了一批经典，包括《尚书》《礼记》《论语》《孝经》等等，被称作“孔壁古文”。

自武帝起，儒家越来越受重视，不光朝廷下令征集古籍，个别诸侯王也重金求购，又找回了一些散落在民间的经书。然而它们未必全靠谱，有些可能是伪托（假冒）的。

今文经学和古文经学的区别，不光在文字和传本上！

今文经学认为，“六经”是孔子撰写的，他是承受天命的“素王”——“有其道为天下所归，而无其爵”（具有帝王之德，却没有登上帝王之位）。和之前那些圣王有关的记载都是孔子“托古改制”，传达自己的政治理想。

所以，这一派热衷于阐发“微言大义”，主张“通经致用”，喜欢讨论阴阳灾异，最看重《春秋公羊传》；倡导“天人感应”，获得武帝赏识的董仲舒就是这一派的代表人物。

古文经学尊奉周公，认为孔子是“述而不作，信而好古”（只阐述不创作，相信并喜爱古代文化）的先师，“六经”是他整理过的史料。

为了直接阅读典籍原文，做出准确解释，这一派致力于文字、音韵、训诂之学，认真研究古代制度，最看重《周礼》，同现实政治的联系没那么紧密。

按照著名学者钱穆的说法，“今学贵趋时，古学贵守真”——前者更关心现实政治，敢于创新，不过可能牵强附会，学风没那么扎实；而后者更保守，特长是严谨考据。

## 今文经学和古文经学为什么吵了几百年架

原因是想要确定，谁才是符合圣人之道的“正统”！

一方面，这两派观点不合，都觉得自己才是对的，属于学术之争。

比如说，“春秋三传”里，《公羊传》类似政治哲学，相当凌厉，主张“改制”“拨乱反正”“尊王攘夷”，宣扬“大一统”和“三世说”——历史发展是有规律的，可以划分成不同阶段，整体趋势是由乱到治。

《穀梁传》气质更加温厚，倡导礼制宗法，崇尚道义，强调在严守等级秩序的前提下“尊尊亲亲”、爱护民众。

《公羊传》无疑属于今文经，《穀梁传》一般来说也属于今文经，不过有争议。它们俩都是“以义解经”，和属于古文经的《左传》明显不是一个门路。

东晋范甯（níng，《后汉书》作者范晔的祖父）评价道：“《左氏》艳而富，其失（缺点）也巫（记述的鬼神之事太多）。《穀梁传》清而婉，其失也短。《公羊传》辩而裁，其失也俗（粗疏）。”

解读其他典籍时也存在这种情况。今文一派说古文经是后人假造的，根本站不住脚；古文一派说今文经是秦始皇烧剩下的，支离破碎。

另一方面是实打实的利益之争——能不能赢得朝廷扶持，是关系到学派兴衰甚至存亡的大事。

西汉由崇尚黄老（黄帝之学和老子之学的合称）变成“独尊儒术”以后，武帝设立的“五经博士”（传授经典的学官）都是今文经学，这一派长期垄断官学地位。

所以，研究今文经学成了进入“体制内”的敲门砖——武帝的丞相公孙弘就是靠着精通《公羊传》，在七十岁时被拜为博士，一步步位极人臣；他主张，文吏也应当接受儒学教育，如果“通一艺以上”，升迁的机会就更多。

古文经学没有这样的优待，一直“坐冷板凳”。西汉末年，刘歆提出设立《左传》等古文经学博士，指责今文一派“保残守缺，挟恐见破之私意，而无从善服义之公心，或怀妒嫉，不考情实，雷同相从，随声是非”（死守欠缺之物，唯恐被撞破自私想法，没有善良品行和服从仁义的大公无私之心，心怀嫉妒，不考究真相，一味盲从）。

他没有成功，还得罪了许多人，被发配出京。王莽代汉以后，刘歆依附他，总算扬眉吐气，《周礼》等古文经也变成了官学，服务于政治，帮新朝“正名”。

新朝非常短暂，十几年就灭亡了。进入东汉时期，这两派之争又出现了新的“画风”。

## 今文经学和古文经学最后谁赢了

这不是单纯的学术问题，“裁判员”一直是皇帝，谁更适应现实政治需要，谁就能赢。

比如说，太子刘据喜欢《穀梁传》，然而他父亲汉武帝不乐意，非让他学《公羊传》。太子刘据没能继位，在政变中几乎全家被杀，只剩下孙子刘病已，也就是后来的宣帝。

宣帝登基以后，非常喜欢《穀梁传》，给它设立博士，大大抬高了它的地位。这一方面是出于感情因素，另一方面是为了巩固自己的统治：《穀梁传》重视“仁”，稳定与血缘亲情，能够缓和已经相当尖锐的社会矛盾，让宣帝在皇位上坐得更名正言顺。

到了东汉，今文经学出现了不少问题——

派别越来越多，而且过分强调“师法”，前人说什么就是什么，压抑了创造力。

对典籍的解释越来越烦琐，光是《尚书》里的“曰若稽古”（顺考古代之道理）这一句就能掰扯出三万来字，让人越读书反倒越糊涂。

天天为鸡毛蒜皮争来争去，往好里说是“皓首穷经”（直到年老时还在深入钻研经书和古籍）、精神可嘉，往坏里说就是浪费生命。

所以建初四年（公元 79 年），章帝下旨召集全国名儒到白虎观讨论五经章句，希望能够为“古今之争”下一个定论。

这次会议的成果，是由班固执笔的《白虎通德论》，又叫《白虎通义》或《白虎通》；它以今文经学为基础，包含许多谶（chèn）纬（政治预言，用神学迷信之类去解释儒家经典）内容，初步实现了经学的统一。

东汉中期以后，出现了一批经学大师；他们是好几经都懂的“通儒”，底子是古文经，不过对今文经也相当熟悉。最有代表性的是郑玄，他“网罗众家、遍注群经”，是集大成者，实现了今古文经学的融合。

古文经学成了赢家，靠的是这几点——

离政治不那么近，虽然可能没法及时吃到“红利”，长远来看走得却更稳。毕竟训诂和考据都是真功夫，存在客观的标准，不像今文经学那样“墙头草随风倒”。

受“师法”制约不那么严重，和谶纬的牵扯也不多，比较自由、简明、独立、理性，群众基础好。

得到了朝廷的承认，古文经学人才也能当上高官，把知识“变现”，底气和动力就足了。

……

### 理学是怎么出现的

理学又叫“道学”，是宋元明清几代占主导地位的儒家哲学思想体系；它更注重“天道”“性命”之类形而上的问题，思辨性也更强。

它的诞生，其实有点儿“迫不得已”——

之前的儒学太“脚踏实地”了，强调伦理道德对社会生活的实用价值，不够“仰望星空”，没法解释宇宙的本原、人死后何去何从之类的大问题，逻辑也不够严密，所以在跟流行的佛道两教竞争时会吃亏。

理学要做的就是，吸收佛道两教的精华，然后和它们竞争，重新实现一家独大，而且给儒家生活方式奠定哲学基础，满足时代的需要。

胡瑗（字翼之，世称安定先生）、孙复（字明复，世称泰山先生）、石介（字守道、公操，世称徂徕“cú lái”先生）倡导经世致用，并称“宋初三先生”，让学风焕然一新，也揭开了理学的序幕。

再往后，周敦颐、邵雍、张载为理学体系的形成做好了准备。

周敦颐字茂叔，世称濂（lián）溪先生，我们熟悉的《爱莲说》就是他写的。

他用太极图来解释《易经》，认为宇宙发生是由无极而太极，太极动静而生阴阳五行，阴阳五行化生万物。世界是个至真的存在，生生不息，虽然看不见形体，却不是佛道两家以为的“空无”。

他还说，“诚者，圣人之本”，而“诚”的状态是“寂然不动”，也就是说没有额外的主动欲求。

邵雍字尧夫，世称康节先生；他擅长“象数之学”，也就是《易经》的阴阳卦爻等等，据说得了道家陈抟（tuán）老祖的真传。

他对待世界的基本态度是“观物”，要用“理”去看，非常客观冷静，而且要“易地而处”，也就是站在别人立场上思考，跳出私心，实现“无我”。

张载字子厚，世称横渠先生，著名的“横渠四句”就是他提出来的——“为天地立心，为生民立命，为往圣继绝学，为万世开太平”。

在他看来，世界是由“太虚”和“气”构成的，“太虚不能无气，气不能不聚而为万物，万物不能不散而为太虚”，所以“气”是宇宙的本原，“太虚”是它的无形状态。

### 程朱理学是怎么回事

到了北宋中后期的“二程”兄弟，理学体系终于确立；他们是周敦颐的学生、张载的表侄。

程颢（hào）是哥哥，字伯淳，世称明道先生。自他开始，“天理”变成了核心的哲学概念，它和“道”可以画等号，是客观、自然、普遍的。

而且，程颢强调“敬”，说它是“人事之本”，能够“胜百邪”；他还深入解释了儒家的根本价值——仁，说“仁者以天地万物为一体”，“五常”的另几个（义、礼、智、信）都是它的不同表现。

程颐是弟弟，字正叔，世称伊川先生；他指出，“形而上为道，形而下为器”；又说，“仁”的关键是“公”。

他跟哥哥的看法不完全一样，没那么强调个人内心的体验。有学者说，后来的朱熹跟他更接近，而陆九渊跟程颢更接近。

怎么提高修养？程颐主张，要“格物致知”，即“穷理”，把事物的道理弄明白；方法有很多，可以读书，也可以“论古今人物，别（辨别）其是非”或“应接事物而处其当”。这只能一点点积累，“格”的东西多了，才能豁然贯通。

南宋的朱熹（号晦庵，又称朱文公）集理学之大成，把前面这"北宋五子"的思想都吸收了，建立了一个几何学般精美、对称、均衡的世界观。

简单来说，"理"或"天理"是宇宙自然和人类社会的根本法则，先有理后有物，"三纲（君为臣纲、父为子纲、夫为妻纲）五常"就是它的体现。非分的需求叫"人欲"，是"天理"的对立面，所以要"存天理、灭人欲"，自觉遵守礼教规范，不去挑战等级秩序。

他同样推崇"格物致知"，为的却不是搞科研，而是"明道德之善"。

朱熹的理学一开始并不受人待见，被盖了个"伪学"的戳，各种打压。然而在南宋后期，它被朝廷封为"官学"，风光了几百年，在朝鲜半岛和日本也很受推崇；拿它来让大家老老实实不惹事，再好用不过了。

渐渐地，程朱理学越来越僵硬、严苛，执行起来"层层加码"。要是真心听它的，可能会赔上幸福甚至生命，清朝学者戴震就说，"酷吏以法杀人，后儒以理杀人"；要是阳奉阴违，就成了伪君子、"假道学"。

这两个选项看起来都不怎么吸引人。能找到其他路吗？其实宋代的儒家思想流派还有很多，但只有理学对后世影响深远。

## 陆王心学是怎么回事

它是理学的另一个派别！创始人是南宋的陆象山，名叫九渊，字子静，曾经说“宇宙即是吾心，吾心即是宇宙”。

他主张“心即理”，认为格物只是尽心，穷理不必通过读书之类的手段向外寻求，除去此心的物欲或意见之蔽就可以，即“知本”。怎么才能做到呢？安坐瞑目，存心养性。

陆九渊曾经和朱熹在鹅湖（位于现在的江西上饶）辩论理学问题，结果谁都说不服谁。陆九渊发展了《中庸》里的“尊德性”三个字，注重直觉和演绎法，觉得朱熹琐碎；而朱熹发展了“道问学”三个字，注重经验和归纳法，觉得他空疏。“朱陆异同”也成了学术史上的重要问题。

心学的集大成者是明朝的王守仁，字伯安，世称阳明先生。历史上能集齐立德、立功、立言这“三不朽”的人物少之又少，他就是其中之一。

他年轻时相信“格物致知”，对着竹子苦思冥想七天七夜，什么发现都没有，还大病一场。从那以后，他开始怀疑程朱理学。

三十余岁时，他触怒了掌权的大宦官刘瑾，被贬到条件异常恶劣的贵州龙场驿。一天夜里，他忽然想通了：“圣人之道，吾性自足，向之求理于事物者，误也”（圣人的道德和智慧，是我们每个人本身就具有的，无需向外寻求）。

王阳明继承了陆九渊的观点，主张“心外无物，心外无理”；他还提出了“知行合一”和“致良知”，说“无善无恶心之体，有善有恶意之动。知善知恶是良知，为善去恶是格物”；“良知”是心和宇宙的本质，包含了万物的“理”。

王守仁的弟子王艮（字汝止，号心斋，艮，gèn）创立了泰州学派，属于阳明学派的分支，又叫“左派王学”；他的观点更加大胆，提出“百姓日用即道”，所以“满街都是圣人”“庶人非下，侯王非高”。

在心学当中，“人欲”和“天理”并不是截然对立的，所以大家没那么受束缚，有了更多可能性和自由；而且它门槛更低，“修炼”起来也更简易，哪怕不是读书人，“天地虽大，但有一念向善，心存良知，虽凡夫俗子，皆可为圣贤”。

不过，它和禅宗的“顿悟”挺像，因此犯了排斥佛道的传统儒家的忌讳，许多成员（特别是泰州学派）又狷（juàn，耿直清高）狂不守世俗礼法、挑战正统思想，所以招来了许多责难，被当成“异端”，下场凄凉。

### 乾嘉学派是怎么回事

它是清朝的一个学术派别，主要研究内容是考据古代社会历史的方方面面（中心是经学，涉及小学、史学、方志、地理、天文历算、典章制度、金石学、目录校勘、判定伪书等等），在乾隆、嘉庆时期达到鼎盛，因此史称“乾嘉学派”。

乾嘉学派用的是汉朝儒生的治学方法——字句训诂、名物考证，所以也叫“汉学”，和偏重抽象议论的理学（也叫“宋学”）不一样；它的成员文风大多简洁平实，没什么花里胡哨，所以又叫“朴学”。

它为什么会出现？

明末清初，一批读书人先是觉得心学空谈冥想不靠谱，又觉得整个理学都办不了实事，搞得天下大乱，所以想另起炉灶，“经世救时”。代表人物是顾炎武，他写了部《天下郡国利病书》，讨论的都是兵防、赋役、水利之类的“干货”。

到后来，清朝大搞文字狱，一不小心犯了忌讳就得掉脑袋，还拖累全家。读书人不想闯祸，只好把精力用在整理古籍上。这种学问“于世无患、与人无争”，出漏子的可能性低。而且在“康乾盛世”，君臣提倡编书、刻书、藏书，有钱有闲搞学术。

乾嘉学派又有不少分支，东吴和皖南两个影响最大。

东吴学派的创立者是吴江（属于江苏）人惠氏祖孙三代，著名人物包括钱大昕、王鸣盛等等；他们“唯汉是信”，注重搜集和解释前人成果，创新不算多。

皖南学派的创立者是婺（wù）源（属于江西）人江永，著名人物包括戴震，段玉裁（龚自珍的外公），王念孙、王引之父子，等等，借助语言文字学来了解古籍的含义，主张“实事求是，无征不信”。

批评乾嘉学派的人不少，说它厚古薄今、繁琐细碎、没有大局观、逃避现实。在内忧外患夹击，应该“开眼看世界”的时候，把才华都耗在旧书堆里，毫无疑问是种浪费。

不过，这批学者的功底相当扎实，也敢于疑古。像王念孙考据出来，《战国策》里那篇应该是“触龙言愿见太后”，而不是“触讋（zhé）愿见太后”，传抄时弄错了。20 世纪 70 年代马王堆汉墓出土的帛书上就写着“触龙”，证明他是对的。

乾嘉学派“无一事不列出处、无一事无来历”的态度，到今天照样让人服气。要能跟他们一样细致严谨、锲而不舍，写论文也不发愁了。

## 明清时期活跃的主要思想家

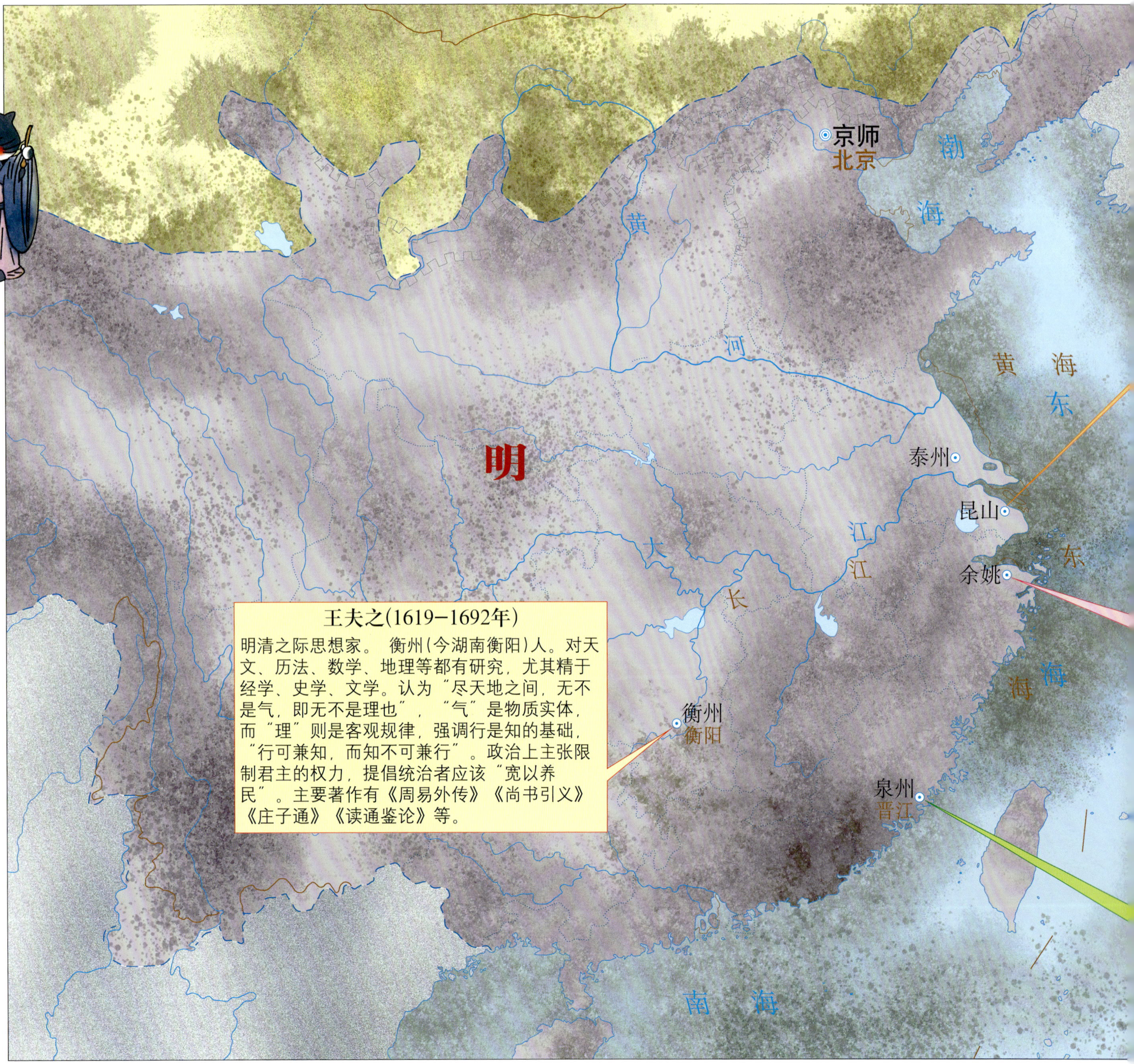

**顾炎武(1613—1682年)**

清之际思想家、学者。昆山(今江昆山)人，主张“博学于文”“行有耻”，强调经世致用，反对明末空疏学风，提出“保天下者，匹夫贱与有责焉耳矣”的名言；政治上出“以天下之权，寄天下之人”。要著作有《日知录》《天下郡国利书》《肇域志》等。

**黄宗羲(1610—1695年)**

清之际思想家、史学家。余姚(今浙江姚)人。反对宋儒“理在气先”之说，为“理”不是实体，只是“气”中的理和秩序，抨击君主专制，指出“天之治乱不在一姓之兴亡，而在万民之乐”，主张以“天下之法”取代皇帝“一家之法”，从而限制君权，保证民的基本权利。主要著作有《宋元学》《明儒学案》《明夷待访录》等。

**李贽(1527—1602年)**

朝思想家，文学家。泉州晋江(今福建州)人。接受王守仁学说，并受泰州学影响。自称“异端”，否认“道”的神性，认为“人无不载道”，反对道学存天理，灭人欲”的说教；提出“穿衣饭即是人伦物理”的见解，反对“咸以子之是非为是非”的教条作法，指出论语》《孟子》等儒家经典著作并非万世之至论”。主要著作有《焚书》续焚书》《藏书》《续藏书》《史纲评》等。

### 编年体是怎么回事

它是传统史书的一种体裁，出现得最早，按时间顺序记述事件。照唐朝史学家刘知几的说法，它的优点是“系日月而为次，列时岁以相续，中国外夷，同年共世，莫不备载其事，形于目前，理尽一言，语无重出”（按年、月、日次序编排，同一时期发生的中外史事都被详细记载，清晰展现在眼前，没有重复）。然而，要是一个事件断断续续拖了好多年，想搞清楚来龙去脉就没那么容易了；读到人物的“高光时刻”以后，想看全他或她的一辈子，也得翻前翻后、折腾半天；对制度、文化这些在较长时段内慢慢演变的内容，纪传体可以用书、志来梳理，编年体就不知道往哪里放了。所以说，编年体比较零散，难以令读者高效地获取完整知识。

《春秋》就是编年体，《左传》更加详尽，完善了这种体例。不过，它们俩都属于经部，史部当中第一个采用编年体的，根据文献推测是《汉纪》。

《竹书纪年》虽说是春秋战国时期晋国、魏国史官所著的编年体通史，成书比《汉纪》早，但是流传开来比较晚——西晋时期，汲郡（现在的河南汲县）有个盗墓贼挖开了魏襄王（也有人说是魏安釐王；釐，xī）冢，它才重见天日，搞了个“爆炸性新闻”。

《竹书纪年》里不少记载明显与儒家经典抵触，所以一直很有争议。比如说，“禅让”原来是舜囚禁了尧；商朝贤相伊尹其实是流放幼主，自己称王的权臣……

东汉末年，献帝觉得《汉书》“文烦难省”（文章烦琐难以精简），于是命荀悦将它改写成编年体。他以本纪为纲，概括了传、志、表的内容，重新排列，把 80 万字的《汉书》精简成 18 万字的《汉纪》。

由于《史记》影响力太大，纪传体占了好几百年上风。《汉纪》出现以后，编年体才重新抬头。

东晋时期，袁宏又撰写了编年体的《后汉纪》，把时代相近的同类人物放在一起叙述，吸收了纪传体的长处。

北宋时期，司马光主编的《资治通鉴》分量非同一般，他因此和司马迁并称“史学两司马”，编年体也臻于完善。

他特意选取“关国家盛衰，系生民休戚，善可为法，恶可为戒”的材料，偏重军政，希望统治者能够“鉴前世之兴衰，考当今之得失，嘉善矜（jīn）恶（奖励善行，遏制恶行），取是舍非（肯定对的，批判错的）”。

后世模仿《资治通鉴》体例的著作不少，比如说南宋史学家李焘（ tāo ）的《续资治通鉴长编》，专记北宋一朝，是中国古代私家著作当中篇幅最大的断代编年史；清朝名臣毕沅（yuán）的《续资治通鉴》，叙述了宋、辽、金、元的重大事件。

## 纪传体是怎么回事

它是传统史书的另一种体裁，以人物为中心，通过记载他们一辈子的言行，反映历史事件。

司马迁撰写的《史记》，是第一部纪传体史书。不过，这种体裁并不是他凭空创造的。

《世本》根据史料推测是战国末期赵国人的著作，记载了黄帝以来的历史，到北宋已经失传。它里面的《帝系篇》《王侯世》《卿大夫世》类似《史记》的“本纪”和“世家”；《作篇》讲器物发明、《居篇》讲帝王诸侯都城，类似《史记》的“书”。

纪传体要怎么写，仔细看看《史记》就明白了——

“本纪”主要采用编年形式，记载帝王世系和生平，政治、经济、文化大事也都会收进来。所以，它系统性地提炼出了历史总体进程，事实上是整本书的大纲。自《汉书》起，改称“纪”。

“世家”主要是列国、勋贵世代相续的事迹，后面的正史考虑到时代变了，通常不再设置，这一档的人物都归入“传”。

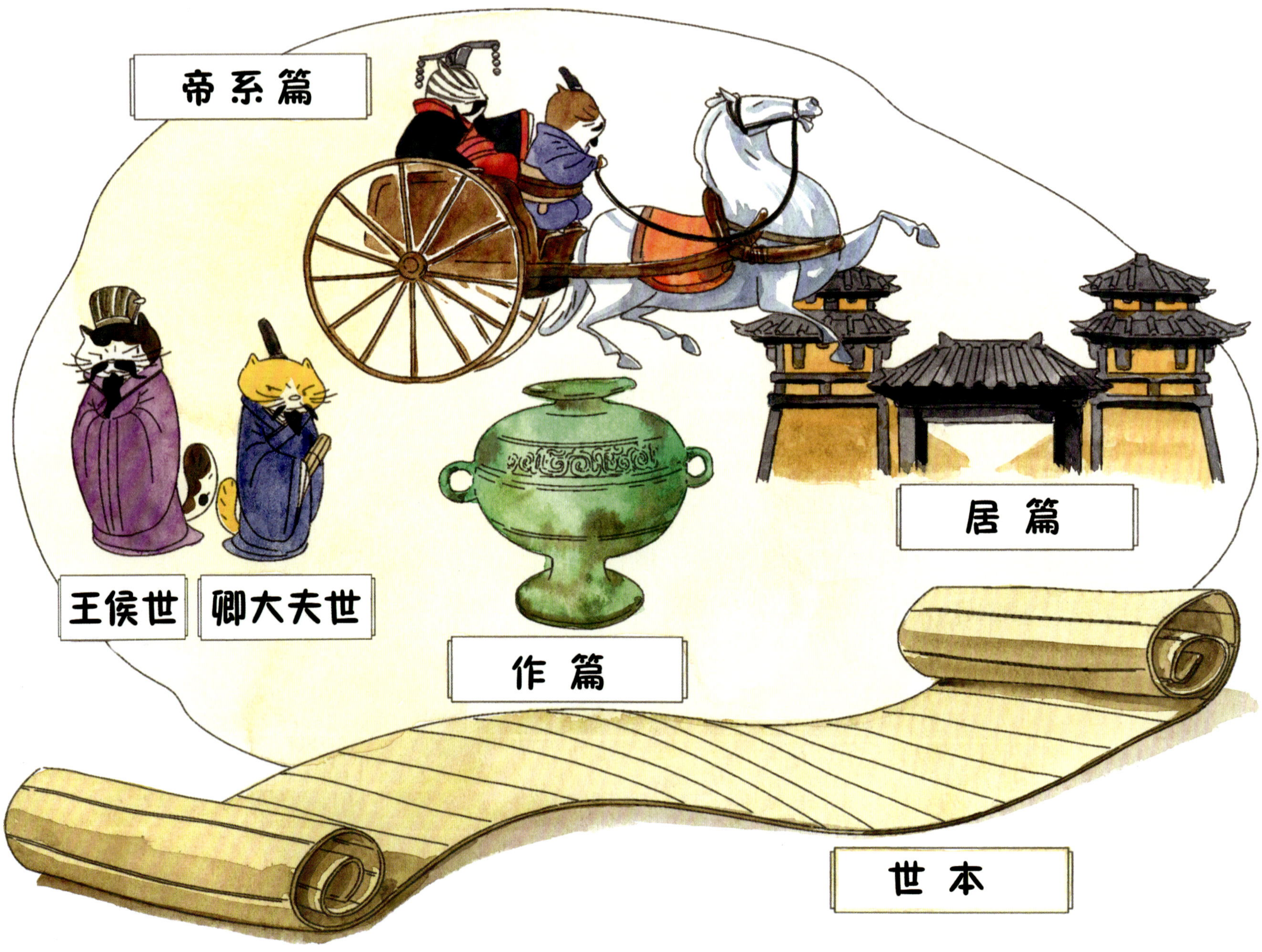

“列传”主要是人物传记，大致可以分成三类：“专传”，记载一个或几个重要人物的事迹；“类传”，把有共性的人物集中起来，体现社会风气，比如说刺客、游侠、酷吏、循吏、儒林、佞（nìng）幸（以谄媚而得到宠幸的人）；“四夷传”，记载少数民族和邻国历史，比如说匈奴、南越、朝鲜、西南夷。自《汉书》起，改称“传”。

“表”是为了解决“并时异世，年差不明”（对同一或不同时期历史事件发生时间的记录不够明确或清晰）的问题，既能清楚地列出时间轴，比如说《秦楚之际月表》；又能把没必要立传的人物、事件都涵盖进来，比如说《高祖功臣侯者年表》。

“书”主要是分门别类整理典章制度，也会涉及自然科学，比如说礼、乐、律、历、天官（天文星象）、河渠、封禅（中国帝王举行的一种祭祀天地的礼仪）、平准（均输平准等国家经济政策）。自《汉书》起，改称“志”。

纪传体在刻画人物上有明显优势，《史记》和《汉书》的许多篇章，同最精彩的小说相比都不逊色。此外，它算是一种综合性的体裁，多方兼顾，内容丰富。

纪传体的问题也很突出：关键事件有一大堆人参与，这些人还未必能从头跟到尾，而各自的传记里都要写，就难免出现重复，显得支离破碎，不容易把握全貌。要是整合得不到位，甚至会出现不同传记里史实“打架”的问题——谁是主角，“高光”就在谁身上。

## 传统史书还有哪些体裁

**纪事本末体**——

以事件为中心，将相关的史料全摘出来，凑到一起。照《四库全书总目提要》的说法，它“区别门目，以类排纂，每事各详起讫（qì，终了的意思），自为标题，每篇各编年月，自为首尾”，所以能够一目了然地展现全过程，因果关系也很清楚。

这种体裁的创始人，是南宋时期的袁枢。他“常喜诵司马光《资治通鉴》，苦其浩博（苦恼它内容浩大广博），乃区别其事而贯通之（于是区分它里面的不同事件，贯穿在一起），号《通鉴纪事本末》”。

纪事本末体弥补了纪传体和编年体的不足，但却出现了新的问题：很难表明同一时期各事件之间的联系，因此看不出历史演进的基本线索；没法归入这些事件当中的零散材料在书里找不到位置，只能舍弃。

到了清朝，每一重大军事、外交行动结束以后，会按时间顺序将相关的皇帝上谕、大臣奏折之类汇编成书，叫“方略”，例如《皇清开国方略》《台湾纪略》，也属于纪事本末体。

**国别体**——

以国家为单位，分别叙述历史事件。

第一部是《国语》，记载了西周末年到春秋时期各国君臣的言论，由于内容可以和《春秋》互相参照，又叫《春秋外传》。

之前普遍认为，它的作者也是左丘明。不过现在学术界的看法是，它并非出自一人之手，可能主要来源于各国史官留下的材料，在战国初年成书。

《战国策》也是重要的国别体史书，记载了战国时期纵横家的谋略和事迹，可以说是策士用来训练口才的“实战演习手册”。它的作者不明，可能不止一人，书名也不确定，有《国策》《短长》《事语》《修书》等名字。

西汉末年，刘向在皇家藏书中发现了六种关于纵横家的写本，但是内容混乱，文字也有缺失；他整理了这些材料，定名为《战国策》。

**纲目体——**

是编年体的变种，每一事件都以大字提要为纲，小字分注为目，简明通俗，查阅起来相当方便。

朱熹创立了这种体裁，“纲仿《春秋》，目效《左传》”，编写了《资治通鉴纲目》。

这种体裁适合入门，明清读书人准备科举时常常拿来当教材，影响最大的可能是清朝学者吴乘权（又名吴楚材，也是《古文观止》编者之一）的《纲鉴易知录》，自盘古写到明末，不知多少人是靠它“扫盲”的。

不过，看这种书类似吃别人嚼过的饭，里面还总是夹带纲常名教之类的“私货”，挺煞风景。对历史有兴趣的话，得去找更深入的资料。

## “二十四史”是怎么回事

其实这个概念跟“滚雪球”似的，是一点点膨胀起来的！

魏晋时期，已经有“三史”的说法，指《史记》、东汉班固的《汉书》、东汉刘珍等人的《东观汉记》（第一部官修纪传体史书，内容自光武帝到灵帝，“本朝人写本朝史”）。

南朝宋范晔（yè）的《后汉书》问世以后，取代了《东观汉记》，加上西晋陈寿的《三国志》，就成了“前四史”。“二十四史”全读一遍没必要，不过最出色的“前四史”值得细读。

南朝梁出现了沈约的《宋书》和萧子显的《南齐书》。到了北齐，魏收奉诏撰写《魏书》，不过他“恃才轻薄”，史德有问题，把个人恩怨带了进来，说自己可以“举之则使上天，按之当使入地”（如果对他好的就极力赞美，反之则极力贬低），还收受贿赂，所以争议很大。

隋文帝统一全国以后，下诏“人间有撰集国史、臧否人物者，皆令禁绝”。没经过官方审查的私修史书，容易触犯忌讳。

唐太宗将史馆从秘书省分离出来，由宰相领衔，统率儒臣撰写前朝史书，后世也基本遵守这种规矩。《晋书》《梁书》《陈书》《北齐书》《周书》《隋书》《南史》《北史》都是在贞观到显庆年间完成的。设馆修史算是个“分水岭”，之前私人修史为主，官修为辅，之后就反过来了。

到了北宋，前面这些加上《新唐书》和《新五代史》，成了“十七史”。

《旧唐书》是后晋官修的，《旧五代史》是宋太祖在位时下诏编纂的，不过欧阳修撰写的《新五代史》（唐朝以后唯一的私修正史），以及他和宋祁等人编纂的《新唐书》问世以后，大出风头，将大家的注意力都抢走了。《旧五代史》干脆失传了，清朝编纂《四库全书》时，才根据《永乐大典》《册府元龟》等书将它重新辑了出来。

元朝末年，右丞相脱脱领衔，匆匆编纂了《宋史》《辽史》和《金史》。明朝建立以后，不到一年就完成了《元史》，由于实在太仓促草率了，所以有人批评它“陋劣”（浅陋差劲）。

这四本加上“十七史”，成了“二十一史”。

到了清朝，康熙十八年（1679 年）开始编纂《明史》，乾隆四年（1739 年）定稿刊行，在官修正史当中用时最长。《明史》“入列”以后，成了“二十二史”。

乾隆皇帝钦定，“二十四史”是“二十二史”加上《旧唐书》和《旧五代史》。这么一看，“二十四史”还没讲到清朝！

民国时期，北洋政府总统徐世昌下令把柯劭忞（shào mín）于 1920 年完成的《新元史》列入正史，成了“二十五史”。如果把《清史稿》也算进来，就是“二十六史”。

《史记》《南史》《北史》是通史，其他都是断代史。

## 正史里的东西都靠谱吗

不好说！得具体问题具体分析。

正史也是人写的，要是水平或用心不够，就可能出现低级错误。比如说，《元史》是集体赶工出来的，“毛刺”很多，甚至出现了给同一个人立两篇传的情况：速不台和雪不台、石抹也先和石抹阿辛等等，都只是译法不一样。

更愁人的是，王朝算不算名正言顺，挺大程度上要看是怎么得天下的。正史通常是后代给前代编纂的，所以难免给本朝“贴金”，对太丢人的史实轻描淡写，顺道吐槽手下败将几句，不然怎么能体现“天命所归”呢？

现在我们不相信的某些东西，古人却相信，而且真真切切影响着他们的生活。所以，正史里时不时会冒出鬼神、梦兆、预言之类的事情，或许在古人眼里，它们同样是无可置疑的事实。

视角或立场不同的话，对同一件事的看法也未见得相同。

班上同学甲和乙打起来了，气鼓鼓的，各有各的道理；社会新闻也经常反转了又反转。哪怕是这种发生在身边的事，你有时都很难判断究竟谁对谁错，更何况当事人都已经入土的历史呢？

正史既然不是完全靠谱，野史就有了用武之地。野史没经过官方审核，不少是当事人亲见亲闻，没有忌讳，大胆直言，恰恰能补充正史的缺漏，甚至记下朝廷极力想要消灭的真相。

然而，野史的问题也很突出——没人把关，想写什么就写什么，容易感情用事，挟嫌报复、造谣都不是不可能；作者的功底未必扎实，对史料不辨真伪照单全收，甚至怎么猎奇怎么来。

这个说法可能比较公道：“正史失之讳（因有顾虑不敢说或不便说），野史失之诬（虚妄不实，胡编乱造）”。

那么，我们怎样才能知道历史到底是怎么回事呢？

各种史料都要看！不光是正史和野史，还有考古成果，和之前觉得不算史料的东西——小说、戏曲、图画、账簿、家谱、契约……就像史学家顾颉（jié）刚所说的，“学问的材料，只要是一件事物，没有不可用的，绝对没有雅俗、贵贱、贤愚、善恶、美丑、净染等等的界限”。

只听一面之词是不行的，要像破案那样比较各种证据，可信的留下、离谱的排除，才能得出相对最准确的结论。

## 参考文献

[1] 曹伯韩 . 跟大师学国学：国学常识 [M]. 北京：中华书局，2010.
[2] 陆宗达，王宁，宋永培 . 训诂学的知识与应用 [M]. 北京：中华书局，2018.
[3] 冯友兰 . 中国哲学简史 [M]. 赵复三，译 . 北京：新世界出版社，2004.
[4] 杨立华 . 宋明理学十五讲 [M]. 北京：北京大学出版社，2015.
[5] 梁启超 . 中国历史研究法 [M]. 北京：中华书局，2009.

# 喵懂文化常识

礼俗卷

文字撰写　王宸 叶金缮
编　　制　星球地图出版社

星球地图出版社 STAR MAP PRESS | 国家一级出版社 全国百佳图书出版单位

**图书在版编目（CIP）数据**

喵懂文化常识．礼俗卷 / 王宸，叶金巻撰．-- 北京：星球地图出版社，2025. -- ISBN 978-7-5471-3010-0

Ⅰ．G634.303

中国国家版本馆 CIP 数据核字第 2024RE2420 号

**策　　划** 王俊友 樊羽菲
**责任编辑** 马丽娜 高　帅
**图书编辑** 高　帅
**地图制作** 高　芳 李佳期
**文字撰写** 王　宸 叶金巻
**封面设计** 王　静
**插画绘制** 谢步平 王少波 程建新 支少卿 潘艺晶 周　磊
**出版审订** 郝　刚 左　伟

**喵懂文化常识（礼俗卷）**

出版发行　星球地图出版社
地址邮编　北京市海淀区北三环中路 69 号 100088
网　　址　www.starmap.com.cn
印　　刷　北京印刷集团有限责任公司
经　　销　新华书店
开　　本　285 毫米 ×285 毫米　12 开
版　　次　2025 年 1 月第 1 版
印　　次　2025 年 1 月第 1 次印刷
审 图 号　GS (2024)4153 号
定　　价　199.00 元

**联系电话：010-82028269（发行）、010-62272347（编辑）**

# 目录

## 避讳是怎么回事

民国以前，为了体现对当朝君王或尊长的敬畏，人们不能直接叫出或写出他们的名字，同音的有时候也不行，必须用别的字来替代。这种风俗是中国特有的，起源于西周或春秋时期。

要避讳的名字，大致有以下几类：

一是皇帝，他们的名字属于“国讳”，臣民都要小心避开。

汉文帝名叫刘恒，月宫里的姮（héng）娥因此改称“嫦娥”（cháng é），北岳恒山也改称“常山”。

晋武帝司马炎登基以后，追尊（对已经去世的人追加尊号）父亲司马昭为皇帝。“四大美人”之一王嫱（qiáng），字昭君，为了避讳，改称“明君”或“明妃”。

我们熟悉的山药，最早叫薯蓣（yù）。它连着倒了两次霉：先要避唐代宗李豫的讳，改称薯药，又要避北宋英宗赵曙的讳，改称山药，完全“更名换姓”了。

二是圣贤，主要指孔子和孟子。孔子名叫丘，雍正皇帝下旨，让姓丘的人全改姓邱。清朝灭亡以后，爱国诗人丘逢甲才倡议恢复原本的姓氏。

三是父母等长辈，他们的名字属于“家讳”。

在唐朝，关于“家讳”有一桩出名的公案。著名诗人李贺的父亲名叫晋肃，“晋”和“进”同音，李贺就不能去考进士。大文学家韩愈替他抱不平，吐槽说，要是父亲名叫仁，难道儿子连人都当不成吗?

四是长官。陆游编写的《老学庵笔记》里有一个故事：名叫田登的郡守要求下属严格避讳，结果到了正月十五，照规矩点灯三天，起草布告的小吏不敢直接写“灯”，于是成了“本州依例放火三日”。“只许州官放火，不准百姓点灯”的出处就是这里。

避讳的方法大致有三种：改字、空字、缺笔。

上面举的例子，大多属于改字。

空字是指将需要避讳的字直接空一格不写，或者用“某”“讳”来替代。

《红楼梦》里有个缺笔的例子。林黛（dài）玉的母亲名叫贾敏，所以写到这个字时，她总会减一两笔。

避讳当然带来了很多麻烦，古籍也给改得面目全非。不过，它同样帮了我们一个不大不小的忙!

著名历史学家陈垣说，避讳和欧洲古代的纹章差不多，是时代的标志。

历代要避讳的字不一样，所以靠这点就可以判断古籍的成书时间和真假。比如说，用“人”字替代“民”字是为了避唐太宗李世民的讳，这种现象自然不会早于唐朝。

## 在古代，称呼一个人有多少种方法

除了姓名、字号，你还能想到哪些？

可以用曾经担任的官职——

“竹林七贤”之一阮籍又叫阮步兵，是因为当过步兵校尉；王维又叫王右丞，是因为当过尚书右丞；刘禹锡又叫刘宾客，是因为当过太子宾客；柳永又叫柳屯田，是因为当过屯田员外郎。

还有一种类似的情况，曾经在哪里做官，就用相应的地名来称呼。比如说，柳宗元又叫柳柳州，是因为当过柳州刺史；韦应物又叫韦苏州，是因为当过苏州刺史；贾岛又叫贾长江，是因为当过遂州长江县（现在属于四川）主簿。

可以用爵位——

爵位原本是诸侯获赐的封建等级，后来也指给贵戚（皇帝的亲族）、功臣的名位，常见的有公、侯、伯、子、男等，一部分可以世袭。

韩信又叫韩淮阴，是因为他被夺去楚王之位，降封淮阴侯；谢灵运又叫谢康乐，是因为继承了康乐公的爵位；司马光又叫司马温公，是因为去世以后追赠温国公。

可以用籍贯——

孟浩然是襄阳（现在属于湖北）人，所以又叫孟襄阳；张九龄是曲江（现在属于广东）人，所以又叫张曲江；王安石、汤显祖都是临川（现在属于江西）人，所以又叫王临川、汤临川；康有为是南海（现在属于广东）人，所以又叫康南海。

可以用郡望——

郡望是特定区域内名门望族的意思，也就是说，哪个姓氏在哪个郡最显贵。广为人知的有弘农杨氏、琅琊（láng yá）王氏、陈郡谢氏，以及“五姓七望”（清河和博陵崔氏、范阳卢氏、赵郡和陇西李氏、荥（xíng）阳郑氏、太原王氏）等等，由于盛衰无常，历代不完全相同。

韩愈其实是河阳（现在属于河南）人，然而由于韩氏的郡望是昌黎（现在属于河北），所以他自称“昌黎韩愈”，别人也敬称他“韩昌黎”。

可以用在兄弟里的排行——

在唐朝比较流行，宋朝延续。比如说，李白又叫“李十二白”，杜甫又叫“杜二甫”，高适又叫“高三十五”，王昌龄又叫“王大”，元稹（zhěn）又叫“元九”。

为什么有些数字大得离谱？是因为这里的排行不光看同胞兄弟，只要是一个宗族里的就算上，可能是同祖，也可能是同曾祖。

### “三族”和“九族”是哪些人

关于“三族”有好几种说法。

东汉经学大师郑玄在给《周礼》和《仪礼》写的注释里指出，三族是父、子、孙，也就是父亲的昆弟（兄弟，或指同辈的人）、自己的昆弟、儿子的昆弟。

而北周大臣卢辩在给《大戴礼记》写的注释里主张，三族是父族、母族、妻族。也有人觉得，三族只是父母、兄弟、妻子。

“九族”的范围要大得多。

一种说法是，它指高祖、曾祖、祖、父、自己、子、孙、曾孙、玄孙，也就是只算父系，上下各四代。

另一种说法是，它指父族四、母族三、妻族二。“父族四”指自己一家人（父母、兄弟和儿子）、出嫁的姑母和她儿子、姐妹和外甥、女儿和外孙。“母族三”指外祖父一家、外祖母的娘家、出嫁的姨母和她儿子。“妻族二”指岳父一家、岳母的娘家。

古代有一种残酷的刑法叫“连坐”或“株连”，一个人犯了谋逆、欺君、叛国之类的重罪，三族或九族都要跟着承担刑事责任，可能是被杀，也可能是流放或贬为奴婢。其中有些人可能根本没见过罪犯，就稀里糊涂倒了霉。

统治者这样规定，一方面是为了斩草除根，免得以后遭到报复；另一方面是企图吓住大家，有了亲族的约束，胆敢“犯上作乱”的人没准就变少了。

最惨烈的一次，是“诛十族”。明成祖朱棣原先是燕王，起兵造反，夺了侄子建文帝朱允炆（wén）的皇位，史称“靖难之变”。他命令著名学者方孝孺（rú）起草即位诏书，方孝孺却宁死不从，骂他是“燕贼篡（cuàn）位”。

明成祖用诛九族威胁方孝孺，可是他表态，哪怕诛十族也不会动摇。明成祖火冒三丈，让他的学生和朋友充当第十族，总共杀了 800 多人。不过也有学者考据说，“诛十族”的出处是近百年后的一本野史，不见得可靠。

## 靖难之役

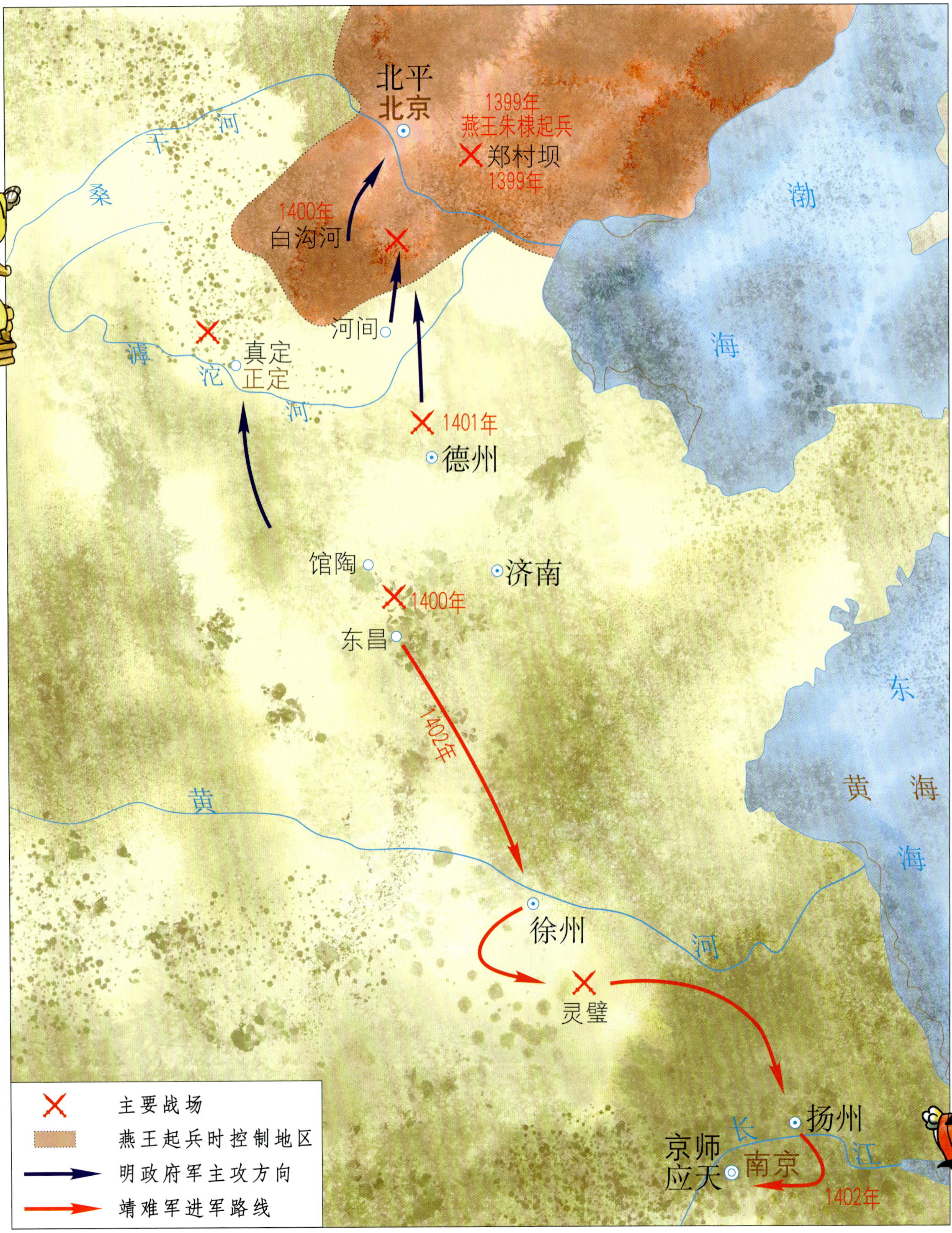
北平
北京
1399年
燕王朱棣起兵
郑村坝
1399年
1400年
白沟河
桑
干
河
河间
真定
正定
滹
沱
河
1401年
德州
渤
海
馆陶
济南
1400年
东昌
1402年
黄
河
徐州
灵璧
东
黄
海
海
扬州
京师
应天
南京
长
江
1402年
主要战场
燕王起兵时控制地区
明政府军主攻方向
靖难军进军路线

## 古人的“家”为什么那样大

想一想，你家有多少人?

如今生活在同一屋檐下的通常只是父母和孩子，顶多加上爷爷奶奶或外公外婆。然而在古代，像《红楼梦》里贾府那样的大家族就算不包括奴婢，也有几十甚至上百口人。差异这么大，是什么缘故?

一个关键原因是，古人过着“同居共财”的日子。根据《礼记》记载，“父母在，不敢私其财”。如果父母还没有去世，就擅自别立户籍、分异财产，在唐宋明清等朝代都属于“十恶”之一的“不孝”，要面临法律制裁。

在“同居共财”制度下，家族成员禁止拥有“小金库”，全部收入都要上交，一应开销也从公款里出，财产为全部成员（特别是男性）共有，尊长掌握的只是管理权，不能随意花用。所以古时候，在“户绝”（没有男性后代）的情况下遗嘱才好使，一家之主可以指定财产归谁。除此之外，任何人都无权改变法定继承顺序，必须诸子均分。

按照儒家礼法，要是一个家族能做到始终不别籍异财（另立户籍、分异财产），规模越来越大，所有人共同生产和消费、和睦相处，就再理想不过了。累世同居的家族被誉为“义门”，经常受到表彰。

然而，这种生活方式的弊端真不少。那么多人挤在一块儿，难免磕磕碰碰不愉快，怨气越攒越深，还可能出现以强凌弱；“大锅饭”看似公平却不公平，很影响效率跟积极性；手里没钱，连吃什么穿什么都不顺心；家规严格的话，日子实在太刻板压抑，不严格的话，矛盾和奇葩事更得接二连三……一个生动的例子是，唐高宗召见“九世同居”的张公艺，问他有什么不分家的秘诀，结果他写了一百余个“忍”字献上。

古人的“家”那样大，也是为了抵御可能的风险。天灾人祸频频、社会保障不够的背景下，只有紧紧抱团才可能熬过严冬，哪怕要牺牲自由也没办法。而今天，小家庭甚至一个人也能过得不错，选择就更多了。

所以，“同居共财”的一般也就是三四代人。父祖去世以后，守孝期满，兄弟分家，子孙繁衍，开始新一轮循环。

## 容隐是怎么回事

现在我们知道，再亲近的人要是触犯了法律，都得劝他或她自首，包庇的话，只会一块儿进监狱。然而在古代，如果大义灭亲，反倒可能被判刑，这又是为什么呢？

《论语·子路》中提到，“其父攘（rǎng，偷盗）羊，而子证之”。而在孔子看来，“子为父隐（隐瞒错误），父为子隐”天经地义，告发父亲不符合伦理道德。这种主张包庇、隐瞒亲属犯罪行为的法律制度，叫“容隐”。

战国时期，法家一开始反对儒家的“亲亲相隐”观念，觉得会影响执法、闹出乱子。然而到后来，连法律最严酷的秦国也规定，如果犯罪行为发生在家庭内部，且是尊长伤害卑幼，在家庭中地位低的人就不能去告发地位高的人，政府不会受理。这种案件叫“非公室告”，如果原告坚持（像子告父母、奴婢告主），就要问罪。当然，这和儒家的“容隐”观念本质是不同的，变成了卑幼对尊长的无条件服从。

西汉时期，儒家赢得了官方认可，成为主流。宣帝下诏明确指出：“父子之亲，夫妇之道，天性也。虽有患祸，犹蒙死而存之，诚爱结于心，仁厚之至也，岂能违之哉！自今，子首匿父母，妻匿夫，孙匿大父母（祖父母），皆勿坐（问罪）。其父母匿子，夫匿妻，大父母匿孙，罪殊死（斩首的意思），皆上请廷尉以闻”。自此，朝廷开始承认家庭内部尊长和卑幼之间的双向“容隐”。

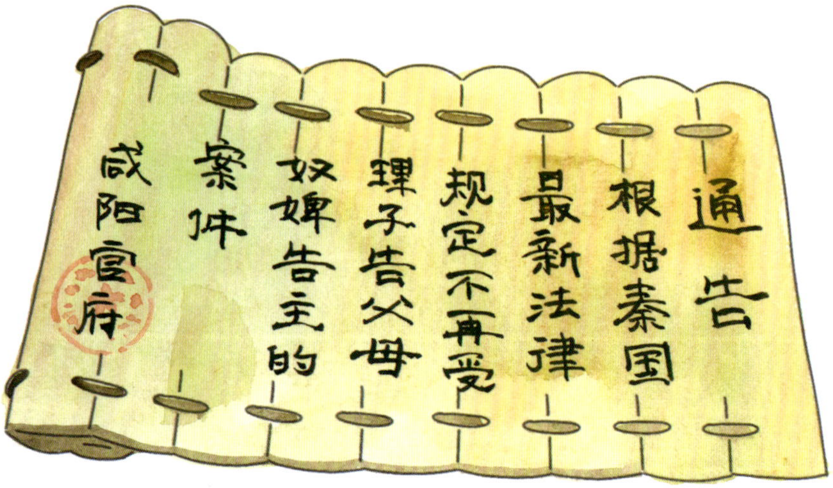

西汉时期，容隐更接近一种权利，人们有选择的余地。然而到了唐朝，一套严密的“同居有罪相为隐”体系建立起来，它变成了具有强制性的义务，适用范围也扩大了，不限于直系血亲。官府在断案时禁止强迫疑犯的亲属作证，亲属窝藏疑犯、毁灭证据、协助逃亡一般也不用判刑。

卑幼告发尊长，哪怕属实，也会面临严惩。特别是子孙告发父母、祖父母，属于“十恶”中的“不孝”，要处以绞刑。所以如果受到尊长欺压，卑幼想讨个公道，真是千难万难。

按照唐宋法律，尊长如果告发除子孙、外孙、子孙之妻妾外的卑幼，也“亏教伤情”、构成犯罪，不过量刑轻一些。而到了明清，尊长只有诬告卑幼才会被追究。

可是在这些情况下，“容隐”不适用，去告发完全没问题：如亲属谋反、谋大逆、谋叛；嫡母、继母、慈母（抚养自己长大的庶母）杀害父亲；养父母杀害亲生父母。

可以看出，中国古代立法原则是，卑幼与尊长、个人与家族、家族与国家利益冲突时，都以后者为本；自然血亲重于拟制血亲（没有直接血缘关系，权利义务是靠法定程序确认的）。

## “五礼”是怎么回事

《周礼》把所有礼仪划分成五大类：吉、凶、宾、军、嘉。

吉礼是五礼之冠，主要指对天神、地祇（qí）、人鬼的祭祀。不能一股脑儿地把吉祥喜庆的事情都当成吉礼。

天神包括昊天上帝、日月星辰、司命（掌管生死和命运）、雨师等等。

地祇包括社稷、五岳、山林川泽、城隍等等。

人鬼主要指祖先，也包括历代帝王、圣贤等等。

北京的天坛（又叫圜丘；圜，yuán）、地坛（又叫方丘）、日坛、月坛、太庙（现在的劳动人民文化宫）、社稷坛（现在的中山公园），在明清两代都是举行吉礼的地方。

祭祀天坛用的器皿都是蓝色，而地坛是黄色，日坛是赤色，月坛是白色。古人的“仪式感”，真是够强的。

社稷坛上铺着青红白黑黄五色土，象征东南西北中“五方”，也和木火金水土“五行”一一对应，今天还可以看到。

凶礼和死亡、灾难有关，通过吊唁（yàn）、慰问之类的举动，表达哀悼和同情。

在古代，丧葬之礼差不多完全取决于身份。天子死了叫崩，诸侯死了叫薨（hōng），大夫死了叫卒，士死了叫不禄，庶人死了才叫死。

如果碰到歉收（农作物产量低于一般水平）、水旱灾害、瘟疫流行之类的情况，荒礼就有了用武之地。统治者会采取措施救灾，并且削减自己的生活用度，来彰显与民同苦。

宾礼主要指国家间的外交，和接待客人。

往大里说，它包括诸侯朝觐（jìn，拜见）天子、藩国派使节入贡等等；往小里说，各种身份的人见了面怎么行礼，也归它管。

军礼顾名思义和打仗有关，包括召集部队、阅兵、田猎、出征前祭告太庙、凯旋、献俘等等。

在古代，田猎是练兵的重要方法。清朝前半段，皇帝们常常带着大队人马去承德的木兰围场哨鹿（打猎时用哨声模拟鹿叫来引鹿），既体现了重视骑射、不忘本，又能笼络蒙古王公。

嘉礼的内容最丰富，主要是为了拉近人际关系、加深感情。

它包括冠笄（jī）之礼、宴饮之礼、节庆、祝贺……简直是个筐，其他四礼放不下的都能往里装。

君王登基、太后垂帘、帝后过生日、立太子等等，都属于嘉礼。

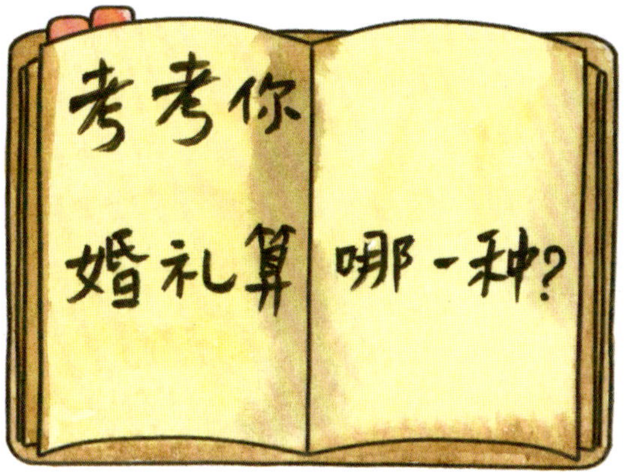

## 古人的“成年礼”是什么样子

对男子来说，叫“冠礼”，按照周礼在二十岁时举行，由父亲在宗庙里主持。天子、诸侯为了早点亲掌国政，提前举行的例子也不少。

举行冠礼时，要由来宾（是通过占筮选定的）加冠三次。

古人问卦预测吉凶主要有两种方式，用龟甲叫卜，用蓍（shī）草叫筮（shì）。

先是用黑麻布做的缁（zī）布冠，表示有了治人的特权。

再是用白鹿皮做的皮弁（biàn），表示要服兵役。

最后是前小后大、红中带黑的爵弁，表示可以参加祭祀。

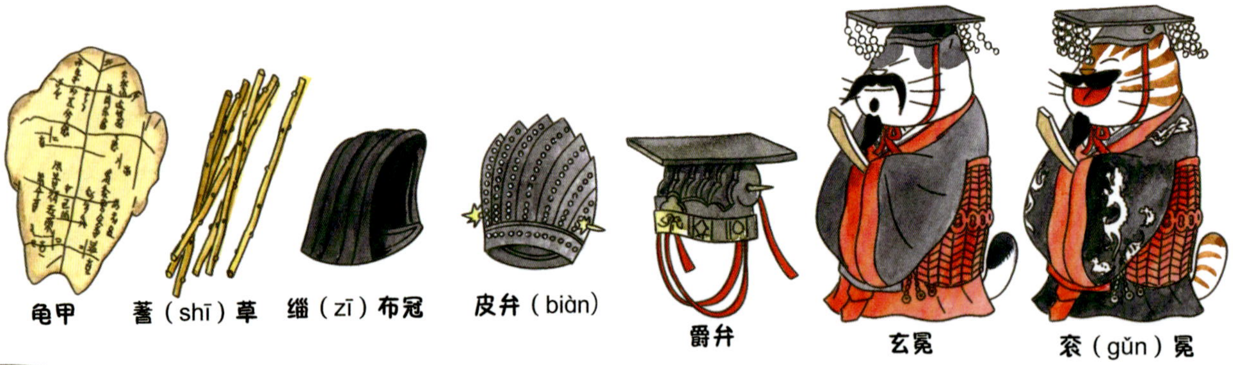

如果是诸侯，还要再加一次玄冕；天子则要“五加”，比诸侯多一次衮（gǔn）冕。

举行冠礼时，来宾还会给他取字。之后除了尊长可以直呼其名，别人对他基本都是称字。

《礼记》里说：“冠者，礼之始也”。又说：“二十曰弱，冠”。所以后世用“弱冠”指代男子二十岁。

对女子来说，叫“笄（jī）礼”，在十五岁时举行，由女性长辈主持，替她将头发绾成一个髻。

小孩子无论男女都让头发自然下垂，不扎起来，所以叫“垂髫（tiáo）”。稍微大一点，开始把头发梳成左右两半，分别扎成一个结，就像羊角，所以叫“总角”。

“笄”是一种簪子，可以把盘好的头发固定住。如果说哪个女孩子到了“笄年”或“及笄”了，意思就是她已经十五岁。

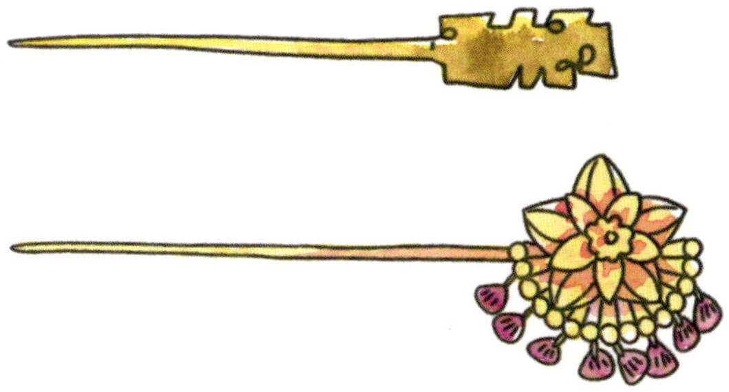

举行笄礼时，女子通常已经订婚了，但还没有成亲。来宾也会给她取字，后世用“待字闺中”形容出嫁前的少女，就是这个原因。

要是在古书里看到“结发”这个词，指的不一定是原配夫妻。它的意思也可能是把头发束起来，成年了。

冠礼和笄礼过程中的祝辞都有这么一句：“弃尔幼志，顺尔成德”。举行过仪式，就意味着变成了大人，可以结婚，要扮演全新的社会角色。

## 古人的婚事由谁做主

根据《礼记》记载，婚姻的意义是“合二姓之好，上以事宗庙，下以继后世”，也就是说，是两个家族之间的事，所以讲究“门当户对”，根本没给个人感情留出多少空间。

按照古代礼法，子女对自己的婚事没有发言权，祖父母、父母才能做主。如果祖父母、父母都去世了，那么就由外祖父母、伯叔父母、姑母、哥哥姐姐之类的尊长来决定。

比较开明的家庭可能会征求子女的意见，小夫妻到洞房花烛夜才见面的例子却也不少。虽然小说戏剧里常见“后花园私订终身”的情节，可是在现实生活中，这得不到法律和社会的认可，男女双方还会受到责罚。哪怕在小说戏剧里，“才子佳人”要正式成亲也必须征得家长同意，或者干脆由皇帝——更高的权威——来赐婚。

古代禁止同姓结婚，一方面觉得违背伦常，另一方面觉得可能影响后代，《左传》里就说“男女同姓，其生不蕃（繁茂、兴盛的意思）”；禁止辈分不一样的亲戚结婚；禁止僧道结婚；禁止良人同贱民结婚，贱民指奴婢、娼优（从事歌舞或戏剧表演的艺人）等；禁止在服丧期间结婚……

如果触犯了这些法令，就可能招来惩处，不过针对的是主婚人，而不是男女双方。权利同义务一致，是法律的基本原则。男女双方既然无权做出决定，也就不用承担责任了。

“父母之命，媒妁（shuò）之言”，《孟子》里的这句话我们可能也不陌生。《诗经》里就说：“伐柯如何？匪斧不克。取妻如何？匪媒不得。”强调婚姻嫁娶要遵循一定的礼法。在古代，媒人又叫“冰人”“红娘”“月老”“保山”，算是传达信息的“中介”，做媒又叫“执柯”。

要是没有媒人，婚事的合法性就不够。《礼记》强调“聘则为妻，奔则为妾”，而“聘”的整个过程都离不开媒人，形容婚事隆重也会说“三媒六聘”。古代没有像现在一样的登记制度，拿不准婚姻是否成立的时候，媒人的证词就至关重要了。

## 古人结婚到底有多麻烦

要经过“六礼”，也就是纳采、问名、纳吉、纳征、请期、亲迎。仪式的具体细节，历代有所不同。

纳采是由男家通过媒人向女家表态求婚，需要用大雁当礼物，如果女家接受了，就意味着答应亲事，这又叫“委禽”。

问名是男家询问女方的名字和年庚（生辰八字），回去在宗庙里占卜（后世变成了找算命先生来“合婚”，看男女双方生辰八字是否冲突）。

纳吉是得到吉兆以后，男家告知女家，同意订立婚约。如果得到的是凶兆，亲事就告吹了。

纳征又叫“纳币”，指男家把聘礼送往女家，女家接受，夫妻名分和婚姻关系就最终确立了，双方都不能反悔。

请期是男家决定举行婚礼的日子以后，通过媒人正式告知女家，希望得到同意。

亲迎是新郎出面，男家用花轿（或车、船等）把新娘从女家迎娶过门。夫妻还要行合卺（jǐn）礼，也就是喝交杯酒。

值得注意的一点是，“六礼”都是男家主动，女家回应。哪怕是女家先有意于男方，也要在商量好以后由男家上门提亲，不能反过来。另一点是，“六礼”都在家族的名义下进行，除了亲迎，出面的都是双方家长（通常是父亲），而不是新郎和新娘本人。

宋明以后，民间普遍觉得“六礼”太烦琐了，花费也大，所以把纳采和问名、纳征和请期合并，变成了“四礼”；又去掉了纳吉，只剩纳采、请期、亲迎“三礼”。

按照周礼，问名、纳吉、请期、亲迎几个环节同样需要用大雁当礼物，后世也用更容易拿到的鹅来代替。

在古人看来，大雁在飞行时排列整齐，寓意长幼有序、家庭和睦；它们双宿双飞、坚贞不渝，寓意夫妻恩爱、生死相许；它们是候鸟，准点南北迁徙，寓意守信和婚姻适时。

## 聘礼是怎么回事

它又叫“聘财”“聘币”“财礼”“彩礼”或“花红酒礼”，是在纳征时男家给女家的财物。

聘礼一部分可能转化成嫁妆，充当小家庭的“启动基金”；一部分冲抵了女家办酒请客、各项仪式的花销；最重要的是，它相当于男家支付给女家的“身价”，旨在保障父系家族的利益（多了一个劳动力）。

根据周礼，聘币的种类、数量取决于身份：天子用穀圭（gǔ guī，古代玉制的礼器）、束帛（捆为一束的五匹帛），诸侯用大璋、束帛，卿大夫和士用玄纁（xūn，黑色和浅红色的布帛）、俪皮（成对的鹿皮）、束帛，庶人用缁（zī，黑色）帛。

后世的财礼越来越丰厚、麻烦，大致包括两类：有吉祥寓意的物品和金钱。

西汉给皇后家族的聘礼是“黄金二万斤，马十二匹”。

南北朝时期，门第观念盛行，“卑族”要是想和“高门”通婚，就只能靠经济实力。于是，“卖女纳财，买妇输绢（当时绢帛相当于钱），比量父祖（根据门第来决定聘礼多少），计较锱铢（zī zhū，比喻很少的钱，很小的事情），责多还少（讨价还价）”的现象非常突出，影响恶劣。

唐朝第一次把聘财写进法律：女家收下以后要是悔婚，会受到惩处；而男家这样做“无罪”，把聘财留给女家就可以。

出身望族的女子不需要太多嫁妆，门第就是资本，不管勋贵还是进士都以娶“五姓女”为荣。所以这些望族要求巨额聘币，还要收取“陪门财”（用金钱弥补门第差距的意思），“有如贩鬻（类似于贩卖货物的方式；鬻，yù）”。太宗曾经下诏痛斥，禁止他们“卖婚”，却没有太大效果。

到了宋朝，经过战乱，世家大族纷纷覆灭，商品经济也发展起来，所以人们观念跟着变化，议亲时“不顾门户，直求资财”。

南宋最看重的聘礼是“三金”：金钏、金镯、金帔（pèi）坠，就算财力不够，也要用银镀金的代替。还得给女家送贵重衣料、珠翠、茶果、糕饼、羊酒、银铤（dìng）等等，如果有意攀比炫耀，会更加铺张，可能花掉一个家庭好多年的收入，为此卖房卖地的也不少。

元朝皇帝觉得“近年聘财无法，奢靡日增，至有倾赀（zī）破产不能成礼，甚则争讼不已（聘礼过高，有的家庭倾尽财产也支付不起，以至于错过嫁娶的时机）”，实在堪忧，所以不止一次“定民间婚聘礼币，贵贱有差”，但是人们回避的办法可多了，基本管不住。

明清时期，“厚嫁”的风气照样盛行，拿不出聘礼就不能结婚，已经成了社会问题，还出现了让人哭笑不得的变通：要是订了婚，不想一直拖下去，男女两家会商议好干脆“抢亲”，没有仪式，就能省钱了。

## 古代的嫁妆是什么样子

它又叫“嫁资”“妆奁（lián）”或“奁具”，是女子出嫁时娘家陪送的财物，“奁”就是梳妆匣的意思。

宋朝法律规定，如果分家时女子还没有出嫁，有资格得到嫁妆，数额是男子聘财的一半。不过在现实生活中，嫁妆往往多于聘财，范仲淹设立“义田”补贴族人，规定就是嫁女者给钱五十千，娶妇者给钱三十千。

嫁妆有多少，包括哪些东西，很大程度上是时代、地区、家境决定的。不过总体来说，它可以分成生活用品（衣服首饰、被褥、家具等等）和不动产（田地、住房、店铺等等）两大类。富裕人家也可能让女儿带上奴仆和大笔现金，甚至把生前死后要用到的所有器物都准备好，包括棺木，新娘光靠嫁妆就能一辈子衣食无忧。

部分聘财可能转化成嫁妆，由新娘带回夫家。此外，由于古代女子一般来说没有继承权，嫁妆相当于父母提前将财产分给女儿。所以有种说法，“上等之家贴钱嫁女，中等之家将女嫁女（嫁妆数额不超过收到的聘财），下等之家卖儿卖女”。

嫁妆通常在迎娶前一两天送到新家，叫“铺房”。这种风俗起源于宋朝，到了清朝，受重视程度甚至超过了“六礼”的某些环节，富裕人家也不会错过这个炫耀的机会。

嫁妆是归夫妻和之后的子女所有的，不参与分家，几乎是女子唯一可以独立支配的财产，也是小家庭的初步经济基础。虽然儒家主张“子妇无私货”，不能存“小金库”，然而不管是公婆还是丈夫，想动用嫁妆的话，得妻子同意才行。新娘要是嫁妆丰厚，在夫家就更有底气，能做到的事也更多。

然而，嫁妆对女子地位和处境的影响是一把双刃剑，有利有弊。由于攀比、跟风之类原因，嫁妆常常越来越奢华，娘家的负担也越来越重，甚至闹到卖宅卖田的地步，元气大伤。所以很多人不乐意生女儿，觉得简直是“贼入家”，甚至会把女婴淹死，结果性别比例越来越离谱。

### 妻妾是怎么回事

在中国古代，男子同一时段内只能有一位妻子，也就是合法配偶。有妻再娶是违法的，后一桩婚事无效。

古书里说：“妻者，齐也”。在“男不言内，女不言外”的情况下，管理家事就是妻子的权利与责任。她的出身阶层通常和丈夫差不多，是家中的“女君”和“主母”，能得到相当程度的尊重。然而这并不意味着夫妻完全平等，在男尊女卑的大背景下，她还是要从属于丈夫，家事的最终决定权、财产的占有权和处置权也都掌握在丈夫手中。

“六礼”完成以后，妻子还要拜见舅姑（也就是公婆）、去宗庙告祭祖先，这叫“庙见”，意味着她获得了家族的认可。

妾是男子除妻之外的合法伴侣，又叫侧室、如夫人、小星、簉（zào，副的、附属）室、姬侍、偏房、次妻等等。

妾通常是买来的，没有婚礼仪式，地位接近家中的奴仆，出身阶层也低。丈夫对她来说是“君”和“家长”，双方明显不平等。妾也谈不上有什么权利或保障，一定程度上可以被任意卖掉或送人，命运几乎完全掌握在丈夫手中。

妾不能参与祭祀，在家族中没有稳固的位置，她的亲戚也不算夫家的亲戚。妾必须听命于妻，和对丈夫一样恭敬地侍奉她。妻殴伤（殴打伤害）甚至误杀妾，和丈夫殴伤甚至误杀妻一样，几乎不用负法律责任；妾冒犯丈夫或妻，却要面临非常残酷的惩处。

一般来说，进门先后和妻妾身份无关，先纳妾再娶妻的例子也不少见。男子哪怕已经有妾，照样算是“未婚”。

极少数情况下，妻子去世或离异以后，妾可以被“扶正”，也就是上升为妻。不过，把妻贬为妾是法律严格禁止的。

上面介绍的只是礼法规定，制度是死的，而人是活的，所以实际情况复杂得多，也能找到“宠妾灭妻”“以妾凌妻”之类的例子，当然不是常态。

## 嫡庶是怎么回事

在中国古代，正妻（不管是元配还是续弦）所生的子女都是“嫡（dí）出”，而妾、侍婢等所生的子女都是“庶出”。

根据礼法，正妻是全部子女（不管嫡庶）的母亲，妾不具有法律意义上母亲的资格。庶出子女属于统治阶层，地位高于生母。《红楼梦》里的贾探春叫生母赵氏“姨娘”而不是“娘”，觉得正妻王夫人的兄弟才是自己的舅舅。在现代人看来，这些做法可能不近人情，然而在当时恰恰是“守礼”的表现。

总的来说，时代越靠后以及出人头地越看自己能力而不是家族，嫡庶差距就越不明显。先秦时期实行“世卿世禄”的分封制，嫡子（特别是长子）享有的权力远多于庶子。北朝由于门阀士族势力强大，甚至出现了“嫡待庶若奴，妻御妾若婢”的情形。不过唐朝以后，随着门阀士族衰落、科举制兴起，“朝为田舍郎，暮登天子堂（普通的农夫都可以一步登天，成为官员）”的传奇被大家津津乐道，血统没那么重要了，会读书才是关键。

不过整体而言，中国古代子女身份主要看父亲，嫡庶差距不会过于离谱。某些小说和古装剧里，嫡庶之间有天壤之别，这种设定其实更接近实行“从母法”的古代朝鲜。

正妻（和她的家族）偏爱亲生子女是人之常情，可是对庶出子女未必会刻意打压或坑害。一方面这是由于封建伦理道德的约束，另一方面庶出子女要是替父母争得了封赠，按规定也都先给正妻。

嫡庶区别在家族内部可能有意义，面对外界时，所有人都是一个需要“抱团取暖”的利益共同体，“窝里斗”并不是什么明智的举动。因此在对家族有好处的情况下，资源同样可能向庶出子女倾斜——举全家之力栽培能考中进士的庶子，父亲官位越来越高的情况下庶出妹妹嫁得比嫡出姐姐好，都不算少见。

## 古人为什么离婚

在古代，离婚的决定权基本掌握在丈夫（和他的长辈）手中，所以又叫“出妻”或“休妻”，妻子只能被动接受。

离婚的标准理由是“七出”——

无子：生不出儿子。但是按照规定，妻子年满五十的话才用得上这条。而且妾生的儿子在法律上也被看作妻的儿子，所以在实际生活中，因此被休的妻子应该没那么多。

不顺父母：判断标准不是妻子的做法，而是公婆的态度。汉乐府《孔雀东南飞》里，刘兰芝虽然和焦仲卿夫妻感情非常好，可是由于婆婆看不顺眼，她只能自请返回娘家。

另外五条是淫、妒、有恶疾（得了重病）、口多言（说人是非）、窃盗（偷东西）。总之，夫妻只是更大家族中的成员，一切可能影响家族利益、稳定的因素，都会被想方设法排除。

“七出”也要受到限制，就是“三不去”——

前贫贱后富贵：东汉官员宋弘说，“贫贱之交不可忘，糟糠之妻不下堂”。喜新厌旧、想攀高枝，是不符合传统道德的。

与更三年丧：曾经替公婆守孝三年，尽了晚辈的义务。

有所取无所归：娘家没人了，妻子要是被休，会走投无路。

如果占了其中一项，那么即使符合“七出”，也不能任意离婚。自唐朝起，丈夫如果无故休妻，要负刑事责任。

“七出”对妻子当然不公平，可是一定程度上也约束了丈夫。先秦两汉时期，休妻的原因简直千奇百怪——

《诗经·卫风·氓》里，妻子辛苦持家，丈夫却在她青春不再后变心了。

根据《孔子家语》记载，曾参是由于妻子没把藜（lí，一种野菜，后世有人抄错，成了“梨”）蒸熟。

东汉著名孝子鲍永是由于妻子在婆婆面前骂狗。

要是出现了以下这些情况，不管夫妻是否同意，官府都会强制离婚，称作“义绝”：

一方殴打、杀死另一方的近亲。

一方的近亲杀死另一方的近亲。

妻子想谋害丈夫。

丈夫把妻子卖给别人。

……

除此之外，古代也有协议离婚，称作“和离”。

日子过不下去了，双方一致同意，丈夫就签下“放妻书”，不伤和气，自愿分开。敦煌出土了一批唐宋时期的“放妻书”，里面写道：“愿妻娘子相离之后，重梳蝉鬓（chán bìn），美扫娥眉，巧逞窈窕（yǎo tiǎo）之姿，选聘高官之主……一别两宽，各生欢喜。三年衣粮，便献柔仪。伏愿娘子千秋万岁。”

能这样好聚好散、彼此心怀祝福，也算是给感情画上了不错的句号。

## 贞节是怎么回事

指要求女子“从一而终”，哪怕丈夫死后，也不准再嫁。

这种观念很早就有，根据《礼记》记载，“信，妇德也，一与之齐，终身不改，故夫死不嫁”。东汉班昭的《女诫》也指出，“夫有再娶之义，妇无二适之文”。不过，它的影响力局限于士大夫阶层，并没有得到社会的普遍认可。直到唐朝，再嫁甚至三嫁的女子照样能够由于品德、才华等等名留青史。

到了宋朝，主张“存天理、灭人欲”的理学兴起，程颐甚至说“饿死事极小，失节事极大”，不过他同样反对男子再娶，也算是公平。

然而，当时守节并不普遍，程颐都做主让外甥女再嫁了。在元朝，理学才逐渐推广到民间，而且法律规定，女子要是再嫁，别说继承夫家财产了，连自己的嫁妆也不允许带走。

明太祖一继位就下诏，“凡民间寡妇，三十以前夫亡守志、五十以后不改节者，旌（jīng）表门闾，免除本家差役（寡妇不二嫁，不仅可以精神、物质嘉奖，还能免除差役）”。对贞节的推崇从此制度化、宗教化了，又给名又给利，女子就算不乐意，也可能被强迫守节。

学者董家遵统计了《古今图书集成》里的节妇数量，发现五代及之前只有 92 人，宋朝有 152 人，元朝有 359 人，而明朝猛增到 27141 人，清朝也有 9482 人。

明清两朝，“为妇死节”被和“为臣死忠、为子死孝”捆绑到一起，守节也越来越离谱，跟着自杀的“烈妇”、未婚夫死后终身不嫁的“贞女”都不少。

在福建，甚至有“搭台死节”的风气——大庭广众之下设祭，逼迫女子上吊殉夫，把这当成了一种“光耀门庭”的表演。有学者实在看不下去，写诗控诉：“族人欢笑女儿死，请旌藉以传姓氏。三丈华表朝树门，夜闻新鬼求返魂”。

值得注意的是，哪怕在这样的大背景下，依然有许多女子为了自己和孩子的生计再嫁。对社会中下层来说，家里缺少成年劳动力是致命的，守节实在太奢侈，要付出难以想象的代价。

更悲剧的是，从上报事迹到“贞节牌坊”真的立起来，中间有无数道门槛，还要花钱，所以得到旌表（表彰）的大多出身士绅家庭，贫苦女子根本搞不定，只能默默被遗忘。

守节也可能是女子权衡利弊以后的自愿决定，不是被“洗脑”那么简单——再嫁等于“豪赌”，以下三种情况就是必须要仔细思量的：离开如鱼得水的熟悉环境进入陌生的，还抛下孩子；需要承担奉养公婆、教育孩子的责任，她一走，整个家搞不好就散架了；没条件到社会上“立言”或“立功”，想实现自我只能靠“立德”。

这种不近人情的选择居然最划得来，本身就说明古时候女子的生存空间有多憋屈：算不上独立的人，在家庭以外做出一番事业的机会微乎其微。

### 宗法是怎么回事

它是以家族为中心，根据血统远近区别尊卑亲疏、分配权力（或许还有土地和财产）的一种等级制度。

最早系统叙述宗法的，是《礼记》里的《大传》和《丧服小记》两篇。宗法影响非常深远，后世崇尚门阀、重视家谱和祠堂，也同这有关。

在宗法制度下，家和国同一结构，君是全国的父，父也是全家的君。“治国必先齐家”“求忠臣必于孝子之门”的说法，就是在这个基础上产生的。

宗法的主要精神是嫡长继承。最基本的一点，是大宗和小宗的区别。嫡长子被称作宗子，地位最高。其他儿子不管嫡庶，都被称作众子。宗子和众子不光是兄弟，也是君臣。

《春秋公羊传》说：“立嫡以长不以贤，立子以贵不以长”。

对统治者来说，儿子再多，能接班的也只有一个，要怎么选呢？

子以母贵、长幼有序，这种标准最明确。不管按是否贤能选，还是按父亲的宠爱程度选，都可能有争议，激起矛盾。所以在儒家看来，如果贯彻嫡长继承，就能避免很多流血纷争。不过历朝历代，夺嫡（庶子取代嫡子的地位）、内讧（hòng）之类的事情没断过，变成了古装剧的经典题材。

根据周礼，宗法和分封两种制度互相依存、相辅相成。

周王自称天子，是天下的大宗。

周王除嫡长子以外的儿子被分封为诸侯。相对天子而言，诸侯是小宗，在自己的封国内却是大宗。

诸侯除嫡长子以外的儿子被分封为卿大夫。相对诸侯而言，卿大夫是小宗，在自己的采邑（君主赏赐的可以世代传承的土地）内却是大宗。

卿大夫到士、士到庶人也是这样。

大宗居于族长地位，受到尊敬，享有一定的特权，比如主祭祖先，所以宗法制度和社会等级、世袭制度都有着密切联系，能够巩固统治秩序。但是历史上，小宗夺大宗之位的情况并不少见，如前面提到的“请难之变”，以及春秋时期晋国的“曲沃代翼”——分封到曲沃的小宗攻入都城翼，成为新的国君。

## 古人的丧服是什么样子

根据《仪礼》记载，丧服有五个等级，亲缘关系越近，居丧（亲人去世后，在家守丧，不办理外事）的时间就越长，要穿的衣服也越简陋。

最重的是“斩衰（cuī，也写作縗，是丧服上衣的意思，下衣叫裳）”，用最粗的生麻布制成，不缝边，内衬白色孝衣，脚穿叫“菅屦（jiān jù）”的草鞋，头上和腰上都扎着粗麻布带子，叫“绖（dié）”。还要拿杖，也就是后世俗称的“哭丧棒”，来体现由于悲痛，身体羸（léi）弱，走不动路。

女子还要梳丧髻，用一寸宽的粗麻布条自额上交叉绕过，将头发束起来，叫“髽（zhuā）”。

居丧期间的行为也有不少限制，如果严格按照礼法，头三天不能吃饭，下葬之前，孝子要“居倚庐，寝苫（shān）枕块”，也就是住在临时搭建的棚屋里，睡草垫，枕土块。考虑到身体状况，实际上未必会这么极端，不过讣告里照样要写“稽颡（qǐ sǎng，跪拜、以额触地）泣血，匍匐苫次”之类的套话。

丧期三年，实际上二十七个月就可以。

然后是“齐（zī）衰”，用稍细的麻布制成，缝边整齐，配套的带子、杖、鞋之类做工也都精致一点。女子要梳髽。

它有四个等级：三年（默认用杖）、一年且用杖（叫“齐衰杖期”）、一年不用杖（叫“齐衰不杖期”）、三月。

齐衰三年也“居倚庐”，其余的住“垩（è）室”，就是四壁用白泥粉刷、没有装饰的屋子。

接下来是“大功”，用熟麻布制成。女子不需要梳髽了。丧期九月。

再是“小功”，用更加精细的熟麻布制成。丧期五月。

最轻的是“缌（sī）麻”，用“其缕细如丝”的熟麻布制成，丧期三月。

如果关系更加疏远，称作“袒（tǎn）免”，几乎算不上亲戚，没有特定的丧服，只需要袒露左臂，摘下冠帽，用一寸宽的布条将头发束起来。

具体哪些亲属对应哪种丧服，请听下篇分解。

## “五服”是怎么回事

指丧服的五个等级，也指对应的亲属。

诸侯为天子、臣为君、子为父（包括嗣子为名义上的父亲；嗣子，旧时无子者以近支兄弟或他人之子为后嗣）、妻妾为夫、承重孙（嫡长子去世以后，留下的嫡长孙）为祖父、父为嫡长子要服斩衰。

子为母（父亲去世的情况下）要服齐衰三年，母为嫡长子也是。

子为母（父亲在世的情况下）、夫为妻要服齐衰杖期。

为祖父母、伯叔父母、兄弟、侄子、众子、嫡长孙要服齐衰不杖期，出嗣（过继给他人为子）之子为本生父母、媳妇为舅姑（公婆）、妾为妻也是。

为曾祖父母、高祖父母要服齐衰三月。

为从父兄弟（堂兄弟）、嫡长子之妻、众孙要服大功，女子为夫之祖父母、伯叔父母也是。

为从祖父母（父亲的伯叔父母）、堂伯叔父母（父亲的堂兄弟和他们的妻子）、从祖兄弟（父亲的堂兄弟之子）、众子之妻、嫡长孙之妻、外祖父母、从母（姨母）都是小功，女子为娣姒（妯娌）、夫之姑母和姊妹也是。

为族曾祖父母（祖父的伯叔父母）、族祖父母（祖父的堂兄弟和他们的妻子）、族父母、族兄弟、众孙之妻、曾孙、玄孙，和不同姓的岳父母、舅父、表兄弟、女婿、外甥、外孙要服缌麻。

“母”的概念，包括嫡母、生母、继母、嗣母等等。

女子要是没出嫁，或出嫁以后因故又回娘家生活，就相当于众子（嫡长子以外的诸子）。要是出嫁了，为娘家人和娘家人为她几乎全要降等，比如说，为父母只服齐衰不杖期、男子为姊妹只服大功。

出嫁以后，女子就脱离了父亲的家族，加入了丈夫的家族。根据礼法，“父者，子之天也；夫者，妻之天也。妇人不二斩者，犹曰不二天也”。斩衰体现了归属权，所以不能服两次。

现在看来，这些又麻烦又没什么实际意义，不过在古代，礼法是“失之者死，得之者生”的大事，通过丧服把尊卑亲疏理清楚了，社会秩序才能确立。

后世的“五服”不完全按《仪礼》来，有过不少调整，用这两幅明清时期男子和出嫁女的“服制图”对照一下就能发现。

最关键的讨论，是针对怎么为母亲服丧的。武则天提出，哪怕父亲在世，也应当齐衰三年。垂拱元年（685 年）她以皇太后身份掌权时，这条变成了正式法律。唐朝女性参政风潮过去以后，有官员觉得延长母亲丧期的做法相当于提高女性地位、违背了“家无二尊”的原则，要求改回去，不过玄宗颁布的《大唐开元礼》依然规定齐衰三年。而到了明朝，父母去世以后的丧服都是斩衰三年，没有区别。

值得注意的是，媳妇为舅姑的丧服在宋朝上升至斩衰或齐衰三年，和为父母一样，体现了“出嫁从夫”。

## 本宗九族五服正服之图

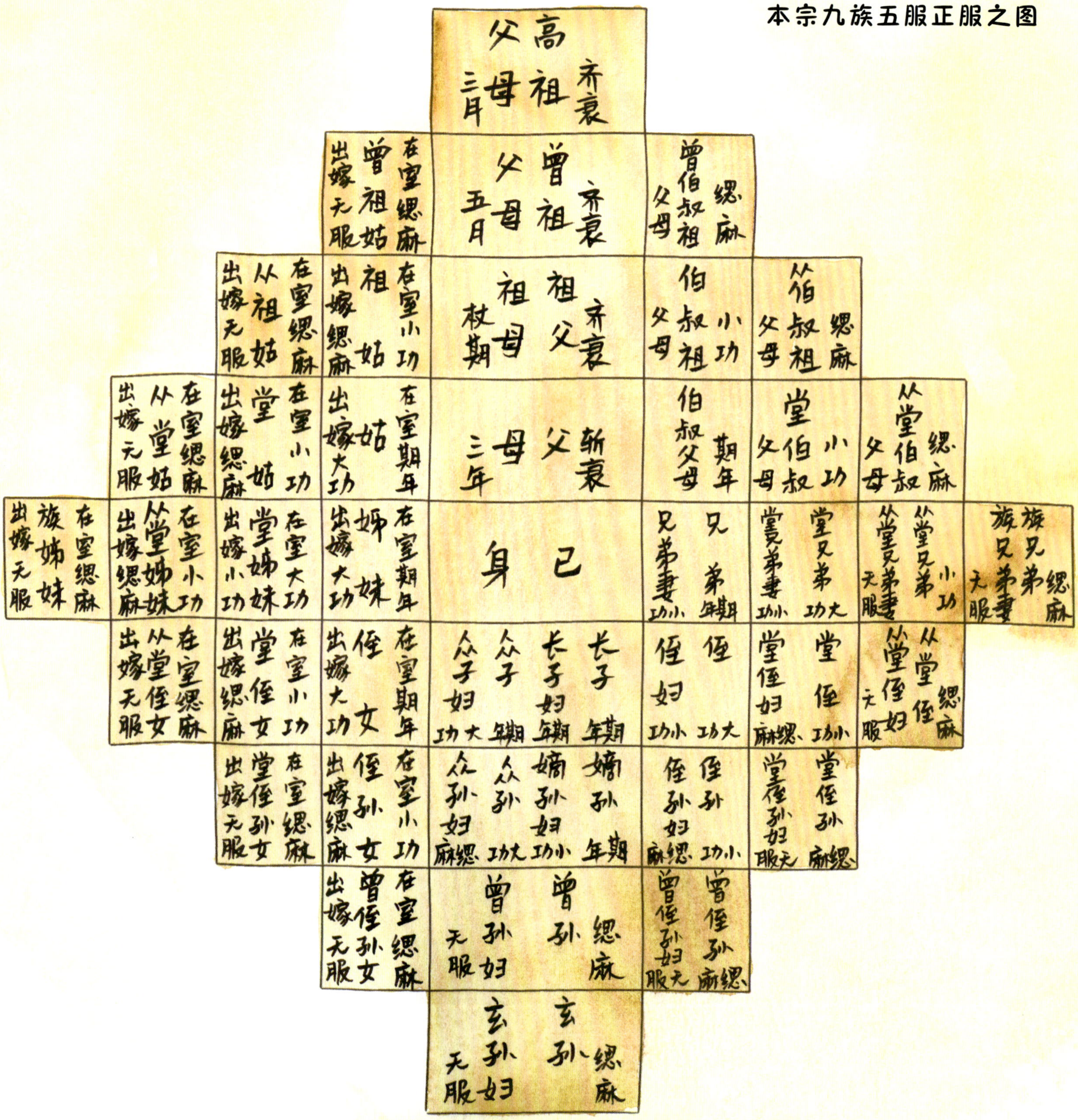
高祖父母 齐衰三月
在室缌麻 曾祖姑 出嫁无服
曾祖父母 齐衰五月
曾伯叔祖父母 缌麻
在室缌麻 从祖姑 出嫁无服
在室小功 祖姑 出嫁缌麻
祖父母 齐衰杖期
伯叔祖父母 小功
从伯叔祖父母 缌麻
在室缌麻 从堂姑 出嫁无服
在室小功 堂姑 出嫁缌麻
在室期年 姑 出嫁大功
父母 斩衰三年
伯叔父母 期年
堂伯叔父母 小功
从堂伯叔父母 缌麻
在室缌麻 族姊妹 出嫁无服
在室小功 从堂姊妹 出嫁缌麻
在室大功 堂姊妹 出嫁小功
在室期年 姊妹 出嫁大功
己身
兄弟 期年 兄弟妻 小功
堂兄弟 大功 堂兄弟妻 小功
从堂兄弟 小功 从堂兄弟妻 无服
族兄弟 缌麻 族兄弟妻 无服
在室缌麻 从堂侄女 出嫁无服
在室小功 堂侄女 出嫁缌麻
在室期年 侄女 出嫁大功
长子 期年 长子妇 期年 众子 期年 众子妇 大功
侄 大功 侄妇 小功
堂侄 小功 堂侄妇 缌麻
从堂侄 缌麻 从堂侄妇 无服
在室缌麻 堂侄孙女 出嫁无服
在室小功 侄孙女 出嫁缌麻
嫡孙 期年 嫡孙妇 小功 众孙 大功 众孙妇 缌麻
侄孙 小功 侄孙妇 缌麻
堂侄孙 缌麻 堂侄孙妇 无服
在室缌麻 曾侄孙女 出嫁无服
曾孙 缌麻 曾孙妇 无服
曾侄孙 缌麻 曾侄孙妇 无服
玄孙 缌麻 玄孙妇 无服

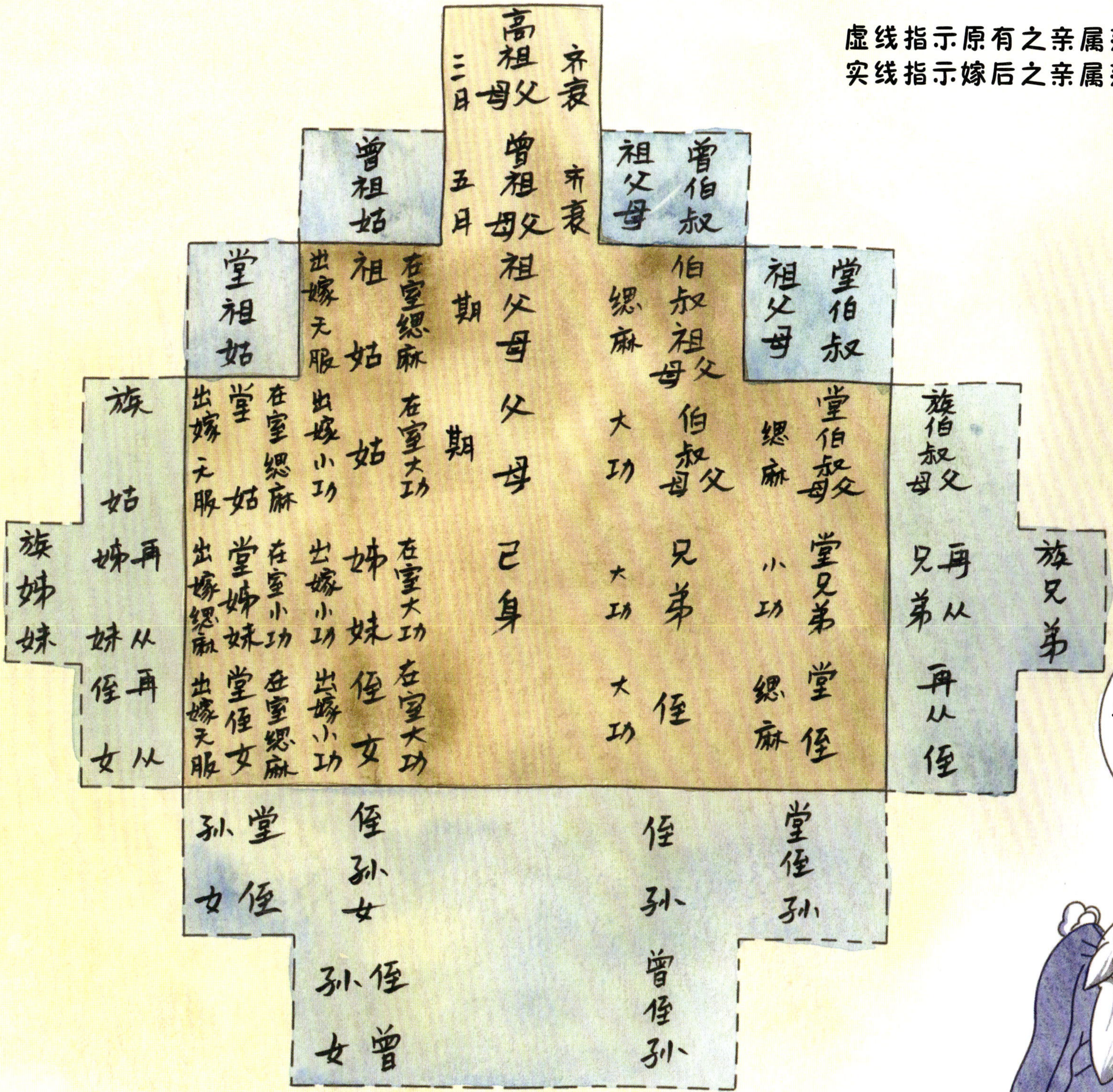
虚线指示原有之亲属范围
实线指示嫁后之亲属范围
高祖父母 齐衰 三月
曾祖姑
曾祖父母 齐衰 五月
曾伯叔祖父母
堂祖姑
祖姑 在室缌麻 出嫁无服
祖父母 期
伯叔祖父母 缌麻
堂伯叔祖父母
族姑
堂姑 在室缌麻 出嫁无服
姑 在室大功 出嫁小功
父母 期
伯叔父母 大功
堂伯叔父母 缌麻
族伯叔父母
族姊妹
再从姊妹
堂姊妹 在室小功 出嫁缌麻
姊妹 在室大功 出嫁小功
己身
兄弟 大功
堂兄弟 小功
再从兄弟
族兄弟
再从侄女
堂侄女 在室缌麻 出嫁无服
侄女 在室大功 出嫁小功
侄 大功
堂侄 缌麻
再从侄
堂侄孙女
侄孙女
侄孙
堂侄孙
曾侄孙女
曾侄孙

“五服”是老祖宗留下来的传统礼俗的一部分，千年之后可能这种传统会淡化，但作为子孙后代要懂得这文化。

## 丁忧是怎么回事

在古代，官员的父母或承重（嫡长子去世以后，留下的嫡长孙，称为承重孙，其祖父母就是承重祖父母）祖父母如果去世了，一得到消息就要离职回原籍，在家服丧三年（实际上是二十七个月），叫“守制”。

嫡长子早于父母去世的情况下，嫡长孙就是“承重孙”，要肩负主持丧礼、祭祀宗庙的重任。

丁忧又叫丁艰，“丁”是遭逢的意思，“忧”是居丧的意思。替父亲或承重祖父服丧，叫丁外艰；替母亲或承重祖母服丧，叫丁内艰。

开始守孝叫“成服”“持服”；丁忧期满，换回平日的装束，叫“释服”“除服”或“服阕（què）”。

二十七个月过完，就可以重新出山，大多数情况下是官复原职。“起复”原本指服丧没结束就被任用，不过到了明清，它的意思变成了守孝期满以后接着当官。

儒家为什么把孝期定成三年？

根据《论语》记载，孔子表示：“子生三年，然后免于父母之怀。夫三年之丧，天下之通丧也。”子女出生以后，前三年离不开父母的怀抱，所以要守孝三年，来报偿（报答补偿）养育之恩。

丁忧期间，不能婚嫁、宴饮、考科举、参加庆典、出远门、进行看戏听曲等活动。如果违反了，被逮住，就会遭到弹劾（tán hé，担任监察职务者检举其他官吏的罪状），背上“不孝”的罪名，严重影响仕途。

如果应当丁忧的重臣有紧急事务要处理，实在走不开，或将领正在打仗，都可以接着当官，叫“夺情”，要穿着素服办公，不参加吉礼。

戴孝上战场，又叫“墨绖（dié，古时丧服上的麻布带子）从戎”。在家守制的话，丧服是白色的，出任军职的话，就用黑色麻衣代替。

然而，官员如果接受“夺情”的旨意，经常会招来批评，说他们贪图利益、不顾人伦。最典型的例子是明朝内阁首辅张居正，他掌权不久，父亲就去世了。为了继续推行改革，他没有离职，结果遭到许多官员上书指责，引起了不小的政治风波。他去世以后被清算抄家，“夺情”也成了一条罪状。

## 古人怎么分家

和现在不一样，分家时古人最看重的不是财产，而是身份。

能继承的身份有两方面，首先是宗祧（tiāo），本意是宗庙，也就是说，给祖先上供时主祭人的地位。民间所说的“传香火”，同样指这个。

继承宗祧的通常是嫡长子，如果没有，就轮到庶长子。如果干脆没有男性后代，就要收养同宗兄弟的儿子。

宗祧继承几乎家家都有，而封爵继承只和很小一部分人有关。王、公、侯、伯、子、男之类的爵位，如果允许世袭，就可以传给男性后代。具体规定各朝不完全相同，像西汉时如果没有亲生儿子，爵位就会被撤销，孙子和过继的嗣子（sì zǐ，旧时无子者以近支兄弟或他人之子为后嗣）都无权承袭；南北朝有弟弟袭爵的例子；到了明朝，子孙甚至弟侄都有资格袭爵，不过嫡长、亲生绝对优先。

前面提到过，古时候“同居共财”的大家族相当普遍。在祖父母、父母去世的情况下，如果其他成员打算“别籍异财”，也就是分家，才会出现遗产继承问题。

根据唐宋法律，分家的基本原则有以下几条：

要分割的财产，包括不动产（田宅）和动产（奴婢、其他浮财之类）。妻子带来的嫁妆属于小家庭，不参与分割。

先把未婚男子所需的聘财、女子的嫁妆留出来，然后兄弟均分。通常情况下，女子没有继承权。

要是有人已经去世了，就由儿子代位继承。死者的妻子如果没有儿子且守节，可以拿到丈夫应得的那一份，但是改嫁的话就不能带走，要交给丈夫的兄弟，重新均分。

根据金朝和元朝法律，分家时妾之子只能拿到妻之子的四分之三，没有名分的侍婢之子只能拿到四分之一。然而明清规定，“分析家财田产，不问妻妾婢生，止依子数均分”。正室带来的嫁妆可以只分给亲生儿子，庶子同样有份的案例却也不算少见。

诸子均分，是民间遗产继承的特色，嫡长子可能多拿一些，当作祭祀费用，但是不会过于悬殊。为了避免日后争执，分家时经常会把田地、房屋、牲畜之类好坏搭配，列出价值差不多的几张单子，然后兄弟们抓阄（jiū）决定。

## 参考文献

[1] 王力，等 . 中国古代文化史讲座 [M]. 北京：中央广播电视大学出版社，1984.
[2] 王力 . 中国古代文化常识 . 第 4 版 [M]. 北京：北京联合出版公司，2014.
[3] 陈垣 . 史讳举例 [M]. 北京：中华书局，2012.
[4] 费孝通 . 乡土中国生育制度 [M]. 北京：北京大学出版社，2020.
[5] 瞿同祖 . 中国法律与中国社会 [M]. 北京：商务印书馆，2010.
[6] 陈鹏 . 中国婚姻史稿 [M]. 北京：中华书局，2005.
[7] 魏道明 . 古代社会家庭财产关系略论 [M]. 北京：中国社会科学出版社，2021.

# 喵懂文化常识

器物卷

文字撰写　王宸 叶金辔
编　　制　星球地图出版社

星球地图出版社 STAR MAP PRESS | 国家一级出版社 全国百佳图书出版单位

**图书在版编目（CIP）数据**

喵懂文化常识．器物卷 / 王宸，叶金警撰．-- 北京：星球地图出版社，2025．-- ISBN 978-7-5471-3010-0

Ⅰ．G634.303

中国国家版本馆 CIP 数据核字第 2024H36J65 号

**策　　划** 王俊友 樊羽菲
**责任编辑** 马丽娜 高　帅
**图书编辑** 高　帅
**地图制作** 高　芳 李佳期
**文字撰写** 王　宸 叶金警
**封面设计** 王　静
**插画绘制** 谢步平 王少波 程建新 支少卿 潘艺晶 周　磊
**出版审订** 郝　刚 左　伟

**喵懂文化常识（器物卷）**

出版发行　星球地图出版社
地址邮编　北京市海淀区北三环中路 69 号 100088
网　　址　www.starmap.com.cn
印　　刷　北京印刷集团有限责任公司
经　　销　新华书店
开　　本　285 毫米 ×285 毫米　12 开
版　　次　2025 年 1 月第 1 版
印　　次　2025 年 1 月第 1 次印刷
审 图 号　GS (2024)4153 号
定　　价　199.00 元

**联系电话：010-82028269（发行）、010-62272347（编辑）**

# 目录

## 玉器那些奇怪名字是什么意思（上）

《周礼·春官》记载："以苍璧礼天，以黄琮礼地，以青圭礼东方，以赤璋礼南方，以白琥礼西方，以玄璜礼北方"。即用各种不同的玉器来祭祀不同的方位，它们并称"六器"，考古当中也发现了不少各类玉器，功能未必和上面说的一样，但是地位都相当重要。

古时候"君子无故，玉不去身"。《礼记·聘义》等典籍也说，玉有温润、致密坚硬、色泽美好等特点，对应着仁、智、信等珍贵品德。

璧是扁平、圆形、中间有孔的玉器；它象征着政治权威，也有贵重货币的意义，诸侯朝见天子、列国往来、告祭神灵都要用到，还可以佩在身上当饰品、随葬。

"和氏璧"价值连城，战国时期，秦王对赵王说，想用十五座城池交换它，拿到和氏璧之后，却绝口不提交出城池之事，使臣蔺相如施巧计让和氏璧重归赵国，所以出现了"完璧归赵""璧还"（将礼品之类原样退回）等等说法。

璧上还可能雕刻各种图案，有谷纹的叫"谷璧"，有蒲纹的叫"蒲璧"，分别是子、男两级封爵的信物。按照东汉著名经学家郑玄的观点，谷意味着"养人"，蒲意味着"安人"。

《尔雅·释器》说："肉（周围的边）倍好（中间的孔）谓之璧，好倍肉谓之瑗（yuàn），肉好若一谓之环"。大意是，边宽超过孔径叫璧，边宽小于孔径叫瑗，二者相等叫环。《荀子》也记载："问士以璧，召人以瑗"（请教高士用璧，召唤臣下前来用瑗）。

环和"还"同音，君王给被贬谪的臣子"赐环"，就是让他回来的意思。

环如果有缺口，就变成了玦（jué）。它和"决"或"诀"同音，鸿门宴上，范增频频举起玦给项羽看，暗示他狠下心杀掉刘邦。以玦相赠，就是告别、断交的意思。

半璧名叫璜（huáng）。将它跟玉管、玉珠之类串到一块儿，就形成了组玉佩。

在周朝，这是贵族身份的体现：地位高，璜数就多，组玉佩也长。戴着如此复杂沉重的东西，只能小步慢慢走路，想不优雅都不行，还自带背景音乐——玉器互相碰撞，发出清脆悦耳的声音。

珩（héng）和璜的区别并不严格，一般来说，它位于组玉佩上端。

## 玉器那些奇怪名字是什么意思（下）

琮（cóng）是四角或八角的方柱体，中间有个圆孔。

江浙一带的良渚文化遗址出土了许多玉琮，上面刻着神人兽面纹或鸟纹。有学者推测，它们是首领或巫师的随葬品，形状也许意味着“天圆地方”，拥有“沟通天地”的神秘力量。玉琮同时是权力、财富的象征，“个头”越高、节数越多，可能就越尊贵。

新石器时代以后，琮的地位没那么突出了，战国以后更加少见。东汉许慎编写《说文解字》时，对琮的功用已经一头雾水，所以解释得相当离谱。到了清朝，乾隆皇帝甚至大肆“改造”宫廷收藏的良渚玉琮，有的当作笔筒，有的配上内胆拿去插花。随着现代考古学的发展，我们才慢慢搞清了琮的“前世今生”。

圭（guī）又写作珪，是扁平的长方体，上端大多呈三角形，可能由石斧演变而来。

在周朝，“诸侯即位，天子赐之命圭为瑞”。圭是分封时的关键道具，也是“礼”的载体。朝见天子时，诸侯也要拿着不同尺寸的圭，体现等级：镇圭对应天子、桓圭对应公、信圭对应侯、躬圭对应伯。

圭还可以充当信物，赋予拿着它的人抚恤百姓、讲和、赏罚等职能；或者同璧一起，祭祀日月星辰，山东半岛最东端的成山头就发现了埋有这两种玉器的祭祀坑，据相关史料推测同秦皇汉武在这里“拜日”有关。

战国以后，圭不再流行。帝王可能下令照着古物制作一些，用在朝会、册封、聘娶等场合，来显示朝廷威仪；还有一些成了道教法器，上面刻着太极、八卦之类的图案。

半圭名叫璋（zhāng），是扁平的长方体，一端斜刃或叉形刃；另一端有穿孔，可能由石刀演变而来。

各种“礼玉”当中，它的出土范围最广，自陕北到香港和越南。山东海阳司马台遗址（属于龙山文化）的三件璋最古老，在河南二里头和二里岗、四川三星堆和金沙等关键遗址也都发现过璋。

天子巡狩的时候会用它祭祀山川，典礼结束以后埋掉或投进河里。

它还同战事有关，可以调兵。唐朝诗人杨炯在《从军行》里就写道：“牙璋辞凤阙，铁骑绕龙城”。

根据《诗经・小雅・斯干》：“乃生男子，载寝之床，载衣之裳，载弄之璋”。大意是，男孩子生下来，让他睡床，为他穿华丽衣裳，给他玩玉璋。所以生了男孩叫“弄璋”，而生了女孩叫“弄瓦”（“瓦”是陶制的纺轮，不是铺在房顶上的）。

琥是雕成虎形的玉器。不过出土文物里哪些属于这个范畴，目前还有争议。

## 漆器是怎么出现的

漆器，是用漆涂在各种器物表面上制成的。

在原产于中国的漆树上割一个口子，流出来的天然汁液就是生漆，又叫大漆、土漆。对生漆进行加工，比如说一边搅拌一边晒太阳或低温烘烤，就变成了熟漆。熟漆里含的水分更少，所以形成的漆膜更光亮，也更坚固耐用。

对漆过敏的人不少，碰过之后会起红斑，痒得难受。所以，和漆相关的手艺不是谁都能学，而且可辛苦了！

漆器的优点，稍微想想就能列出好多条——

防腐性能很不错，容易霉烂生锈的木头、金属有了漆膜保护，哪怕过上挺长时间都能光洁如新。

不怕摔，能盛水，好携带，容易洗刷，耐磨，隔热，颜色又绚烂……

古人也懂得欣赏，对大自然的这份“厚礼”相当珍惜，不光在新石器时代就用上了漆器，还将漆器“打扮”得漂漂亮亮。

浙江萧山跨湖桥遗址出土了一件漆弓，距今 8000 年左右，是目前我们知道的漆器里时间最早的。

浙江余姚河姆渡遗址出土了一只木胎朱漆碗，距今 6500 年左右，上面涂的已经是调进了朱砂的红漆。

《韩非子·十过》里说：“禹作祭器，墨染其外，而朱画其内”，指的就是漆器。红黑两色可是“王牌搭档”，哪怕在今天看来也很有时尚感。

到了商朝，不少贵族用的是漆绘棺椁（guǒ），还在上面镶嵌绿松石或贴金箔，就更华丽耀眼了。

西周时出现了“蜃（shèn）器”，指的是拿蚌壳片之类当装饰，镶嵌到漆器上面，蜃是一种大蛤蜊（gé lí）。

到了战国，出现了麻布胎。和之前的木胎比起来，它不光更轻巧，还不容易变形。楚国的漆器最有名，又神秘又瑰丽，颜色除了红和黑，还有金、银、黄、绿、蓝等等，上面几乎每一幅画都“脑洞大开”：龙凤、怪兽、奇花异草、云气、打架的小动物……

遗憾的是，木胎和麻布胎都不怎么容易保存，所以古墓里的漆器大多只剩了薄薄一层漆皮，跟蛇蜕似的，虽然颜色还挺鲜亮，却早就看不出形状了。

考古队员碰见它们，连大气都不敢出，小心翼翼地用竹签或毛刷一点点清理出来，收进密封袋，等着进一步保护和研究。

## 汉朝人为什么喜欢漆器

沈从文不光是写出了《边城》的大作家，后半辈子还全心全意研究文物。他说过：“在日用器物上，生和死两件大事，杯碗和棺木，都少不了漆。武器中的弓箭马鞍，全需要漆。所以说，一部漆的应用小史，也可说恰好即是一部社会发展简史。”

漆器最风光的日子，大概是汉朝。在它面前，几乎所有对手都黯然失色——青铜器虽说依然珍贵，装水盛饭的话，化学稳定性却远不如它；真正的瓷器还没有诞生，和光艳照人的漆器一比，釉陶就显得粗糙了。

而且，汉文帝厉行节俭，禁止用金银铜锡随葬，达官贵人能带到地下的宝贝，除了锦绣就是漆器。著名的长沙马王堆汉墓出土了一批精美的漆器，像下图这只食盘，上面画着活灵活现的狸猫，还写着“君幸食”，祝墓主人胃口大开。

夹纻(zhù)胎漆器和釦(kòu)器战国时期就有了，不过在西汉更加盛行。前者正是上一篇里提到的麻布胎，又叫“脱胎漆器”，在木或泥做成的器形上裱好多层麻布（甚至更加昂贵的绢帛），涂抹漆灰，干透以后拿掉木或泥芯，留下蝉蜕一样的空壳，再往上髹（xiū，把漆涂在器物上）漆。自东晋起，也用这种技艺制造佛像。后者指在口沿或底缘加上金属箍，让漆器更加牢固。

司马迁在《史记·货殖列传》中说："漆千斗……比千乘之家"，意思是漆器生意做得好，可以跟王侯一样富裕。《盐铁论》也指出："夫一文杯（有花纹的漆杯）得铜杯十"，价钱和一亩田差不多。当时最负盛名的漆器产地是成都，"金错蜀杯"是不折不扣的高端品牌。

到了东汉后期，漆器的存在感明显下降，主要是因为出现了青瓷这种"平替"，成本更加低廉，却同样好用。所以，漆器走上了另一条求生之路——花样百出地给自己"化妆"，力求精益求精，变成艺术品。

## 古人怎么给漆器“化妆”

**唐朝出现了平脱工艺——**

将薄薄的金银片剪成各种图案，贴在表面之下的漆灰层上，涂几道漆盖住，然后细细打磨，让熠熠生辉的金银图案露出来，和漆底在同一个平面上，这样器物表面也能保持光滑。

盛唐时期，达官贵人的不少日用器物上都能看到金银平脱，大到屏风、胡床，小到酒盏、盘碟。有幸保存到今天的大多是镜子，如陕西历史博物馆的四鸾衔绶镜、上海博物馆的花鸟狩猎仙人纹镜。

金银平脱实在太过奢侈，“安史之乱”以后，唐朝国力大不如前，肃宗和代宗都下诏禁止这种工艺，所以它渐渐衰落了。

要是将金银片换成五光十色的蚌壳片，就叫螺钿（diàn）。“蜃器”在战国以后衰落了，唐朝重新兴起。日本奈良正仓院收藏的螺钿紫檀五弦琵琶，是遣唐使带回去的，华美得让人挪不开眼。

镶嵌在漆器上的蚌壳片如果比较厚，就叫硬螺钿；反过来就叫软螺钿。软螺钿要到元朝才诞生，图案更精巧，后来还发展出了衬色工艺：在蚌壳片背后涂上不同颜色的漆，让它们透出来，成品效果像一幅画。硬螺钿只能靠材料本色，就没这么灵动了。

要是将蚌壳片换成各种宝石、珍珠、珊瑚、玳瑁、翡翠、象牙、蜜蜡等等，就叫百宝嵌；它诞生于明朝中后期，扬州的最有名，由于创始人是周翥（zhù），所以又叫“周制”。

**宋朝出现了雕漆工艺——**

在胎骨上涂好多（甚至可能高达八十或一百）道漆，等到半干，再用刻刀雕出花纹。如果涂的是红漆，叫剔红；是黑漆，叫剔黑；是黄漆，叫剔黄。

剔犀更加复杂，层层叠叠的漆自有规律，不止一种颜色，可能是红黑，也可能是红黑黄。雕刻的时候斜着下刀，断面的肌理效果看上去就和犀牛角差不多，名字也是这么来的。

给漆器“化妆”的法子，还有彩绘、描金、填漆戗（qiāng）金……它们被“打扮”得赏心悦目，古人的日子也跟着花团锦簇。

### 瓦当是怎么回事

目前我们知道最早的瓦当是西周中期的，当时的瓦已经有了明确分工：仰铺在屋顶上的叫板瓦，弧度比较小；夹在两行板瓦之间的叫筒瓦，是半圆形；人字形断面的叫脊瓦，能够让水往两边流……

于是瓦当出现了。它又叫“瓦头”，是筒瓦前端的遮挡，能起到防水、排水的作用，保护檐头和木构的屋架部分。常言道“出头的椽（chuán）子先烂”，椽子是托举屋顶、架瓦的，要是由于风雨烈日朽坏，房子自然不结实了。有了瓦当，古代建筑就可以“延年益寿”。

瓦当的形状主要有两种。半圆形瓦当盛行于先秦，汉朝以后慢慢消失了。圆形瓦当出现于战国早期，一直沿用到近现代。

瓦当不光实用，也相当“有梗”，赏心悦目。它就像古代建筑戴着的首饰，工匠们在这上面可没少花心思。

不同朝代有不同的时尚，瓦当自然不例外。最早的瓦当装饰着重环纹，应该是复刻了当时的青铜器。到了群雄并起的春秋战国，各地的瓦当更是争奇斗艳：在齐国，对称的树木双兽纹最“潮”；燕国特别喜欢兽面纹，尤其是饕餮纹；秦国崇尚水德，后来秦始皇又热衷求仙，所以水涡纹和云纹大出风头……

汉朝是瓦当的“盛世”，大概在景帝时期，文字瓦当出现了，大家把自己的愿望写在上面，怎么吉祥怎么来：“长乐未央”“千秋万世”“永受嘉福”“延寿长相思”“汉并天下”“永保国邑”……

“单于（chán yú）天降（xiáng）”瓦当更不得了！“单于”是匈奴首领的称号，这并不是天上掉下个单于的意思，而是说，汉朝皇帝是天命所归，让死对头单于都降服了。

魏晋南北朝，佛教流行开来，瓦当上跟着出现了代表圣洁、美好的莲花纹。唐朝以后，大家把注意力转移到了别处，比如说彩画、砖雕，瓦当的图案就越来越“套路”了。

“退役”以后的瓦当，有些被改成了砚台，摆在书房里，历史的沧桑感扑面而来。这也算是古人的一种“文创产品”！

## 俑是怎么回事

最开始，有钱有势的人去世后，要用活人殉（xùn）葬，也就是说，让宠信的妃妾、侍卫之类跟着去死，好在另一个世界里继续替他们服务。

殷墟位于河南安阳，是商朝后期的都城。贵族的大墓里都有人殉葬，少的几十，多的上百，一部分是被砍头的，血把泥土染成了青紫色。

这种行为相当残忍，不把人当人！退一万步说，从功利角度出发，生产力进步以后，人能干活，是珍贵的资源，用来殉葬太浪费了。

于是春秋战国时期，俑出现了。它们是用陶、木、青铜等等做的偶人，代替活人埋进墓里。

秦始皇陵的俑坑非常震撼！不光有我们熟悉的兵马俑，还有玩杂耍的百戏俑、当秘书的文官俑之类，身高和真人差不多，每一个都有自己的性格。秦始皇想把由他掌控的整个世界都复刻一遍，在地下重建帝国。

到了汉朝，在俑上面砸的钱没那么多了，它们就更袖珍也更潦草，却也更戳笑点。像这件在成都出土的东汉击鼓说唱俑（下图左 2），是不是一看就心情大好？

还有这件在西安出土的西汉拂袖舞女俑（下图右 2），虽说长得抽象了点，却活灵活现，仿佛还能听到她起舞时踏着的音乐声。

到了唐朝，一种低温烧制而成的陶俑出现了，上面的釉有黄、绿、白、褐、蓝、黑等颜色，以前三种为主，所以叫“唐三彩”。

现实生活中大家喜欢什么，就让什么变成“唐三彩”：雄赳赳的高头大马、载着整支乐队一看就很辛苦的骆驼、在“丝绸之路”上奔波的西域商人、打扮得漂漂亮亮的侍女……

宋朝以后，由于纸扎冥器越来越流行，俑逐渐衰落了。

尽管俑的材料不值钱，在考古学家眼里，它们却是无价之宝。服饰、妆容、仪仗之类，很难完整保存到今天，可是通过俑能清清楚楚看见。俑给我们打开了一扇窗，让我们更真切地了解到藏在它们背后的那个时代。

## 中国古代的扇子是什么样子

长辈手里的蒲扇，你见过吧？炎炎夏日里真离不开它，清风拂面，别提多惬意了。

扇子的用途可不光是乘凉！还能撵走蚊蝇、掸去灰尘、扇风取凉、遮挡容颜、充当表演道具……

最早的扇子是仪仗之一，用羽毛制成，下面是长长的柄，王公贵族出行时由侍从高高举在头上，挡风蔽日，也是权威的象征。古书里叫它“翣（shà）”“障扇”或“雉扇”。

战国时期出现了一种叫“便面”的扇子，是梯形或长方形，有点像菜刀，能用来扇风。湖北江陵马山楚墓出土过一柄红黑两色漆篾（miè，劈成条的细竹片）编的“便面”，图案非常精美。

西汉成帝的婕妤（后宫妃子）班氏是著名的才女，写过一首《怨歌行》：“新裂齐纨（wán）素，皎洁如霜雪。裁为合欢扇，团团似明月。出入君怀袖，动摇微风发。常恐秋节至，凉飙（biāo，暴风）夺炎热。弃捐箧笥（qiè sì，竹编的箱子）中，恩情中道绝。”（大意是，新做的雪白团扇在夏天被爱不释手，然而它担心，秋天凉快以后就被丢到一边了。）所以，后世用“秋扇见捐”来形容失宠。

团扇一直深受女子喜爱，杜牧在《秋夕》中写道“轻罗小扇扑流萤”，指的就是它。

三国魏晋南北朝流行“麈（zhǔ）尾”，有点像羽扇，也有点像拂尘。麈是担任头领的大鹿，名士在清谈（本指魏晋时期一些士大夫不务实际，空谈哲理，后来泛指不切实际的议论）时拿着它，随意挥洒，好让自己显得更加风流雅致。例如，《世说新语·容止》记载，“王夷甫容貌整丽，妙于谈玄，恒捉白玉柄麈尾，与手都无分别”（王衍容貌端正秀丽，善于谈论玄理，经常拿着白玉柄麈尾，手和白玉的颜色没有分别）。

我们熟悉的折扇又叫“聚头扇”或“撒扇”，出现得更晚，具体时间还有争议，通常认为是北宋早期从日本、高丽（现在的朝鲜半岛）传入的。

到了明朝，折扇不管在宫廷还是民间都成为主流，文人墨客也喜欢在扇面上题字画画，“显摆”自己的才华和个性。

清朝的折扇更加讲究，用昂贵的湘妃竹、象牙、檀香木之类做扇骨，两边扇柄（又叫大边）上镌（juān）刻诗词或山水花鸟，下端系着玉石扇坠或流苏，放在绣花扇套里，简直是件综合了多种技法的艺术品。

## 点翠是怎么回事

现在说起“翡翠”，首先想到的是光彩照人的硬玉。不过在古代，这个词更常指一种翠蓝色羽毛的小鸟。它们又叫“鱼狗”，生活在南方的水边，以鱼虾为食，由于羽毛颜色漂亮，被当成珍贵的贡品和商品，所以常常遭到捕杀。唐朝诗人陈子昂在《感遇》中就描述了这种情况：“翡翠巢南海，雄雌珠树林。何知美人意，骄爱比黄金。杀身炎州里，委羽玉堂阴。旖旎光首饰，葳蕤（wēi ruí）烂锦衾。岂不在遐远，虞罗忽见寻。多材信为累，叹息此珍禽。”（大意是，美人喜爱翡翠的羽毛胜过黄金，哪怕它们身处遥远的南海之滨，依然被猎杀，羽毛被用来制成首饰和装点被褥，诗人感叹它们因美丽而招致的厄运。）

点翠是一种传统首饰工艺，先用金属做成特定形状的底托，然后在边缘焊一圈金属丝，形成框子，中间涂上胶水，把裁剪好的翠羽黏进去，精致吉祥的图案就出现了。这种技法对眼和手的配合要求很高，裁剪翠羽要形状准确，填在框子里不差分毫。

点翠在明清非常兴盛，定陵（明神宗和孝端、孝靖两位皇后的坟墓）出土了四顶镶宝石点翠凤冠，上面的祥云、凤凰羽翼、花叶之类都是翠羽拼贴出来的，映衬着红蓝宝石和几千颗珍珠，熠熠生辉。故宫收藏的清朝后妃首饰也有不少用到了这种工艺。

翠羽同样可以用来装点衣服、器皿，甚至宫室。《汉书》记载，成帝爱妃赵合德的昭阳舍就以“明珠翠羽饰之”。

不过，这种让人目眩的美丽要以几百甚至成千上万条生命为代价，非常残忍。宋朝皇帝不止一次下旨禁止“铺翠”，说这种工艺不光“伤生害性”，又过于铺张浪费，败坏社会风气。高宗、宁宗还将宫里的翠羽“焚之通衢（qú），以示百姓”，也就是在大街上当众烧掉。

如今提供翠羽的白胸翡翠已经升格为国家二级保护动物，普通翠鸟是“三有动物”（国家保护的有益的或者有重要经济、科学研究价值的野生动物），而且无法人工养殖，所以不管制作还是买卖点翠首饰，都是违法的。

翠羽现在也有了各种替代品：缎带、染色鹅毛、鹦鹉羽毛（自然掉落的）……非遗传承和野生动物保护并不是截然对立的，最精彩之处在于“点”的技法，至于用的到底是不是“翠”，没那么重要。

### 景泰蓝是怎么回事

它的真名要拗口得多，叫“铜胎掐丝珐琅（fà láng）”。

珐琅，是用硅、铅丹、硼（péng）砂、长石、石英之类的矿物质原料，按照适当比例混合，加入各种呈色的金属氧化物，再焙烧、磨碎，得到的粉末状彩料。烧制彩色玻璃、琉璃瓦的原理，和它是相通的。

掐丝珐琅是怎么做出来的?

用又细又薄的铜丝掐成各种图案，黏在铜胎上，然后根据设计要求填进去不同颜色的珐琅釉料，入窑烘烧，一次次重复，等器物表面覆盖的珐琅釉够厚了，再打磨、镀金。

它工艺麻烦、成本昂贵，很长一段时间里是皇家特供，只由宫廷内的作坊生产。大概到了清朝中后期，因为西方人喜欢，民间作坊才逐渐冒头。而它真正“飞入寻常百姓家”，要等建国以后了。

掐丝珐琅根据史料推测起源于波斯或阿拉伯地区，后来在拜占庭帝国也相当流行。13 世纪中叶，蒙古大军西征，攻陷了巴格达（阿拔斯帝国的首都），许多身怀绝技的工匠成了俘虏。掐丝珐琅随着他们，传到了中国。

阿拔斯帝国在古书里被称作“黑衣大食”，所以掐丝珐琅一开始叫“大食窑”或“鬼国嵌”。元朝后期的掐丝珐琅器物明快艳丽，可能是在这些阿拉伯工匠的指导下，用进口釉料烧成的。

到了明朝，皇家很喜欢掐丝珐琅，专门设立了御用监，生产“高级定制”。不过挑大梁的变成了本土工匠，他们迅速学会了技术，而且把传统审美融进去，看起来就更“中国风”了。

它之所以叫“景泰蓝”，原因是景泰年款的器物传世比较多，底色又以蓝为主。冷知识注意，名副其实的“景泰蓝”相当一部分不是景泰皇帝在位时生产的！景泰皇帝只是下令工匠把早些时候（特别是他父亲宣德年间）的成品小修小改，再加上自己的年号。

进入清朝，乾隆皇帝不惜工本，让这种技艺达到顶尖。在庆祝他八十大寿的盛宴上，只有御桌配了景泰蓝餐具，其他人用的都是瓷器。

景泰蓝的“亲戚”还不少！

用金属做胎的工艺有錾（zàn，雕凿的意思）胎珐琅（在铜胎上描好轮廓线，然后把空白处錾下去一层，这样轮廓线就凸出来了）、画珐琅（又叫“洋瓷”，相当于直接在铜胎上用珐琅作画）、透明珐琅（又叫“烧蓝”，给锤打或阴刻出花纹的金、银、铜胎涂上透明珐琅釉，烘烧而成）……

如果用瓷做胎，叫珐琅彩，技术来自欧洲，在康雍乾三朝也大出风头。

## 陶器和瓷器有什么区别

“陶瓷”这个词，我们常常听到。虽然“陶”和“瓷”都是“土和火的艺术”，看上去像同出一脉的近亲，差异却真不小。

它们俩的原材料其实不一样。陶器主要用的是黏土，在自然界中分布还挺广泛。而瓷器用的是更稀少的高岭土，含铁量低，更洁白也更耐火。江西景德镇能成为“瓷都”，一个很重要的原因就是附近出产优质高岭土。

它们俩的烧制温度也不一样。陶器比较低，在800℃到1100℃之间，而瓷器要高一些，大多超过1200℃，甚至能达到1400℃。不过，黏土制成的坯（pī）体哪怕烧到了1200℃以上，也不会变成瓷器，会熔化为玻璃质。

所以，陶器的坯体没有完全烧结，比较粗糙，要是敲打它，声音会发闷，硬度、密度也一般，透气性和吸水性更好，容易被别的器物划出伤痕。而瓷器的坯体基本烧结了，细腻牢固，敲打的时候会听到清脆的声音，几乎不吸水，透光性更好。

瓷器是由陶器“进化”来的。在世界各地，先民都发明了陶器。然而近代以前，能制作瓷器的只有中国，以及深受影响的周边国家。

中国的陶器出现于新石器时代，仰韶彩陶、龙山黑陶都相当有名。到了商朝，白陶（坯体用高岭土制成，但是烧制温度比较低）流行开来，也出现了原始瓷。它介于陶器和瓷器之间，表面挂了一层草木灰或石灰釉（陶器通常不挂釉），看上去更光亮坚硬。可是和成熟瓷器相比，它的烧制温度不够高，坯料淘洗（清洗，引申为保留好的，除掉坏的）得也不够仔细，所以气孔更多，看上去没那么精致。

最迟在东汉晚期，中国已经能够普遍烧制基本符合现代标准的瓷器，窑址最集中的是浙江地区。

## 古人喜欢什么颜色的瓷器（上）

早期瓷器都是青色，因为当时还没有去掉胎和釉中铁元素的技术。

铁元素是重要的呈色剂，青瓷釉料配方中，它的含量大多在 1% ~ 2.5%；白瓷基本控制在 1% 以下；黑釉瓷器可以达到 5% 以上。

想拿到纯正漂亮的青瓷，着实不简单，对火候要求非常高。要是在弱还原焰（在空气供给不充分、燃烧不完全的情况下产生的火焰）中烧成，釉色会泛黄；在强还原焰中烧成，釉色会发暗；要是通风过量，窑里出现了氧化焰，二价铁离子就可能转为三价，让釉色变成茶黄或棕褐。

到了唐朝，浙东的越窑青瓷“类冰”“类玉”，很受珍视。“九秋风露越窑开，夺得千峰翠色来”（秋天窑外一片荒凉，可是开窑一看，窑内青重翠叠，光彩夺目），诗人陆龟蒙的名句传诵千古。

越窑中的上乘之作叫“秘色瓷”，是给皇室的贡品，被形容成“巧剜明月染春水，轻旋薄冰盛绿云”（形容秘色瓷的制作工艺精湛，如同精心雕琢的明月，染上了春水的透亮颜色；瓷器像轻轻旋下来的薄冰，盛满了碧绿的云朵），到底是什么样子，却一直不得而知。直到 1987 年打开陕西扶风法门寺地宫以后，发现了十四件“秘色瓷”，才解开这个谜团。它们是透亮的青绿色，那时候已经发明了匣钵，避免瓷器在窑里沾上砂粒或烟尘，影响莹润度。

到了北齐，烧制白瓷的技术已经出现，可惜成品还有些粗糙，釉色带黄、灰或青。

隋唐时期，河北内丘一带的邢窑白瓷“类银”“类雪”，工艺又上了一个台阶。根据史料记载，“内丘白瓷瓯（ōu），天下无贵贱通用之”（无论是贫穷百姓还是富贵之家，都广泛使用内丘的白瓷）。上面刻着“盈”或“大盈”的，可能和宫里收藏珍宝的“大盈库”有关，是御用器物。

“南青北白”的局面就这样形成了，各有韵致，平分秋色。“茶圣”陆羽觉得“邢瓷白而茶色丹，越瓷青而茶色绿”，偏爱越窑。诗人皮日休则写道：“邢窑与越人，皆能造瓷器。圆似月魂坠，轻如云魄起”（圆得如同天上月亮的精魂坠落在人间，轻得如同白云的神魄飘起来）。

在北宋，黑釉瓷器大出风头，同样是源于喝茶。

当时流行“斗茶”（一斗汤色，二斗水痕。茶汤色泽纯白者为胜；以水痕晚出为胜，早出为负），茶色是纯白的，水痕在黑瓷盏上最分明，胜负一目了然。

烧制黑瓷的窑口当中，建窑大出风头，它位于福建建阳，出产的兔毫盏名满天下，银褐斑纹像兔子的绒毛，在幽暗的底色上闪闪发亮。

在浙江天目山参禅的日本僧人将建窑黑瓷盏带了回去，日本人相当推崇它，称作“天目瓷”。如果釉料中含有锰和钴，让黑釉面上的晶斑周围出现一圈蓝绿色光晕，就叫“曜变天目”，由于数量稀少，可谓价值连城。

吉州窑位于江西吉安，出产的“鹧鸪斑”和“玳瑁斑”黑瓷盏也不逊色。杨万里就有诗句赞赏它：“鹧鸪碗面云萦字，兔毫瓯心雪作泓”（形容盏的釉面纹理像鹧鸪的羽毛，有着云雾缭绕的纹理；内部的釉色如同兔毫般的纹理，中心部分洁白如雪）。

## 盛唐经济分布

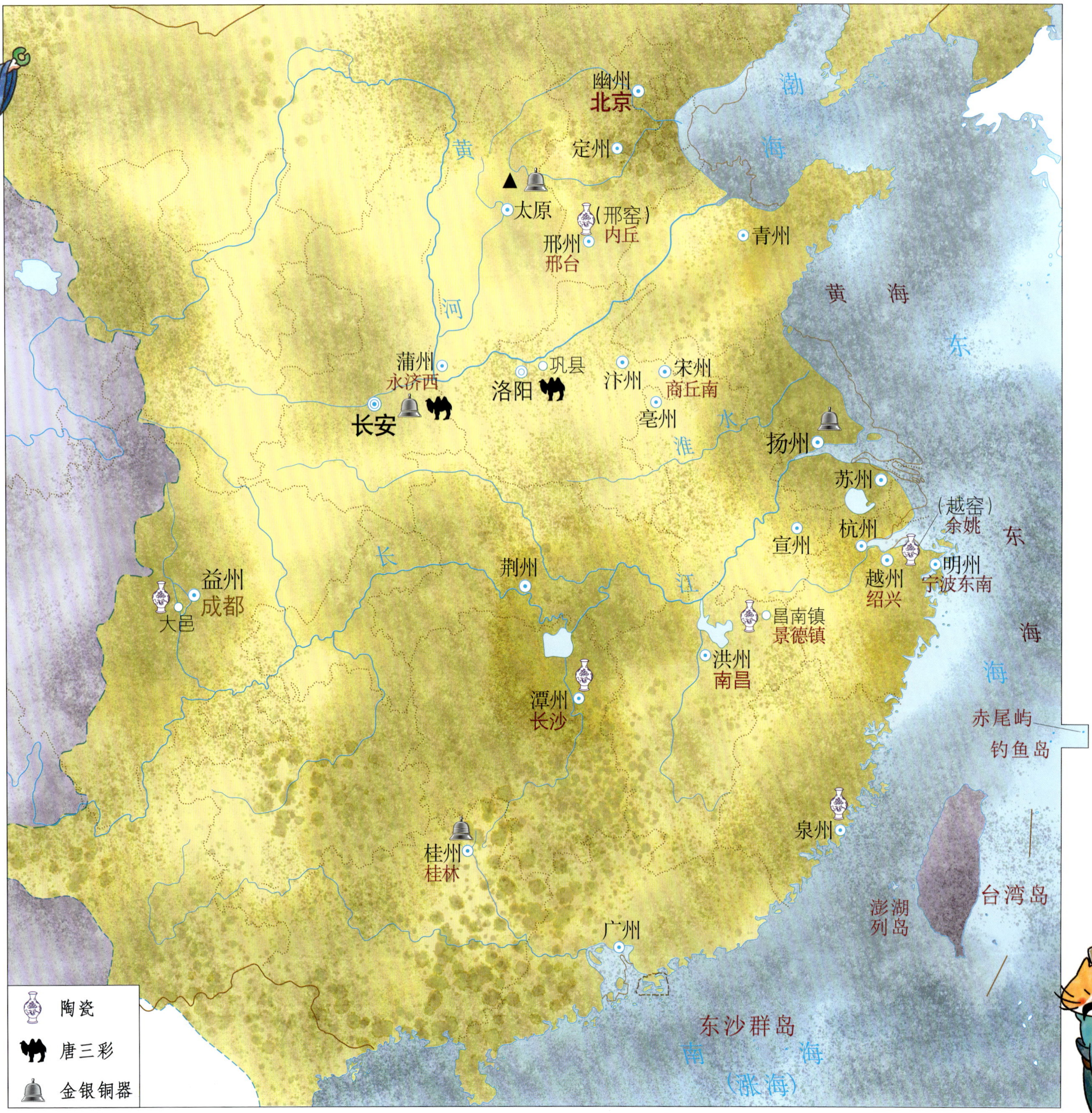

幽州
北京
定州
太原
(邢窑)
内丘
邢州
邢台
青州
渤
海
黄
河
黄 海
东
蒲州
永济西
巩县
洛阳
汴州
宋州
商丘南
亳州
长安
淮
水
扬州
苏州
(越窑)
余姚
杭州
宣州
明州
宁波东南
越州
绍兴
东
海
长
江
荆州
益州
成都
大邑
昌南镇
景德镇
洪州
南昌
潭州
长沙
海
赤尾屿
钓鱼岛
泉州
桂州
桂林
台湾岛
澎湖
列岛
广州
东沙群岛
南
海
(涨海)
陶瓷
唐三彩
金银铜器

## 古人喜欢什么颜色的瓷器（中）

宋朝宫廷和士大夫对瓷器的审美，一直走低调奢华路线：哪怕没少烧钱，看上去也得素雅收敛，不能张牙舞爪的，俗气。

宋朝瓷器里，大家最熟悉的可能是“五大名窑”——

汝窑位于河南宝丰，保存到现在的汝窑瓷器全世界可能不超过一百件；它的胎骨是香灰色，釉里据说加了玛瑙末，颜色有卵白、豆绿、虾青等等，最稀罕的是天青色，像下过雨以后的碧空。

台北故宫博物院的这件汝窑水仙盆，曾经被乾隆皇帝鉴定成“猫食盆”，还得意洋洋地在底下刻了歪诗。

官窑得在京城附近，这样才方便。北宋的窑址还没有找到，南宋的有两个，修内司和郊坛下，都位于杭州，藏在离当时皇城不远的山里。

官窑瓷器的特点是“紫口铁足”——胎骨含铁量高，颜色就深，在没挂釉或比较薄的地方会露出来。

南宋刚建立时缺钱，好东西都被金兵抢走了，该用玉做的礼器只能改用瓷。虽然是“平替”，官窑的粉青釉色论漂亮却不差多少。

哥窑和官窑瓷器长相接近，也有独门绝活儿——“金丝铁线”。

烧瓷器的时候，由于胎和釉的膨胀系数不一样，没法完美贴合，所以出窑以后会有裂纹，叫“开片”。这一开始算是缺陷，不过工匠们想出了人为控制的办法，反倒可以拿来当装饰

“金丝”指比较细碎的“开片”，是黄色；而“铁线”指比较大的，是黑色。它们衬着米黄、粉青或奶白色的釉面，自有一种韵味。

钧窑位于河南禹州，最大的亮点是“窑变”，跟开盲盒似的，“入窑一色、出窑万彩”，烧之前猜不出会有怎样的惊喜。

它的釉不透明，呈色剂是氧化铜，来自窑址附近盛产的孔雀石；如果运气好，玫瑰紫、天蓝、月白之类的底色上就会出现艳丽的红，古人把这种效果形容成“夕阳紫翠忽成岚”（形容钧窑瓷器釉色斑斓变幻之美），还说“钧瓷挂红，价值连城”。

前面介绍的都是青瓷，而定窑主要是白瓷；它位于河北曲阳，一开始是模仿邢窑，不过后来居上。

定窑的白色相当温润，类似象牙，而且越看越有门道——不是单纯的一片白，而是藏着精致的暗纹，如水里游的鱼、牡丹、萱草、莲瓣。这些图案先是刻划上去再烧制的，模仿越窑，北宋中期出现了印花技术，就更繁复、更规整了，效率也更高。

“五大名窑”的提法是明朝才有的，所以争议也挺多。有学者说，哥窑是元朝才冒头的，而钧窑的出现时间可能是金朝、元朝甚至明初，然而目前都没有足够的史料来确定。

## 古人喜欢什么颜色的瓷器（下）

自元朝起，带彩绘的瓷器成了主流。

它们可以分成两大类——要是先画了图案再上釉送去烧，叫“釉下彩”；反过来就叫“釉上彩”。

在元朝，青花瓷一枝独秀，景德镇也终于奠定了“瓷都”的地位。

青花瓷属于“釉下彩”，是用含氧化钴（gǔ）的颜料在素白底色上作画，再罩一层透明釉。白和蓝都是蒙古人喜欢的颜色，他们又常常通过“丝绸之路”跟波斯人、阿拉伯人打交道，在伊斯兰文化当中，蓝色同样很受推崇。可以说，青花是相当“国际化”的一种瓷器。

要是将颜料换成含氧化铜的，就烧出了釉里红。它对温度的要求比青花瓷还要苛刻，差一点都不行——高了颜色会消失；低了会变黑，不够娇艳欲滴。

当时可没有温度计，要把握火候只能靠经验。所以，釉里红的废品率很高，流传下来的精品也很少；要是同一件瓷器上它和青花都有，就更稀罕了。

青花釉里红瓷仓
元代

江西省博物馆藏

到了明朝，白底瓷器上的颜色更丰富了。

宣德年间成功烧出了“斗彩”，它又叫“逗彩”，先用青花勾出轮廓线，烧好以后再把颜色填进去，二次入窑，不过温度要比第一次低。

成化年间的“斗彩”最出名，几乎都是秀气的小件，“鸡缸杯”不止一次在拍卖会上创造纪录。

五彩瓷出现得挺早，然而要到嘉靖、万历年间才风光无限。它的颜色可能有红、绿、黄、紫、黑等等，不一定非得是五种。

跟“斗彩”一样，五彩瓷是釉下青花和釉上彩绘加起来，区别在于青花只是色彩之一，并不是整个图案的骨架，而且把颜色直接平涂上去就可以，看起来更热烈也更“硬”，不那么细巧。

到了清朝康熙年间，又出现了用釉上蓝色代替青花的技术，这样烧一次就可以了，也压低了成本。

嘉靖五彩鱼藻纹盖罐
明代

中国国家博物馆藏

“康乾盛世”里，珐琅彩算得上最华丽的点缀之一；它跟前面讲过的“铜胎画珐琅”工艺类似，只不过换成了瓷胎。

粉彩的发明是在雍正时期，受了珐琅彩的影响，不过整体效果更柔和，也叫“软彩”。它们都属于“釉上彩”，珐琅彩像油画，而粉彩像国画。

粉彩能够表现出“花有露珠、蝶有茸毛”的效果，活色生香，是为什么呢？

答案是含铅的玻璃质中加入砷（shēn）元素，就制成了玻璃白。拿它掺合颜料在瓷器上作画，能将一种色彩变成一系列浓淡各不相同的色调，描绘明暗就更逼真了。

雍正粉彩杏林春燕纹瓶
清代

中国国家博物馆藏

## 中国古代有玻璃吗

有！

古书上的“琅玕（gān）”“璆（qiú）琳”“明月珠”“瑟瑟”“火齐”，可能都是类似玻璃的人造珠玉。

不过在唐朝和更早时期，“玻璃”（也写成颇黎）是指天然宝石，“琉璃”（也写成流离）才是人工制造的玻璃。

战国早期的湖北随县曾侯乙墓中，出土了许多绚丽斑斓的玻璃珠，上面都是一圈一圈的图案，被叫作“蜻蜓眼”。有专家推测，这些就是跟和氏璧齐名的“随侯珠”。

后来的科技考古研究证明，“蜻蜓眼”来自万里之外的埃及或地中海东岸；不过，由于先秦贵族非常追捧它们，光靠进口实在满足不了需求，本土工匠也开始学着制作，而且成功了。

西方制作的玻璃，锑和钠、钙元素含量比较高。而国产玻璃是另一个系统，铅、钡元素含量比较高。

汉朝工匠能烧制出“五色玉”，就是光彩照人的玻璃。玉能干的活儿，这类玻璃也能：如被雕琢成璧和璜、给宝剑的鞘和柄当装饰、变成人去世后嘴里含着的蝉……

当时用的是熔铸法，跟加工青铜器类似：把玻璃粉装进土或石质模具，通过煅（duàn）烧让玻璃融化定型，冷却后拿掉模具，再通体打磨。和西方流行的吹制法相比，熔铸法的成本高得多，生产出来的东西也没那么精致。

自张骞通西域起，一直到魏晋南北朝，形状更新奇、更鲜艳、更薄也更透明的西亚玻璃吃尽千辛万苦，“济流沙之绝险，越葱岭（帕米尔高原）之峻危”，沿着丝绸之路传进来，成了最适合“炫富”的奢侈品。谁家能摆出一桌只用进口玻璃器的宴席，就足够让全京城眼红好几个月甚至好几年。

制作玻璃的技术也来到了中原。北魏太武帝时，大月氏（中亚地区的游牧部族）商人“能铸石为五色琉璃”，成品比进口的还要好。于是太武帝下诏，用玻璃修了一座行殿，“容百余人，光色映澈”。看到的人都惊呆了，觉得是神明的作品。但自那以后，玻璃价格下跌了，不再那么受人珍爱。

## 中国古代玻璃工艺为什么没有发展起来

原因在于，被和它功能重叠的其他工艺“抢跑”了，其他工艺发展得太早也太好！

盛水的话，瓷器的烧制成本低一些，可以批量生产，水平相当高。玻璃的制作技术更加复杂，掌握的人少，在乱世容易失传，生产成本也昂贵，吃力不讨巧。而且玻璃的传热比瓷器强，端着容易烫手。

做灯笼、糊窗子的话，大家早就习惯了用又轻又细密的纱罗，价钱比玻璃划算得多。

更麻烦的是，本土工匠生产的玻璃不够结实，耐热性太差，当装饰品还好，倒点热酒进去就碎掉了，远不如瓷器靠谱。进口玻璃器可能颜色暗淡一些，没那么抓人眼球，然而质量过硬，哪怕把开水倒进去都完好无损，所以在竞争中长期占上风。

在古代，由于交通条件和传承方式（师傅带徒弟，主要靠经验）的限制，本土工匠即使有心学艺，也很难复刻外来的全套技术、原料配比，所以一直保留着自己的特色。

宋朝以后，玻璃又多了几个名字：“药玉”“罐子玉”“硝子”“料器”。它们算是玉的“平替”，不追求透明。

大食（阿拉伯）商人通过海路运来了很多玻璃瓶，里面装着调香用的蔷薇水。史载占城（今位于越南中南部）不止一次进献“猛火油”（就是石油，可以火攻敌人），也盛在玻璃瓶里。像这种个头大一点、比较实用的玻璃器，本土工匠生产不出来。

明朝中后期，新航路开辟，海上成了欧洲人的天下，轮到荷兰人把玻璃卖到中国了。

当时的高档玻璃是威尼斯人用“独门秘方”生产的，一点杂色都没有，透明，像是天然水晶，还可以制作出大片光滑平整的玻璃板，拿来做穿衣镜、屏风和窗玻璃都合适。不管是在《红楼梦》里的大观园，还是紫禁城、圆明园，都能发现这种玻璃的踪迹。

现在我们日常接触的玻璃器，制作工艺都和欧洲近代一脉相承，已经和本土传统没多大关系了。

## 中国古代的镜子是什么样子

最开始，人们想知道新换上的衣服首饰好不好看，只能去水边照一照。

这样实在太麻烦了，有没有足不出户就能梳妆的办法呢？

于是，“鉴”出现了——青铜盆或盘，里面装上水。后来干脆更加省事，连水也免了，将青铜一面磨得平滑锃（zèng）亮，就能看见自己的模样。

中国最早的铜镜，是在距今约 4000 年的甘肃齐家文化遗址中发现的。不过“镜”这个字，要到战国才出现。

在博物馆里看到铜镜时，我们常常会疑惑，花里胡哨、凹凸不平的，能用吗？

这是因为，展出的一般是带纹饰的背面，中间还有可以穿绳的钮，方便拿在手里或固定在支架上。铜镜正面要经过好几道处理工序，映出来的影子可能比我们想象中清晰得多。

铜镜铸造好以后，不光要把镜面刮平，还得用白毡蘸着玄锡擦拭，等于上一层“反光材料”。如果铜镜因氧化而雾蒙蒙的，就找专门的匠人来，用成分是锡、铅、水银之类的“磨镜药”擦拭，让它重新变得光彩照人。

铜镜背面的纹饰，历朝不一样，现在判断它们的岁数，很大程度上就是靠这些“流行元素”。

齐家文化遗址中的那面铜镜，只装点着粗糙的七角星纹。随着社会经济发展，工艺水涨船高，图案也越来越复杂精美。

铜镜的黄金年代，是汉朝和唐朝。汉朝盛行的除了比较简单的草叶纹、星云纹、连弧纹，还有比较复杂的规矩纹——欧美学者形象地叫它“TLV”纹，灵感可能来自当时热门的“六博”（一种游戏）棋局，也可能象征着天圆地方。

唐朝的铜镜更加华丽，金银平脱、螺钿、嵌宝等等全用上了，图案也更加灵动，主角不少是“外来户”，像宝相花、狮子、鹦鹉，还有最出名的海兽葡萄。

铜镜背面可能还有铭文：

一部分是吉祥话，汉朝特别多，像“家常富贵”“寿如金石”“长乐未央”“君宜高官”“此有佳镜成独好，上有仙人不知老，渴饮玉泉饥食枣”。

一部分是“显摆”铜镜的用途，像隋末唐初的“练形神冶，莹质良工，如珠出匣，似月停空，当眉写翠，对脸傅红，绮窗绣幌，俱含影中”（大意是，铜镜制作精良，梳妆时可好用了）。

还有一部分是爱侣之间的誓言，像汉朝常见的“见日之光，长毋相忘”。铜镜也可能是他们互赠的信物。

15 世纪，威尼斯人发明了水银玻璃镜，明末清初传入中国。

和铜镜相比，玻璃镜更加清晰、轻巧，养护也方便，所以一旦成本没那么昂贵、产量够用，就“打垮”了铜镜，彻底将它撵出日常生活。

## 中国古代的眼镜是什么样子

古人也会近视吗？

当然！“凿壁偷光”“囊萤映雪”地用功，能不伤眼吗？

唐朝“药王”孙思邈在《千金方》中就提到，夜读细书会严重损害视力。我们知道的大人物，也有不少是近视眼——司马光说自己“素有眼疾，不能远视”；陆游也写道，“少年嗜书竭目力，老去观书涩如棘”（年轻时过度沉迷读书，导致视力严重下降，到了老年时看书就像面对荆棘一样困难）。

北宋有个官员名叫史沆（hàng），断案时看不清卷宗，就“以水精承目照之，则见”（将水晶放在眼前，利用其透明和聚焦的特性，帮助改善视力）。据此，还不能确定这“水精”是否已经有了眼镜的模样——也许只是汉朝就出现了的放大镜。

古书里叫眼镜“叆叇（ài dài，本意是浓云蔽日）”，是阿拉伯文或波斯文的音译。镜片主要是用水晶石磨制的，老花镜先出现，近视镜后出现。老花镜是凸透镜，近视镜是凹透镜。

学者推测，世界上第一副“眼镜”是由意大利人发明的，13 世纪下半叶出现在佛罗伦萨，只是连在一起的两片放大镜。18 世纪上半叶，可以折叠的眼镜脚架终于诞生，不用再拿细绳将眼镜拴在脑袋上了。

大概在明朝宣德年间，西方式样的眼镜传入中国，仇英的名画《南都繁会图》里就出现了戴黑框夹鼻眼镜的人物。

到了清朝，来华传教士经常将玻璃片眼镜当作礼物献给皇帝，康熙和雍正都很喜欢。比起水晶石镜片，这些“进口货”的效果更好。负责生产皇家所用器物的造办处也设有“眼镜作”。这些远道而来和本土仿制的眼镜一部分成了宫廷藏品，一部分被赏赐给大臣，算是种特殊恩典。

民间也出现了眼镜作坊。然而那时候不一定有条件验光，只是把镜片磨成不同的凹凸度，让想买的人自己试戴，感觉差不多就行。

眼镜的价钱也出现了明显的“跳水”。叶梦珠在《阅世编》里说，明朝末年，它是典型的奢侈品，每副值四五两银子；康熙年间，本土生产规模扩大以后，“遍地贩卖，人人可得”，七八分甚至二三分银子就能买一副普通的。

眼镜这样方便，乾隆皇帝却很不喜欢，觉得“一用眼镜，则不可舍，将被彼操其权也”（一旦开始使用眼镜，就会变得无法离开它，仿佛被眼镜所控制）。不管对什么产生依赖，都让他没有安全感。

有一年大考翰林，他亲自出题，让才子们围绕眼镜作诗。这算新东西，没什么典故可以引用，难住了不少人。阮元（后来被誉为“三朝阁老、九省疆臣、一代文宗”）的考卷里有一联“四目何须此，重瞳不用他”，以舜“目重瞳子”的典故称赞皇帝明见万里，是圣人。乾隆非常欣赏，让他当了第一。

## 参考文献

[1] 沈从文．花花朵朵 坛坛罐罐：沈从文谈艺术与文物 [M]. 北京：北京联合出版公司，2021.
[2] 孙机．从历史中醒来：孙机谈中国古文物 [M]. 北京：生活·读书·新知三联书店，2016.
[3] 孟晖．美人图 [M]. 北京：中信出版集团，2021.
[4] 尚刚．古物新知 [M]. 北京：生活·读书·新知三联书店，2012.
[5] 何振纪．剔彩流变：宋代漆器艺术 [M]. 杭州：浙江古籍出版社，2022.
[6] 陈丽华．故宫珐琅图典 [M]. 北京：故宫出版社，2011.
[7] 杨桂梅，张润平．中国瓷器简明读本 [M]. 北京：新华出版社，2016.